DUETT

Materialien 1/2

für die Grundschule

Ausgabe Bayern

Herausgeber: Friedrich Neumann

Erarbeitet von:
Marlies Krause
Friedrich Neumann
Constanze Rora

Unter Mitarbeit von:
Andrea Gaffal
Dirk Menzel

Unter Beratung von:
Hannelore Baumann
Max Geßler
Wolfgang Pfeiffer

Ernst Klett Schulbuchverlage
Stuttgart · Leipzig

SCHOTT

Mainz · London · Madrid · New York · Paris · Tokyo · Toronto

Inhalt

Verweis auf „DUETT. Das Liederbuch“

Hörbeispiel auf der CD (L = CD zum Liederbuch)

Einführung in das Schulwerk DUETT

„Wenn wir Musik, Sport und Kunst für die Sahne auf dem Kuchen halten und nicht für die Hefe im Teig, dann verstehen wir unsere Gesellschaft falsch."
(Johannes Rau)

Vom Musikunterricht wird eine ganze Menge erwartet. Zu den fachimmanenten Inhalten kommen meistens noch übergeordnete soziale und schulische Aufgaben hinzu, die nicht selten das Bild der Schule nach außen hin prägen. DUETT stellt Hilfen sowie Materialien bereit, die auch fachlich nicht ausgebildeten Lehrkräften einen interessanten, lehrreichen und abwechslungsreichen Musikunterricht ermöglichen – ohne dabei Fachlehrer zu vernachlässigen. DUETT trägt dem eingangs genannten Umstand Rechnung und ist darauf ausgelegt, Musik ins schulische Leben zu integrieren.

Das Konzept von DUETT

DUETT stellt die Gesamtpersönlichkeit des Kindes in den Mittelpunkt und fördert ein ganzheitliches Lernen, das alle Sinne anspricht. Liederbuch und Materialienband 1/2 vermitteln eine Fülle an Inhalten und Methoden für den Zugang zur Musik durch praktisches Musikmachen, kreatives Experimentieren/Improvisieren, Hören und Wahrnehmen sowie Bewegen und Gestalten. Ziel ist die Schaffung einer breiten Basis an fächerverbindenen Kenntnissen und Fähigkeiten als Voraussetzung für Offenheit und Selbstbestimmung im Umgang mit Musik.

- Übersichtliche Stoffverteilung durch das Prinzip der „Themen-Uhr"
- Konsequente Anwendbarkeit für fachfremd unterrichtende Lehrkräfte
- Zu jedem Kapitel Zielformulierung, exakte Verlaufsdarstellung und inhaltliche Alternativen zur verbesserten Förderung von Kindern mit unterschiedlichen Lernvoraussetzungen
- Möglichkeiten der Lernzielkontrolle
- Bereitstellung aller nötigen Unterrichtsmaterialien
- Durchgehendes Konzept für alle Teile des Schulwerks
- Gliederung der Inhalte nach Jahreszeit und schulischer Relevanz
- Thematische Anbindung an andere Fächer
- Materialien für besondere schulische Anlässe wie Einschulung, Weihnachtsfeiern, Abschlussfeiern und viele andere Gelegenheiten

Grundlegendes Prinzip von DUETT in allen Werkbestandteilen ist die Gliederung der Inhalte nach Jahreszeit und schulischer Themenrelevanz. Repräsentativ dafür ist die „Themen-Uhr", in der 12 Themenbereiche und ihre zeitliche Verteilung übersichtlich dargestellt sind.
Die einzelnen Kapitel orientieren sich zum einen an den Jahreszeiten und zum anderen an den Inhalten anderer Schulfächer zu den jeweiligen Zeiten. Ziel ist eine Verzahnung des Fachs Musik mit anderen Fächern sowie die Integration von Musik in das Schulleben. Sachkundliche Themengebiete wie Sozialverhalten, Verkehr & Umwelt, Essen & Trinken, Wald, Pflanzen, Tiere finden ihre Entsprechung in den Kapiteln „Ich, du wir", „Unterwegs", „Guten Appetit", „Herbst", „Frühling" und „Tierisch Musikalisch".
Das DUETT Liederbuch für die Klassen 1 bis 4 enthält eine große Zahl von traditionellen und modernen Liedern aus allen Bereichen der sozialen, religiösen und medialen Lebenswelt der Kinder. Sie sind in Tonart und Lage der kindlichen Stimmlage angepasst und ermöglichen gleichermaßen motivierendes

als auch ambitioniertes Singen. Mit einem großen Angebot an Weihnachts- und Winterliedern im Liederbuch wurde dem Stellenwert der Advents- und Weihnachtszeit für Kinder in der Schule sowie in der Familie Rechnung getragen, denn die zahlreichen Anlässe und Feiern dieser Zeit wie z. B. St. Martins Tag, Nikolaus, Sternsingen, Adventsfeiern in Schule, Gemeinde und Familie erfordern ein entsprechendes Lied-Repertoire. Um die altersstufengerechte Anwendung zu erleichtern, sind die Lieder im Liederbuch mit entsprechenden Empfehlungen gekennzeichnet.

Arbeiten und lernen mit DUETT

Der Materialienband 1/2 und das Liederbuch (Klasse 1 bis 4) sind aufeinander abgestimmt. Beide Werkteile folgen dem Jahres- und Themenkreis (siehe „Themen-Uhr"). Es kann also fortlaufend gearbeitet werden. Die Einheiten im Materialienband knüpfen zum Teil an die Lieder im Liederbuch an, bieten darüber hinaus natürlich auch davon unabhängigen Lernstoff.
DUETT kommt in den Jahrgangsstufen 1 und 2 ohne Schülerbuch aus. Gearbeitet wird mit den in den „Materialien 1/2" zur Verfügung gestellten Vorlagen sowie mit dem Liederbuch, das für die Hand der Kinder bestimmt ist. Die hier abgedruckten Vorlagen können beliebig an die Erfordernisse angepasst und vervielfältigt werden. Kinder können sie zur Bildung einer Mappe oder eines Portfolios benutzen. Kopierte Vorlagen können – im Gegensatz zu Schulbüchern – von den Kindern bemalt, beschrieben, ergänzt, zerschnitten oder zusammengeklebt werden. Diese Arbeitsform kommt nach Meinung der Verfasser den Fähigkeiten und Interessen von Kindern der 1. und 2. Jahrgangsstufe am meisten entgegen. Die Einheiten im Band „Materialien 1/2" knüpfen zum Teil an die Lieder im Liederbuch an, zum Teil sind sie eigenständig. Verbindendes Element ist die Themen-Uhr. Zu jedem Kapitel des Materialienbands finden sich unter den entsprechenden Themen-Logos passende Lieder im Liederbuch. Ein Beispiel: Das Kapitel „Blätterpartitur und Holzmusik" befindet sich auf der Themen-Uhr im Abschnitt „Herbst". Unter diesem Abschnitt versammeln sich im Liederbuch zahlreiche Herbstlieder, von denen dann das passende ausgesucht wird.
Im Liederbuch stehen für jede Rubrik ausreichend Lieder für die ersten beiden Schuljahre zur Verfügung, die das Unterrichtsangebot ergänzen. Ergänzend bietet das Liederbuch zu den meisten Liedern zusätzliche Inhalte, wie z. B. kleine Tänze, Arbeits-, Bastelaufgaben oder Begleitmöglichkeiten. So steht für jeden der 12 Jahresabschnitte genügend Material zur Verfügung, um zwei Jahre fortlaufenden Musikunterricht in der Grundschule zu gestalten.

Die „Themen-Uhr"

Material: AB 1

Die Themen-Uhr symbolisiert einen Jahreskreis mit den vier Jahreszeiten und zwölf Monaten. Jeder Monatsabschnitt widmet sich einem Thema, das in dieser Zeit von Bedeutung ist. Als Beispiel: Der zwölfte Monat steht ganz im Zeichen von Winter und Weihnachten, der dritte Monat steht für Frühlingserwachen und Osterfest, der siebte Monat für den Beginn des Schuljahrs nach den Sommerferien, einer Zeit, in der man sich kennen lernt und orientiert. Da die Termine für Feiertage, Feste und Ferien differieren, kann die Zeitein-

teilung nicht kalendarisch exakt sein. Sie versteht sich eher als ein Prinzip der Zuordnung. Keine Sorge also, wenn die Sommerferien bis in den September gehen, es darf trotzdem mit dem Kapitel für den siebten Monat („Ich, du, wir") begonnen werden.
Wer den Materialienband 1/2 und das Liederbuch konsequent nutzt, durchläuft also zweimal die Themen-Uhr – in der ersten und in der zweiten Klasse. Um die Orientierung zu erleichtern, erscheint die Themen-Uhr auf jeder Seite jeweils am oberen Rand: Links in Form einer kleinen Miniatur, die den Monatsabschnitt anzeigt und rechts mit dem dazugehörigen Piktogramm. Man ist also ständig über die Position im Schuljahr informiert. Im Herbst und im Frühling steht ein kleines Theaterstück für die Adventszeit sowie für das Schuljahrsende im Kalender. Es gibt also genügend Zeit, Aufführungen vorzubereiten.
Auf dem Arbeitsblatt 1 befindet sich die Themen-Uhr als Mal- und Bastelbogen. So kann auch von den Kindern das Fortschreiten im Jahreskreis (und im Musikunterricht) aktiv nachvollzogen werden. Die Themen-Uhr kann auf das Musik-Portfolio geklebt oder hineingelegt werden, und mit jedem bunt angemalten Themen-Abschnitt wachsen Liedrepertoire und musikalische Kenntnisse und Fähigkeiten – für die Kinder augenfällig nachvollziehbar.

Die Struktur der Kapitel

Die Unterrichtseinheiten bauen nicht direkt aufeinander auf, setzen aber die üblichen schulischen Lernfortschritte voraus. Es ist also in gewissen Grenzen möglich, zu springen oder nur einzelne Angebote auszuwählen. Auf Grund der unterschiedlichen Bedingungen in den Schulen wurde nur in Einzelfällen eine Klassenstufen-Empfehlung ausgesprochen. Es liegt also im eigenen Ermessen, welches Angebot in der ersten und welches in der zweiten Klasse durchgenommen wird. Daher empfiehlt es sich, die einzelnen Monatskapitel vor der Bearbeitung auf ihre Durchführbarkeit zu prüfen.
Um diese Arbeit zu erleichtern, enthält jeder Beitrag eine Formulierung der Lernziele und eine Kurzübersicht der angebotenen Arbeitsmöglichkeiten. Außerdem stehen innerhalb eines Beitrags verschiedene Alternativen zur Verfügung, mit deren Hilfe sich individuell angepasste Unterrichtsstunden zusammenstellen lassen. Notwendige Arbeitsschritte liegen am Anfang des Beitrags, weiter hinten folgen dann die Optionen.
Die meisten Beiträge enthalten Kontrolleinheiten, in denen Schüler und Lehrer den Lernerfolg überprüfen können. Solche „Kompetenzindikatoren" bestehen z. B. in bildnerischen Zuordnungsaufgaben, Basteleien, Rätseln oder Spielen, die allein, gruppenweise oder in Partnerarbeit bearbeitet werden.
Unabhängig von den einzelnen Stoffangeboten, gibt es eine Reihe von wiederkehrenden Arbeitsmethoden und allgemeinen Kenntnisvoraussetzungen, die in fast jeder Unterrichtsstunde eine Rolle spielen. Dazu gehört der Umgang mit Stimme, die Handhabung der Instrumente sowie Methoden und Sozialformen beim Umgang mit Instrumenten. Sie werden im Folgenden in generalistischer Form erläutert und können dann nach eigenem Ermessen in den jeweiligen Unterrichtssequenzen angewendet werden.

Die Themen-Uhr

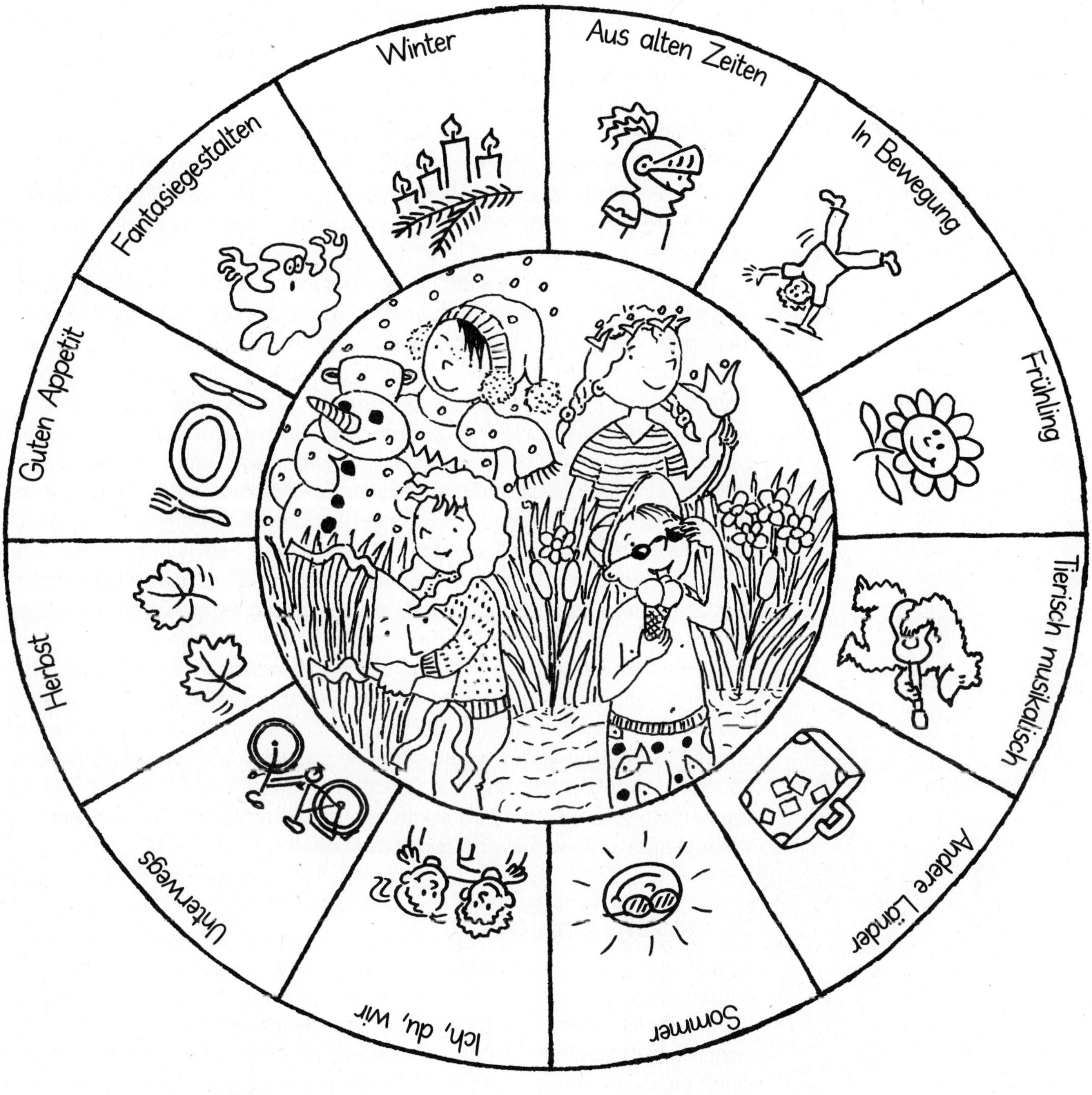

Stimme und Bewegung

Mehr noch als Erwachsene sind Kinder auf die Deutlichkeit ihres körpersprachlichen Ausdrucks (Mimik, Gestik, Stimme) angewiesen, da ihnen die Sprache noch nicht in gleicher Differenziertheit zur Verfügung steht wie dem Erwachsenen. Es ist daher wichtig, wo immer es sich im Unterricht anbietet, einen Zusammenhang zwischen Stimme und Geste herzustellen und nicht nur im Zusammenhang des Singens, sondern auch beim Sprechen auf die Ausdrucks- und Klangqualität der Stimme zu achten.

Die Atmung

Der Zusammenhang zwischen Stimme und Bewegung lässt sich aus den physiologischen Bedingungen der Lauterzeugung erklären. Die Stimmphysiologie unterscheidet drei Bereiche: die Atmung, die Tonerzeugung und die Resonanz.
Für die Atmung ist die Ausdehnungsmöglichkeit der Lunge entscheidend. Je nach Haltung und Körpergefühl bzw. Atemschulung füllt sich die Lunge mehr oder weniger mit Luft, d.h. dehnt sich nach allen Seiten aus oder ist in der Ausdehnung beschränkt. Bedingt durch häufiges Sitzen und Bewegungsmangel neigen wir zu einer eingeschränkten ‚Hochatmung', bei der nur ein eingeschränkter Bereich der Lungen gedehnt und mit Luft gefüllt wird. Schon einfache Bewegungsübungen können in Kombination mit der Aufgabe, die Luft frei ein- und ausströmen zu lassen, zu einer tieferen Atmung (Bauch- und Flankenatmung) führen. Die tiefere Atmung wiederum ist nicht nur für das Singen und Sprechen wichtig, weil sie zu der Fähigkeit beiträgt, einen Ton lange erklingen zu lassen, sondern auch für die Sauerstoffversorgung von Gehirn und Körper. Ähnlich wie ein Raum mit verbrauchter, sauerstoffarmer Luft müde und unkonzentriert macht, macht auch eine eingeschränkte Atemfunktion müde. Der intensive Atemvorgang beim Singen aber wirkt dem entgegen. Eine verbesserte Atmung verbessert also einerseits das Singen, und andersherum hat das Singen eine positive Wirkung auf die Atmung und die Vergrößerung des Atemvolumens und kann ebenso wie eine Atemübung zu einer Verbesserung der Konzentration führen. Es ist daher sinnvoll, das Singen nicht nur auf die Musikstunden zu verschieben, sondern es in den Verlauf jeden Schulvormittags einzuschieben.

So entsteht ein Ton

Singen übt sich mit dem Singen. Aber die Tonerzeugung funktioniert nicht immer so, wie sie von den anatomischen Voraussetzungen her gesehen funktionieren könnte. Die Tonerzeugung geschieht im Kehlkopf. Dort bilden zwei Muskel, die Stimmlippen bzw. deren äußere Ränder, die Stimmbänder, eine Spalte, die in Form und Größe veränderbar ist. Durch diese Stimmritze geht die ausgeatmete Luft hindurch und setzt die Stimmbänder in Schwingungen. Je nach Größe der Spalte schwingen diese in ihrer ganzen Länge oder nur zum Teil. Daraus entstehen unterschiedliche Tonhöhen. Die Breite der mitschwingenden Teile bestimmt die Lautstärke und den Klang des entstehenden Tons. Stimmen, die immer zu laut und zu hart eingesetzt werden, können an dieser Stelle Schaden nehmen, indem die Stimmbänder Knötchen ausbilden und nicht mehr richtig schließen. Es entweicht dann Luft auch an den Stellen, an denen die Stimmbänder eigentlich geschlossen sind. Die Folge ist ‚wilde', den eigentlichen Ton begleitende Luft, die den Eindruck verhauchter oder heiserer Tongebung erweckt. Bei Kindern mit heiseren Stimmen ist daher den Eltern zu empfehlen, die Sache ärztlich untersuchen zu lassen und gegebenenfalls logopädische Hilfe in Anspruch zu nehmen.

Gesunde Kinderstimmen

Um gesunde Kinderstimmen zu einer klaren, tragfähiger Stimmgebung zu erziehen ist es wichtig, ihnen differenzierte stimmliche Äußerungen abzuverlangen: sie also nicht nur laut sondern auch leise, nicht nur tief sondern auch hoch singen zu lassen. Damit verbunden entsteht die Aufgabe des Hinhörens auf den eigenen Stimmklang und den der anderen. Die Kinder sollten einen Anspruch entwickeln ‚schön' singen zu wollen. Das geht nicht nur im Zusammenklang. Wann immer es sich im Unterricht anbietet und Kinder sich trauen, sollten sie ermutigt werden, sich allein vor der Gruppe stimmlich zu äußern (singen/sprechen). Zu den stimmerzieherischen Aufgaben gehört auch das ausdrucksvolle Sprechen, bei dem einerseits auf die Tragfähigkeit der Stimme geachtet wird und andererseits auch die Veränderung des Stimmklangs als Ausdrucksmittel einbezogen wird. Die Stimme der Lehrerin ist hier ein wichtiges Vorbild.

Resonanzräume

Die Tragfähigkeit der Stimme wird durch die Nutzung der körperlichen Resonanzräume (Mundhöhle, Nase, Stirn, Schädel, Brustraum) bewirkt. Auch diese sind wie die Atemräume umso zugänglicher je entspannter und beweglicher die Haltung des Sprechenden und Singenden ist. Auch hier ist die Selbstwahrnehmung ein wichtiger Faktor. Zu den Resonanzfunktionen gehört die Artikulation. Die Form der Mundhöhle als Resonanzraum wird durch die jeweilige Stellung der Zunge, des Gaumens, der Zähne zueinander bestimmt, und entscheidet über die Färbung eines Vokals und die Deutlichkeit eines Konsonanten. Im Zusammenhang mit dem Erlernen eines Liedes kann auf die Deutlichkeit von Aussprache hingearbeitet werden, indem der Liedtext deutlich gesprochen wird und als Sprechübung fungiert.

Bewegungsspiele für die Stimme

Für Atmung und Resonanz ist die Bewegung des Körpers wichtig. Es singt sich nicht gut und gibt kein klangschönes Ergebnis, wenn die Singenden krumm auf ihren Stühlen ‚hängen'. Gerade in den ersten beiden Klassen sollte jede Möglichkeit wahrgenommen werden, ein Lied in ein Bewegungsspiel münden zu lassen oder es durch Bewegungen zu begleiten. Schon kleine, den Text darstellende Bewegungen, die das Textgedächtnis unterstützen, wirken sich positiv auf die Körperspannung aus und helfen, einen guten Stimmklang zu erzeugen.

Vom Umgang mit Instrumenten

Neben dem Singen und sich Bewegen zur Musik spielt der aktive Umgang mit Musikinstrumenten eine wichtige Rolle. In jeder Schule sollte möglichst eine größere Auswahl an Instrumenten vorhanden sein. Als Anregung können die Umschlag-Innenseiten dienen, auf denen die wichtigsten Instrumente mit ihrer korrekten Handhabung abgebildet sind. Musikinstrumente üben auf Kinder einen starken Aufforderungscharakter aus. Jedes Kind möchte am liebsten sofort auf dem bereit gestellten Instrument spielen und seine Klangmöglichkeiten ausprobieren. Diesen Impuls gilt es aufzugreifen, aber auch in „geordnete" Bahnen zu lenken, damit aus spontanen Geräuschen geplante Klangereignisse werden, also Musik.

Rhythmusinstrumente und Stabspiele

Eine reichhaltige Sammlung an Rhythmusinstrumenten wie Klanghölzer, Handtrommel, Becken, Guiro oder Rassel bieten den Kindern schon früh die Möglichkeit, differenzierte Klangeigenschaften zu erfahren, die notwendige Motorik bei der Handhabung der Instrumente zu entwickeln und im Zusammenklang mit anderen musikalische Gestaltungen aktiv zu erfahren und zu üben. Nicht zu vergessen sind natürlich auch die körpereigenen Instrumente (Bodypercussion), die mit viel Spaß und Fantasie erkundet werden können. Möglichst früh sollten die Kinder auch mit Stabspielen – Glockenspiel, Metallofon, Xylofon – vertraut gemacht werden. Dabei geht es vornehmlich um das Entdecken der Klangeigenschaften und die Freude am Zusammenspiel. Die regelmäßige Kontrolle der Handhabung und Handhaltung sollte aber nicht vergessen werden.

Die Gitarre als Begleitinstrument

Die Gitarre ist sicher das häufigste Begleitinstrument in der Hand der Lehrerin. Mit nur drei Griffen lassen sich die meisten Lieder begleiten, viele Lieder auch mit dem Zupfen der leeren Saiten (dies kann auch ein Kind übernehmen). Wer keine oder wenig Übung mit der Gitarre hat, findet ganz hinten im Liederbuch DUETT alle Griffe, die in den Begleitungen der Lieder vorkommen, und kann sich in einem ruhigen Moment am Instrument das nötige Know-how erschließen.

Regeln und Aufbau der Instrumente

Mit einfachen Regeln kann auch eine ganze Klasse schnell gemeinsam ins Spiel kommen. Spiel-Regeln werden zu Musik-Spielen. Eingrenzungen der Zeit (eine halbe Minute lang), der Gruppengröße (zwei oder drei Kinder), Auswahl der Töne (z. B. c, e und g), Reihenfolge (Frage und Antwort) u. a. geben durch die Reduktion der Möglichkeiten Strukturen vor und erhöhen das Vergnügen der musikalischen Erfindung. Impulse wie Bilder, Tücher, Bänder oder Körperbewegungen regen die Gestaltungen an und unterstützen somit das ganzheitliche musikalische Erleben der Kinder.
Die Spiel-Regeln umfassen auch den Auf- und Abbau der Musikinstrumente, den richtigen Umgang mit ihnen und oft auch ihren Transport in einen anderen Raum. Die Entwicklung und Einhaltung dieser Regeln ist keine lästige

Zeitvergeudung, sondern Teil des Instrumentalspiels. Die Regeln werden mit den Kindern gemeinsam entwickelt und je nach Situation abgewandelt. So können die Instrumente vor Beginn aufgebaut worden sein oder sie werden während der Stunde verteilt. Sie werden auf ein großes Tuch gelegt, um das die Kinder im Kreis sitzen, oder sie werden nach Aufforderung aus einem großen Korb oder aus dem Schrank genommen. Jedes Kind erhält ein Instrument oder mehrere Kinder müssen sich beim Spiel abwechseln. Auch für diejenigen, die nicht spielen, gibt es eine Reihe von Aufgaben: beobachten, Rückmeldung geben, dirigieren usw.
Weniger ist manchmal mehr: Das ungesteuerte, lärmende Schlagen auf das gesamte Instrumentarium kann zu einem unbefriedigenden musikalischen Erlebnis werden, die spannungsvolle Vorstellung eines einzigen Instruments zu einem aufregenden, unvergesslichen Ereignis.

Rituale

Im Gegensatz zum gemalten Bild oder der geformten Skulptur ist Musik an die Zeit gebunden, in der sie stattfindet. Deshalb sollten kleinere Vorführungen zum häufigen Ritual des Musikunterrichts werden. Anlässe gibt es genug, oder sie müssen erfunden werden. Diese Aufführungen können aus geprobten Liedern und Instrumentalstücken bestehen, aber auch aus Musik-Spielen, bei denen die Regeln bekannt, deren Ergebnisse aber jedes Mal neu sind.
Bei diesen Präsentationen können sich die Kinder mit ihrer ganzen Persönlichkeit darstellen. Sie zeigen die Ergebnisse ihrer Lernprozesse und erhalten Rückmeldungen über ihre Kompetenzen.

Andere Angebote nutzen

Orchesterinstrumente wie Geige oder Horn sind selten im Instrumentarium der Grundschule zu finden. Sie werden hier über das Bildmaterial oder von der CD vorgestellt. Für den Musikunterricht sollten auch die Angebote von Musikschulen, Orchestern oder Museen genutzt werden. Musiker laden zu einem Gesprächskonzert ein oder kommen in die Schule, um ihre Instrumente vorzustellen. Diese Angebote bereichern den Musikunterricht, wecken Interesse für das Instrumentalspiel und erziehen das Konzertpublikum von morgen.
Auch an der eigenen Schule gibt es viele Talente zu entdecken. Instrumentalisten stellen ihr Instrument in der Klasse vor, bei einem Konzert werden Ergebnisse des Unterrichts mit anderen Klassen ausgetauscht.

Instrumente selbst bauen

Beim Bau eigener Instrumente wird an Erfahrungen angeknüpft oder es werden neue Entdeckungen gemacht. Klänge entstehen durch Vibration unterschiedlicher Materialien. Die Instrumente können angeschlagen, gerieben, geschüttelt, angeblasen oder gezupft werden: mit Steinen gefüllte Joghurtbecher, mit Reis gefüllte Wasserflaschen, auf denen man auch ratschen kann, Trommelkonstruktionen aus verschiedenen Materialien, Kazoos aus Papier, über einen Resonanzkörper gespannte Gummibänder usw. Der Materialband gibt zahlreiche Beispiele dafür.

Anders als du

- Singen und bewegen
- Neue Strophen erfinden
- Mit Instrumenten begleiten
- Grundschlag und Pause erfahren

„Anders als du“ ist ein schwungvolles Lied, das eine positive Einstellung zur Vielfalt des Lebens vermittelt. Der aktive Umgang mit Unterschieden bei Farben, Tieren oder Instrumenten unterstützt die Begriffsbildung der Kinder. Die musikalischen Elemente Grundschlag (Metrum) und Pause werden auf verschiedenen Ebenen handelnd erfahren.

Seite 19

1/8 (L)

Material: Dinge, die sich unterscheiden, z. B. bunte Tücher, Stofftiere, Schreibutensilien, Kleidungsstücke, AB 2

Instrumente: Instrumente mit unterschiedlichen Klangfarben, z. B. Handtrommel (Fell), Zimbel/kleines Becken (Metall), Klanghölzer (Claves) (Holz), Rassel (Maracas)

Anders als du – Singen und Bewegung

Die Lehrerin spielt das Lied „Anders als du“ von der CD vor. Dabei demonstriert sie beim Refrain die begleitenden Bewegungen, die die Kinder bald imitieren.

Strophe:

Ich bin anders als | du bist anders als | er ist anders als | sie.

Refrain:

Wir, wir, wir sind anders als | ihr, ihr, ihr seid anders als | wir. | Na und? | Das macht das Leben eben bunt.

Ohne CD-Begleitung oder zum Playback singt die Lehrerin mit den Kindern mehrmals die erste Strophe des Liedes mit den entsprechenden Bewegungen und den Refrain. Die Kinder erkennen und benennen jetzt das Muster, die Regel des Strophenaufbaus: vier Begriffe, die aufgezählt und dann wieder in umgekehrter Reihenfolge gesungen werden (ich, du, er, sie – sie, er, du, ich).

Nun werden die Kinder ermuntert, nach dem obigen Muster (!) eigene Strophen zu erfinden, die anschließend alle nachsingen. Dazu liegen vier farbige Tücher auf einem Stuhl. Nacheinander werden sie hoch gehoben und besungen (rot, blau, gelb, grün – grün, gelb, blau, rot). Variation: Tücher in vier verschiedenen Farben werden an die Kinder verteilt. Wenn die Farbe genannt wird, heben die jeweiligen Kinder ihre Tücher hoch. Entsprechend kann nun auch mit verschiedenen Instrumenten oder auch Stofftieren verfahren werden. In dieser Phase empfiehlt sich das Singen ohne Begleitung, um das Tempo verlangsamen zu können.
Dann erhalten die Kinder die Bildkarten mit den Tieren auf AB 2. Nach dem Ausschneiden und Ausmalen kleben sie die Karten in der von ihnen gewünschten Reihenfolge auf ein Blatt Papier. So kann jedes Kind seine eigene Strophe vorstellen, und die ganze Klasse singt diese Strophe. Anstatt Tiernamen einzusetzen, könnte es auch heißen: „Blubb ist anders als quak ist anders als piep ist anders als uaah."

Grundschlag und Pause

⊙ 1/9 (L)

Instrumente:
Rhythmusinstrumente, Stabspiele

Die Kinder kennen das Lied und können den Refrain mit den dazu gehörenden Bewegungen singen. Nun wird das Playback aufgelegt. Alle gehen zum Grundschlag (Metrum) (Viertel-Noten, also flottes Tempo) durch den Raum (drei Takte), anfangs angeleitet durch die Lehrerin. Auf dem ersten Viertel des vierten Takts bleiben alle wie angewurzelt stehen (hier macht die Musik eine Pause) und verharren drei Schläge lang. Sie spüren, wie das Metrum (der Puls) weitergeht, auch wenn nichts zu hören ist. Wenn die Musik wieder beginnt, gehen alle weiter bis zur nächsten Pause. Beim Refrain blicken die Kinder zur Lehrerin oder zu einem Partner und singen den Refrain mit den dazu gehörenden Bewegungen.

Variationen:
- In der Pause stellen die Kinder nach Zuruf durch die Lehrerin mit dem Körper eine Figur (Puppe, Statue) dar: Balletttänzerin, Eisläuferin, Fotograf, Popsänger, Muskelprotz etc.
- Alle imitieren die Körperhaltung eines vorher bestimmten Kindes.
- Jeweils zwei Kinder bauen gemeinsam zu Beginn der Pause blitzschnell eine Figur.

Instrumentale Begleitung für die Strophe:
- Die Kinder bleiben am Platz und klatschen, patschen oder stampfen gleichmäßige Viertel. Die Pausen werden durch stumme Schläge in die Luft angedeutet. Nichts ist zu hören. Der Refrain wird wie gewohnt gesungen und mit Bewegungen begleitet.

- Übertragung der Spielweise auf Perkussionsinstrumente (Klanghölzer, Handtrommel).

- Übertragung der Spielweise auf klingende Stäbe (Glockenspiel, Xylofon, Metallofon).

Pausen kann man darstellen

Die Lehrerin malt zur visuellen Darstellung der Strophe 16 Kreise (für jedes Viertel einen) an die Tafel. Es können Taktstriche gesetzt werden, das erleichtert das Zählen. Die Strophe wird gemeinsam gesungen, wobei die Lehrerin an der Tafel die gleichmäßigen Viertel mitklopft. Wo macht die Musik eine Pause? An welcher Stelle sind zu viele „Noten" aufgeschrieben? Gemeinsam wird überlegt, ob man die Kreise einfach wegwischen sollte oder durch ein anderes Zeichen für die Pause ersetzen könnte.

Anders als du – Tierkarten

Musik-Detektive

- Musik im Alltag entdecken (im Tageslauf, an verschiedenen Orten ...)
- Musikalische Vorlieben erkunden

Musik ist in der heutigen Zeit ein fast allgegenwärtiger Begleiter. Durch tragbare Wiedergabegeräte (Discman, MP3-Player, Handy) oder über den Besuch von Konzerten kann der Freude an Musik nach Belieben nachgegangen werden. Ungewollt sind aber wir alle, auch die Kinder, ungefragt an fast jedem Ort verschiedensten (Un-)Arten von Musik ausgesetzt. Über das Bild eines Musik-Detektivs bzw. einer Musik-Detektivin mit „Fern-Ohr" werden die Hörerlebnisse der Kinder in Bezug auf verschiedene Situationen (Urlaub, Feste und Feiern, Einkaufsbummel etc.) und Zeiträume (z. B. Tagesablauf) bewusst reflektiert und, wo es möglich ist, als Anknüpfung für eigenes Musikhandeln genutzt.

Das „Fern-Ohr"

Material: Abbildung „Fern-Ohr" als Tafelbild oder vergrößert auf A3-Papier

Das „Fern-Ohr" ist ein fantasievolles Hilfsmittel, um Musik um uns herum bewusster wahrzunehmen. Es stellt eine Mischung aus einer „akustischen Lupe" und einem „akustischen Fernrohr" dar. Das Bild der Kinder mit dem „Fern-Ohr" wird vergrößert auf ein A3-Blatt an der Tafel oder in der Mitte des Sitzkreises präsentiert. Zunächst wird im Gespräch geklärt, um was es sich dabei handeln könnte. Die Noten, die ins Ohr fliegen, machen dabei bereits deutlich, dass das „Fern-Ohr" Musik auffängt. Angeregt durch das Bild erzählen die Kinder dann, welche Musik der Junge oder das Mädchen wohl hören, wobei sie dabei meistens unbewusst auf eigene Erfahrungen zurückgreifen. So werden Ideen ausgetauscht, die auch zu der Frage führen können, ob die beschriebenen Hörerlebnisse eher schön oder unangenehm, gewollt oder ungewollt sind. Daran schließt sich die bewusste Reflexion eigener Hörerlebnisse an.

Das Musik-Tagebuch

Material: AB 3 (evtl. auf A3 vergrößert), AB 4, Schere, Klebstoff, Buntstifte

In Anknüpfung an die vermuteten Hörerlebnisse der kleinen Musik-Detektive bekommen zunächst alle AB 3. Durch Lesen der Vorgaben (Überschrift, Tageszeiten) wird der Auftrag erschlossen, gehörte Musik an einem selbst erlebten Tag festzuhalten. In der mittleren Spalte des Arbeitsblattes können

hierzu Bilder gemalt, kurze Erläuterungen aufgeschrieben oder Bilder aufgeklebt werden. AB 4 bietet hierzu eine Auswahl an typischen Situationen an, die aber auch durch Bilder aus Zeitschriften etc. ergänzt werden können. Es bietet sich an, das Arbeitsblatt 3 auf A3 zu vergrößern, damit die Kinder genug Platz zum Aufkleben und Malen ihrer Bilder haben.
Das erste Blatt des Musik-Tagebuchs kann auf verschiedene Weisen bearbeitet werden: Es kann rückblickend der bisherige Tag dargestellt und der Rest des Tages als Hausaufgabe gegeben werden. Es kann ein Tag dargestellt werden, der die gesammelten Morgen-, Schul- bzw. sonstigen Musik-Erfahrungen vereint.
Weitere von allen Kindern erarbeitete Blätter des Musik-Tagebuchs sind vor allem dann interessant, wenn z. B. jahreszeitlich bedingt Musik eine besondere Rolle spielt: Ein Musik-Tag in der Weihnachtszeit oder ein Musik-Tag im Fasching. Angeregt werden kann auch das Erarbeiten eines Musik-Tagebuch-Blattes anlässlich des eigenen Geburtstags, eines Tages mit einem besonderen Musik-Erlebnis (Konzert, Hochzeit in der Familie u. Ä.). Die Bewertung der aufgezeichneten Hör-Eindrücke durch Smilies bietet eine gute Möglichkeit, im Austausch unterschiedliche Geschmäcker kennen zu lernen und den eigenen zu verbalisieren.

Ein Musik-Tag-Musical

In der Klasse werden mit Hilfe des Liederbuchs Lieder für jede Tageszeit gesucht und besonders geübt (Morgen- und Abendlieder S. 8–17, Lieder vom Essen z. B. S. 58–65 etc.). Gleichzeitig können dazu kleine Szenen ausgedacht und einstudiert werden, die den Tag von zwei Kindern darstellen. Mit vier oder fünf Liedern ist dies auch ein schöner Beitrag für ein Schulfest. Anregungen für die Gestaltung der Lieder finden sich im Kapitel „Lieder singen und gestalten" (S. 28 des vorliegenden Bandes) oder zu vielen Liedern auch auf den Liederbuchseiten selbst.

z. B. Seite 8–17 (Morgen- und Abendlieder), Seite 58–65 (Lieder vom Essen und Trinken)

Ein Musik-Erlebnis-Plakat

Gemeinsam kann die Klasse auch Plakate mit Lieblingsmusik (Gruppen, Sänger/innen etc.), mit Musik-Bildern aus dem Urlaub, zu musikalisch ergiebigen Festen wie Weihnachten oder musikalisch interessanten (Straßenmusik) oder überfluteten Orten (Kaufhaus, Geschäfte) gestalten. Davon ausgehend können einfachere Lieder gesungen oder Beispiele von Musik aus anderen Ländern, aus weihnachtlichen Stücken angehört und (tanzend, mit-/nachspielend) gestaltet werden.

Ein Musik-Interview

Welche Musik mögen eigentlich andere Leute? Die Rektorin der Schule, die anderen Lehrkräfte, die Eltern, Omas und Geschwister der Kinder? Lieder zu erkunden, die die Oma als Kind gesungen hat, oder einmal die Musik anzuhören, die der Rektor gerne hört, das kann den eigenen Blick (bzw. das Hören) weiten und zugleich Menschen näher zueinander bringen.

Mein Musik-Tagebuch

		☺ 😐 ☹
Morgen 		
Vormittag 		
Mittag 		
Nachmittag 		
Abend 		

Musik im Alltag

AB 4

Schulerkundung

- Die Schule kennen lernen
- Geräusche wahrnehmen und erkennen
- Geräusche-Würfelspiel
- Ein Lied singen und umdichten

Die Schule ist für jedes Kind ein großes Gebäude mit unendlich vielen Räumen, Gängen und Personen. Es gehört zum Pflichtprogramm der ersten Schultage, das Schulgebäude kennen zu lernen. Auch später noch kann es von Zeit zu Zeit sinnvoll sein, die Ortskenntnis aufzufrischen und die Identifikation mit der Schule zu erhöhen. Hier findet eine spielerische und musikalische Schulerkundung statt, bei der Hörwahrnehmung, Gedächtnis und die Fähigkeit zur Abstraktion geschult werden.

Schulerkundung

Material: AB 5 (Schulmotive)

Wir gehen alle zusammen durch die Schule und besuchen dort verschiedene Örtlichkeiten, die im Laufe des Schullebens eine Rolle spielen werden. Nach dem eigenen Klassenzimmer sind das die benachbarten Klassenräume, Toilette, Aula, Büro von Sekretärin und Schulleitung, Hausmeister-Loge (oder Kiosk), Turnhalle, Musikzimmer, Lehrerzimmer und Schulhof. An jedem Ort prägen wir uns auch ein, was dort passiert. Beispielsweise verkauft der Hausmeister in der Pause Getränke, die Sekretärin tippt am Computer, im Musikzimmer wird Musik gemacht oder gehört, in der Turnhalle Ball gespielt oder getanzt, auf dem Schulhof spielen einige Tischtennis, andere toben herum, in der Aula wird ein Stück aufgeführt. Zu jedem dieser Räume gehört ein bestimmtes Klangerlebnis.

Wenn wir wieder im Klassenraum sind, erinnern wir uns daran. Dabei helfen uns Bilder der besuchten Orte (AB 5), die die Lehrerin an die Tafel heftet. Zu jedem Bild wird beschrieben, welche Aktivitäten und Geräusche dort stattgefunden haben. Möglicherweise ist auf den Bildern manches ein wenig anders dargestellt, als wir es in der Schule vorfinden. Dann sprechen wir über die Unterschiede. Methodisch sind hierbei auch Mannschaftsspiele denkbar, bei denen zwei Gruppen im Geräusche-Bilderraten gegeneinander antreten.

Schulerkundung als Gruppenspiel

Material: AB 6 (Spielplan) auf OHP-Folie kopiert oder DIN A3 Karton vergrößert, Spielfiguren (bzw. farbige Folienstücke), Würfel

⊙ 1/1–9

Der Spielplan „Schulerkundung" wird für alle sichtbar angebracht, entweder als Vergrößerung an der Tafel (mit Magneten als Spielfiguren) oder auf Folie kopiert als Projektion des Tageslichtprojektors (mit farbigen Folienstücken als Spielfiguren). Möglich ist auch ein Sitzkreis, bei dem ein vergrößerter Spielplan in der Mitte liegt.

Es werden Gruppen von drei bis vier Personen gebildet. Jede Gruppe tritt als ein Spieler auf und bekommt einen Würfel in die Hand sowie eine Spielfigur zugewiesen. Die Lehrerin leitet das Spiel an, bewegt für jede Gruppe die Spielfiguren und bedient den CD-Player.

Die Gruppe mit der höchsten Zahl auf dem Würfel beginnt. Spielstart und Ziel ist das Feld mit der Klassenzimmertür. Wenn eine Gruppe auf ein Feld mit CD-Symbol kommt, wird das erste Hörbeispiel abgespielt. Die Gruppe muss anhand des Geräuschs oder der Musik erraten, welches Bild dafür in Frage kommt, und springt dann auf dieses Feld – entweder in Zielrichtung oder auch zurück. Rausschmeißen kann nach vorheriger Verabredung zugelassen werden. In dieser Art und Weise setzt sich das Spiel fort, bis eine Gruppe das Ziel im „Klassenzimmer“ erreicht hat. Wenn alle neun Hörbeispiele erklungen sind, das Spiel aber noch nicht zu Ende ist, wird zum ersten Hörbeispiel zurückgekehrt. Als Variante kann das Spiel auch in selbständiger Gruppenarbeit durchgeführt werden. Dazu werden Spielpläne und Wiedergabegeräte in Anzahl der Gruppen benötigt. Es spielen dann die Gruppenmitglieder gegeneinander.

Hurra, ich bin ein Schulkind

Seite 23

1/10

Das Lied „Hurra, ich bin ein Schulkind“ kann sowohl am Beginn wie auch am Ende der Schulerkundung stehen. Am Anfang dient es der Einführung ins Thema, am Schluss dem Memorieren der kennen gelernten Orte und Ereignisse. Die dem alten Volkslied „Ein Männlein steht im Walde“ entliehene Melodie ist so bekannt, dass auf eine Einstudierung verzichtet werden kann. Stattdessen ändern wir den Text und erfinden neue Strophen, die sich auf die Schule und das in der Schule gesehene beziehen. Hier ein paar Vorschläge als Basis für Eigenkreationen:

Der Hausmeister heißt Meyer und hat viel Kraft,
verkauft uns in der Pause mal Milch, mal Saft.
In der Schule singen wir ...

Frau Müller sitzt am Schreibtisch und tippt und tippt.
Sie ist die beste Schreibkraft, die es hier gibt.
In der Schule singen wir ...

Wir haben eine Aula, die ist sehr groß,
da singen wir bei Feiern, das geht gut los.
In der Schule singen wir ...

Der Schulhof, der ist draußen gleich hinterm Haus.
Zur großen Pause geh'n wir dort gerne raus.
In der Schule singen wir ...

Hör'n wir mal schöne Lieder und viel Musik,
dann kommt das vom Musikraum, der oben liegt.
In der Schule singen wir ...

Die Halle dort ganz hinten, da turnen wir,
mit Bällen spiel'n und tanzen, das tun wir hier.
In der Schule singen wir ...

Schulmotive

Spielplan Schulerkundung

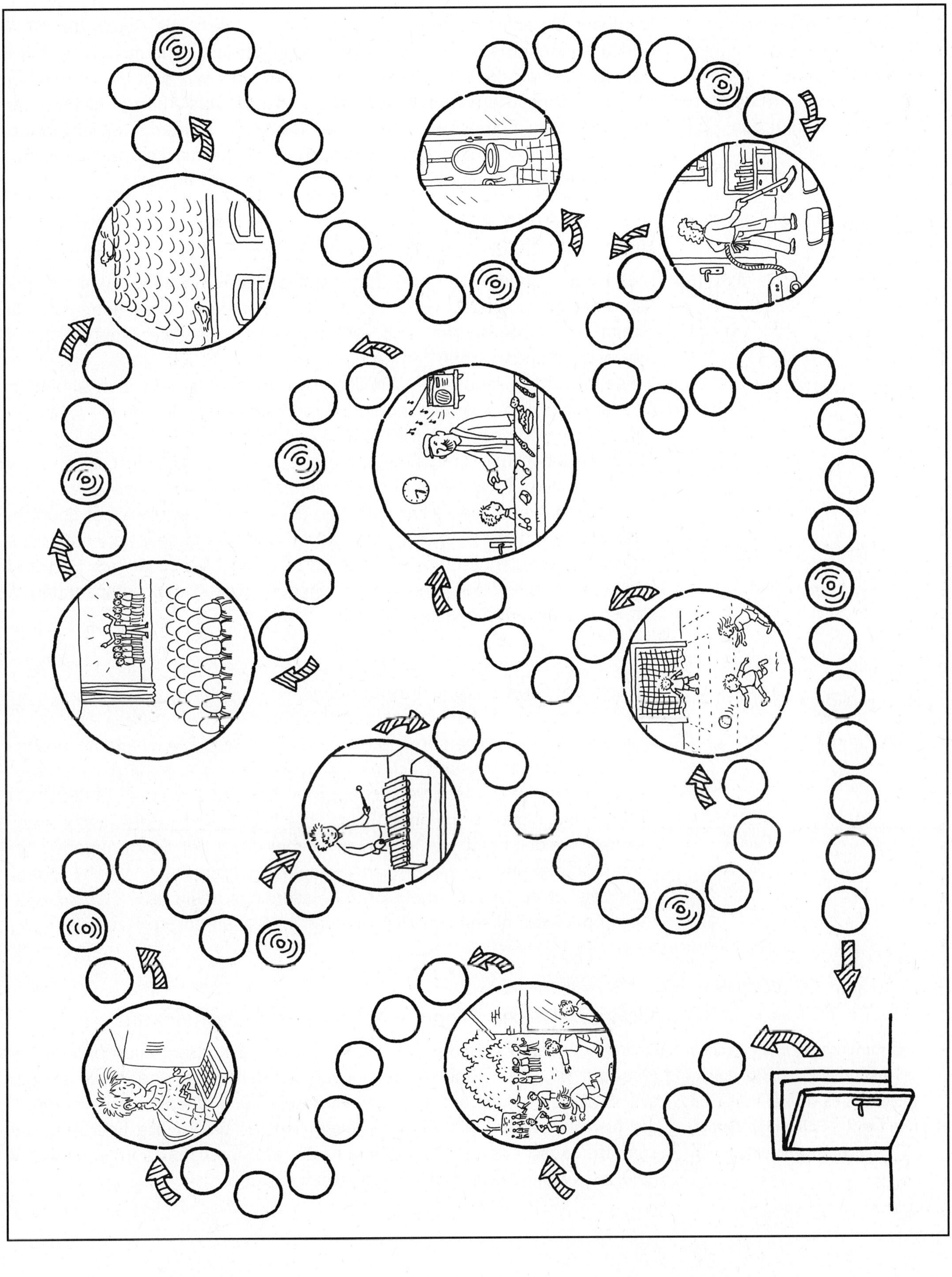

Nacht und Stille

- Ein Abendlied singen
- Stimm- und Sprecherziehung
- Hörwahrnehmung schulen
- Musikalische Begriffe lang – kurz

In dieser Unterrichtseinheit geht es um die Nacht als Raum der Stille und der Dunkelheit. Erst die Stille ermöglicht es, zu lauschen und sich aufmerksam einem Klang zuzuwenden – ebenso wie erst die Dunkelheit für die Wahrnehmung von Licht sensibilisiert. Das Abendlied „Wer hat die schönsten Schäfchen" dient hier dazu, die Kinder auf Lichtphänomene der Nacht aufmerksam zu machen. Im aufmerksamen Lauschen auf das Verklingen eines Tons wird für sie Stille erfahrbar.

Wer hat die schönsten Schäfchen

Seite 15

1/11

Die Lehrerin spricht die erste Strophe des Liedes und fragt, wer mit den Schäfchen gemeint ist. (Falls die Kinder nicht darauf kommen, wird die zweite und dritte Strophe auch vorgetragen.) Die Kinder suchen nach Gemeinsamkeiten zwischen Sternen und Schafen (z. B. ihre große Anzahl, sie weiden verstreut, jedes steht für sich, sie verändern ihre Position allmählich, sie sind friedlich). Dann spricht die Lehrerin alle Strophen und die Kinder ergänzen ihren Vergleich in Anlehnung an den Text.
Bevor die Kinder das Lied singen, bietet es sich hier an, zunächst den Text der ersten zwei Strophen wie ein zu lernendes Gedicht zu behandeln: Vor- und Nachsprechen, die Zeilen zwischen den Kindern aufteilen, auf deutliche Aussprache und sinnbetonendes Sprechen achten und gegebenenfalls illustrierende Bewegungen als Gedächtnisstütze einsetzen. Auf das Sprechen folgt ein Warm-up, um eine für das Singen günstige Körperspannung zu erreichen, dann wird gesungen.

Warm-up: Sterne vom Himmel holen
Die Kinder stehen auf und klettern pantomimisch auf einer Leiter zum Himmel hinauf, um einen Stern herunterzuholen. Die Leiter ist etwas zu kurz, deshalb müssen sich alle sehr recken und mal mit der rechten, mal mit der linken Hand versuchen, den Stern zu erreichen. Endlich hat jedes Kind einen Stern abgepflückt, steckt ihn sich in die Tasche und klettert wieder herab. Unten angekommen wird der Stern angehaucht (Atemübung) und poliert. Er glänzt in seiner ganzen Pracht: „Aah", sagen alle begeistert. Der Himmel sieht nun allerdings traurig aus: „Ooh!" Alle steigen wieder hinauf zum Himmel und bringen ihren Stern zurück.

Klangspiel: Der Mond weckt seine Schäflein auf

Instrumente: 1 tief klingendes Metall-Instrument, z. B. Gong oder Metallofon, ca. 14 hell klingende Instrumente, z. B. Triangel, Zimbel, Schellenring, Glöckchen

Dieses Klangspiel erfordert von den Kindern viel Konzentration und die Bereitschaft zur Stille. Daher ist es sinnvoll, vor dem Spiel eine Phase einzufügen, in der die Kinder auf das Spiel vorbereitet und eingestimmt werden. In der hier skizzierten Vorbereitungsphase geht es darum, die Erfahrung und Lust des Lauschens auf leise Klänge zu thematisieren, bevor im eigentlichen Spiel leise Klänge gestalterisch eingesetzt werden.

Vorbereitung

Gespräch über Unterschiede zwischen Tag und Nacht. Was ist Stille? Die Kinder hören eine Minute mit geschlossenen Augen auf die Stille in ihrem Musikraum. Obwohl Verschiedenes zu hören ist, ist es doch auch still. Nun sollen der stille Mond und die Sterne mit Instrumenten dargestellt werden. Wie könnte so eine stille Musik klingen? Wie könnte man musikalisch den Unterschied zwischen dem Mond und den Sternen darstellen?
Die Lehrerin spielt auf einem lang und tief klingenden Metall-Instrument (Gong, Metallofon, tiefer Klangstab) einzelne Töne vor, lässt sie beschreiben und durch Armbewegungen begleiten. Mit dem Anschlagen des Tons gehen die Arme nach oben, beim Verklingen sinken sie ganz langsam nach unten. Sie kommen erst wieder in der Ausgangsstellung an, wenn der Ton nicht mehr zu hören ist.

Spielverlauf

Die Klasse wird in zwei Gruppen geteilt. Höchstens 15 Spieler sind aktiv beteiligt, die anderen Kinder der Klasse hören und sehen zu, dann ist Wechsel. Ein Kind stellt den Mond musikalisch dar, indem es sehr langsame Schläge auf einem tief klingenden Metall-Instrument spielt. Dabei soll ein Schlag immer erst vollständig verklungen sein, bevor der nächste folgt. Die anderen Akteure stellen Sterne dar.
Zu Beginn schlafen die Sterne noch, d.h. sie haben ihren Platz am Himmel noch nicht eingenommen. Wenn der Mond zu spielen begonnen hat, gehen sie nacheinander (!) leise los und suchen sich einen Platz am Himmel (im Raum). Dort liegt ein hell klingendes Instrument (Triangel, Klangstab, Zimbel, Schellenring, Glöckchen etc.) bereit, das sie sehr leise und zart zu spielen beginnen. Erst wenn der eine Stern seinen Platz am Himmel eingenommen hat und angefangen hat zu klingen, darf der nächste losgehen.
Wie der Mond sollen auch die Sterne ihr Instrument erst ausklingen lassen, bevor sie es neu anschlagen. Wenn alle Sterne am Himmel stehen, hört der Mond zu spielen auf und nacheinander – in der Reihenfolge ihres Auftretens – beenden auch die Sterne ihr Spiel. Die Zuhörer beurteilen, ob es sich wie ein Sternenhimmel angehört hat, oder ob es vielleicht zu laut war. Dann sollten die Spieler, wenn sie ihre Musik noch einmal spielen, mehr aufeinander hören und pausieren, bevor sie einen neuen Ton anschlagen.

Das Tonlängen-Messgerät

Das Tonlängen-Messgerät ist eine Schachtel oder eine Dose mit Deckel, in der ein Wollknäuel liegt. Durch ein kleines Loch schaut das Fadenende heraus, so dass man den Faden herausziehen kann. Ausgehend von der Frage, ob alle Instrumente gleich lang klingen, werden deren Klänge vermessen. Dabei sollte zunächst die Lehrerin diejenige sein, die den Faden herauszieht, damit das Abrolltempo einheitlich ist: zwei Kinder assistieren ihr, indem eines den Ton anschlägt und das andere den Faden abschneidet, wenn der Ton zu Ende ist.

Material: Schachtel oder Dose mit Deckel, Wolle in verschiedenen Farben, Schere, AB 7

Instrumente: verschiedene Instrumente

In Gruppenarbeit – wenn mehrere Tonmessgeräte vorhanden sind – oder aber als Demonstration vor der Klasse werden nun Klänge von verschiedenen Instrumenten (lang: Becken, Triangel, Klavier, Gitarre, Metallofon; mittellang: Xylofon, Handtrommel; kurz: Holzblocktrommel, Klanghölzer) vermessen. Die Ergebnisse werden in drei Gruppen (lang, mittellang, kurz) geordnet und auf den Arbeitsbogen 7 geklebt. Hierzu empfiehlt es sich, diesen auf DIN A 3 Papier zu kopieren. Wenn die Fäden trotzdem noch zu lang sind, können sie als Schnecke gelegt werden.

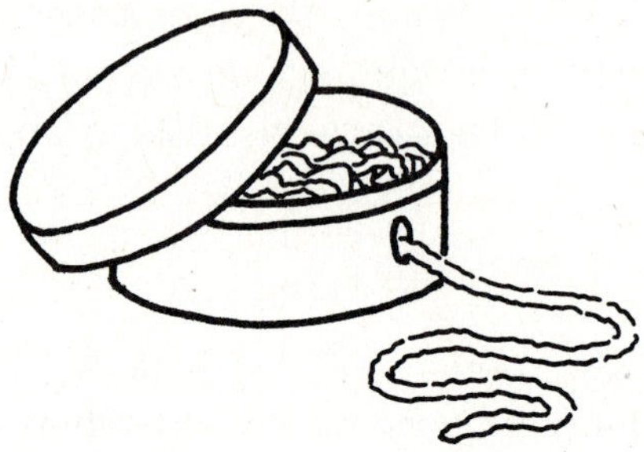

Komposition aus langen, mittellangen und kurzen Tönen

Material: Wollfäden in drei Farben, Papier

Instrumente: verschiedene Instrumente

Die Kinder bilden Dreiergruppen. Die Lehrerin verteilt an jede Gruppe eine Handvoll Fadenstücke in drei verschiedenen Längen. Jede Länge hat eine eigene Farbe, damit sie sich auch dann deutlich voneinander abheben, wenn sie als Kette aneinandergelegt werden. Von den kurzen Stücken sollte es am meisten geben. Die Kinder kleben die Fadenstücke in einer selbstgewählten Reihenfolge als Kette auf ein Blatt Papier. Dann suchen sie sich drei Instrumente, mit denen sie lange, mittellange und kurze Klänge erzeugen können, und spielen ihr Stück der Klasse vor.

Tonfäden

Instrumente

Tonfäden

lang

mittellang

kurz

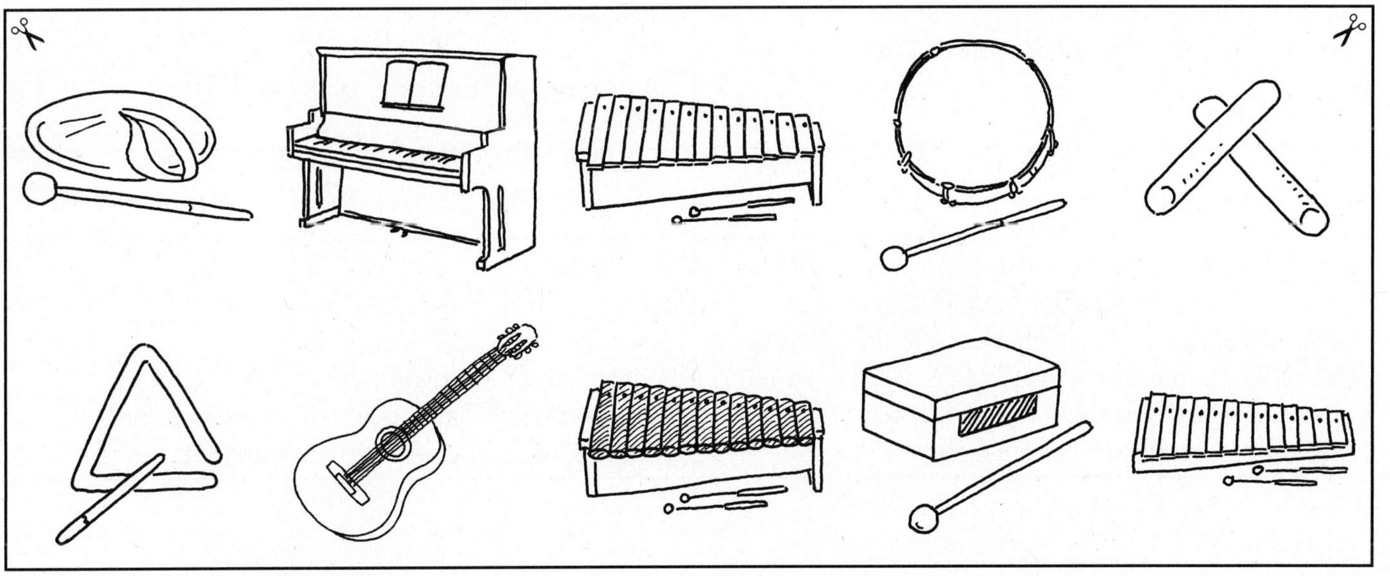

Lieder singen und gestalten

- Lieder singen mit Bewegung
- Neue Strophen erfinden
- Stimmbildungs- und Bewegungsgeschichte
- Rhythmusschulung
- Sprechvers
- Rhythmische Gestaltung eines Liedes

Dieses Kapitel hält Umsetzungsvorschläge zu mehreren Liedern zum Thema „Ich, du, wir“ aus dem Liederbuch DUETT bereit. Dabei steht die Freude an der Bewegung und am gemeinsamen Musizieren und Gestalten im Vordergrund. Mit Bewegungen und Rhythmen werden die Lieder erarbeitet und begleitet. Bei den Gestaltungen der Lieder wird durch das Einbringen eigener Ideen die Kreativität der Schüler gefördert.

Hallo und guten Morgen

Seite 10

(L) 1/2–3

Stimmbildungs- und Bewegungsgeschichte als Einstieg:
Folgende Geschichte, die auf den Inhalt des Liedes vorbereitet und zugleich stimmbildnerische und den Körper lockernde Elemente enthält, wird von der Lehrerin vorgetragen. Die Kinder setzen die einzelnen Bewegungselemente und Stimmaktionen sofort um.

Erzählung	Aktion der Kinder
Lisa ist eine richtige Langschläferin. Jeden Morgen muss der Wecker lange läuten, ehe sie wach wird.	„Rrrrrr“ („Zungen-R“)
Endlich wacht sie auf. Sie streckt sich und gähnt ganz laut.	aufstehen, strecken und gähnen
Lisa geht nun ins Badezimmer und wäscht sich das Gesicht. Da sie ihre Zahnbürste nicht finden kann, putzt sie sich die Zähne ganz einfach mit ihrer Zunge.	Hände von oben nach unten über das Gesicht streichen, Kiefer locker nach unten fallen lassen. Die Zunge fährt über die Außenseite des Gebisses, dann an der Innenseite entlang und zuletzt auf den Kauflächen.
O, was riecht sie denn da? Die Mutter hat schon den Kakao fertig. „Mmmh, lecker!“, ruft Lisa und läuft schnell ins Esszimmer, wo der Frühstückstisch schon gedeckt ist. Schnell schlingt sie ihre Cornflakes hinunter, trinkt den Kakao und zieht ihre Jacke und Schuhe an. Sie öffnet die Tür und schließt sie hinter sich, dann läuft sie zum Bus, den sie schon hören kann.	schnüffeln durch die Nase „Mmmmh“ (dabei Lippen leicht aufeinander legen) Pantomimisch nachvollziehen: essen, trinken, anziehen, die Tür öffnen und schließen, zum Bus laufen Brummen des Busses nachahmen, Lippen leicht aufeinander legen
In der Schule angekommen, klopft sie sich vor der Tür die Schuhe aus.	stampfen
Als Lisa in der Garderobe ihre Schuhe ausziehen will, merkt sie, dass ein seltsamer Duft heraus kommt. Schnell stellt sie ihre Schuhe an ihren Platz und geht ins Klassenzimmer. Kaum hat sie die Tür hinter sich geschlossen, ertönt auch schon der Schulgong und der Unterricht beginnt.	Nase zuhalten „Iiiii“ Pantomimisch nachvollziehen: Schuhe an den Platz stellen, ins Klassenzimmer gehen, Türe schließen, sich auf den Platz setzen.

Das Lied: Der Refrain wird mehrmals von der CD gehört und dazu werden verschiedene Begleitungen ausprobiert, wie beispielsweise gehen und klatschen, stehen und patschen usw. Nach mehrmaligem Hören können die Kinder den Refrain mitsingen. Die einzelnen Strophentexte werden nun auf vier Gruppen verteilt, von den Schülern selbstständig erarbeitet und mit passenden Bewegungen begleitet. Anschließend kann das ganze Lied gesungen werden, wobei jede Gruppe ihre Strophe mit den gefundenen Bewegungen vorspricht und bei der Wiederholung von allen imitiert wird. Anschließend kann die Begleitung des Refrains mit Instrumenten erarbeitet werden.

Du hast uns deine Welt geschenkt

Seite 29

(L) 1/15

Material: Bildkarten AB 8

Dieses Lied hat einen Bezug zur Schöpfungsgeschichte und kann somit fächerübergreifend eingesetzt werden. Es bietet sich an, das Lied im Anschluss an die Erarbeitung der Schöpfungsgeschichte zu singen. Im Sitzkreis wird der Inhalt des Liedes anhand der Bildkarten auf AB 8 dargeboten. Die Lehrkraft legt die Bilder nacheinander in die Mitte und die Kinder wiederholen anhand dieser die Schöpfungsgeschichte. Mit Hilfe von Bewegungen (s. unten) werden nun die einzelnen Strophen erarbeitet. Beim Abschnitt „Herr, wir danken dir" klatschen alle mit (siehe Randspalte).

Zuletzt können die Kinder in Partner- oder Gruppenarbeit selber noch Strophen mit Bewegungen erfinden und anschließend im Klassenverband vortragen. Zu den neuen Strophen können auf die leeren Bildkärtchen passende Bilder gemalt werden.

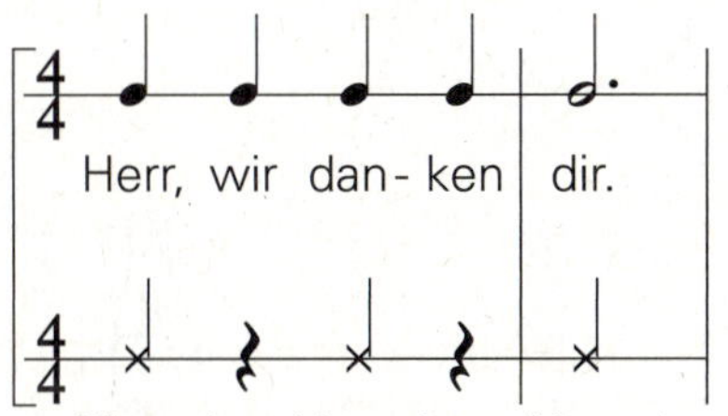

Du hast uns deine Welt geschenkt:

1. Den Himmel, die Erde.

Du hast uns deine Welt geschenkt:

Herr, wir danken dir. (dazu klatschen)

2. Die Länder, die Meere.

3. Die Sonne, die Sterne.

4. Die Berge, die Täler.

5. Du gabst mir das Leben.

6. Du gabst uns das Leben.

Max Krachmach

Seite 25

(L) 1/12

In einem einführenden Unterrichtsgespräch berichten die Kinder von ihrem Zuhause und welche Geräusche in einem Haus zu hören sind. Anschließend erzählt die Lehrerin von einem besonderen Haus, in dem es manchmal sehr laut zugehen kann. Von diesem Haus handelt das Lied, das wir heute lernen.

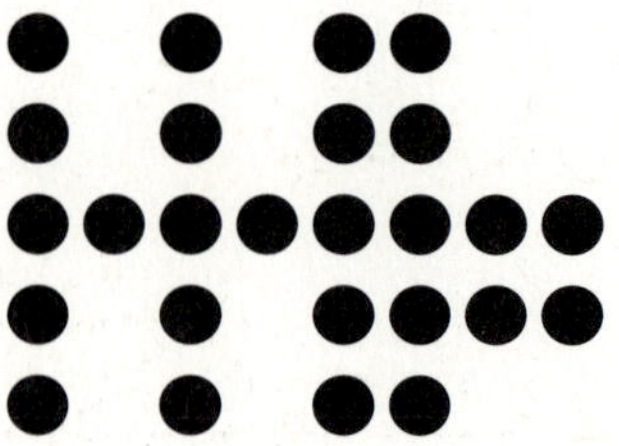

Max Krachmach als Sprechvers:
Es bietet sich an, zuerst Text und Rhythmus des Liedes als Sprechvers zu erarbeiten. Dazu sitzen die Kinder im Kreis und patschen zum Lehrervortrag das Metrum auf den Beinen mit. Anschließend geben die Kinder den Inhalt wieder. Nun wird der Text durch Vor- und Nachsprechen erarbeitet, wobei Körperinstrumente das Metrum mitspielen. Als Gedankenstütze können die nebenstehenden Bilder zu den Strophen auf Kärtchen übertragen werden. (Diese werden auch später noch gebraucht.)
Nun folgt ein Echospiel, bei dem die Lehrkraft den Rhythmus der einzelnen Takte mit verschiedenen Körperinstrumenten vorgibt, die Kinder ahmen dies nach. Eine feste Abfolge kann entstehen, z. B.:

Auf dem Flachdach sitzt Max Krachmach,
(patschen links-rechts abwechselnd)
trommelt mit acht Stöcken,
(rechter Zeigefinger spielt auf linkem Zeigefinger)
dass die Leut' erschrecken,
(klatschen)
dass die Leut' erschrecken.
(auf den Handrücken klatschen)

Als Sicherung erhalten die Kinder ein Blatt Papier und tupfen mit einem dicken Filzstift den Rhythmus während des Sprechens auf das Papier, so dass für die spätere Begleitung eine Hilfe gegeben ist. (Siehe Randspalte.)

Gestaltung als Lied:
Die Begleitung wird beibehalten, wenn die Lehrerin nun das Lied abschnittweise vorsingt und die Kinder nachsingen. Zum leichteren Einprägen der Melodie kann der Melodieverlauf mit der Hand mitgezeigt werden.

In einem nächsten Schritt teilt die Lehrerin die Klasse in fünf Gruppen. Jede erhält eines der Bildkärtchen und bekommt den Auftrag, passende Instrumente zur entsprechenden Strophe zu suchen. Die Instrumente gestalten ein Vorspiel mit dem Rhythmus des Liedes und begleiten dann den Gesang. Als Anhaltspunkt dient die grafische Notation. Außerdem kann die Strophe je nach Leistungsstand der Klasse zusätzlich (evtl. auch mit Kostümierung) in Szene gesetzt werden. Als Abschluss präsentieren die einzelnen Gruppen ihre Ergebnisse, indem alle das Lied singen und jede Strophe von einer Gruppe gestaltet wird.

Du hast uns deine Welt geschenkt

Sprech-Stücke

- Sprechgesänge und Sprechstücke gestalten
- Ein Tierkonzert mit der Stimme und Instrumenten gestalten

Sprechstücke sind bei den meisten Kindern sehr beliebt, weil sie Raum für viel Dynamik bieten, gleichzeitig aber dem Sprechen näher sind als dem Singen. Als Baustein neben dem Lied-Singen bilden sie zugleich eine Brücke zwischen Rhythmus und Melodie. Sie erlauben sehr früh mehrstimmige Gestaltungen (was eine gute Vorstufe für mehrstimmiges Singen ist), ebenso aber auch schlichtweg genussvolles Gestalten. Auf den folgenden Seiten werden für zwei Sprechstücke aus dem Liederbuch sowie für ein neues Sprechstück zum Thema Bauernhof/Tiere Umsetzungsmöglichkeiten im Unterricht vorgestellt.

Morgens früh um sechs

Seite 11

Bevor das Stück als Lied gesungen wird, kann es zunächst als Sprechstück erarbeitet werden. Ausgangspunkt könnte ein Bild der kleinen Hexe sein, die die Kinder vielleicht schon aus dem Buch „Die kleine Hexe" von Otfried Preussler kennen. Die Lehrerin beginnt nach einer kurzen Betrachtungsphase das Stück rhythmisch vorzutragen. Das ganze Gedicht kann öfter wiederholt werden, wobei z. B. folgende Variationen möglich sind:

- Verse gesprochen, Uhrzeiten mit Fingern dazu zeigen.
- Verse gesprochen, „Schlafhände" bei „Morgens …", Streichholz anzünden bei „Feuert an …", Uhrzeiten mit Fingern dazu zeigen.
- Wie 2. Mal, zusätzlich Darstellung der restlichen Teile (1. Strophe: Aufstehen, auf der Stelle mit Besen fliegen, etc.).
- Wie 3. Mal, die Lehrerin schweigt aber bei den zweiten Halbsätzen jeder Strophe.

- Die Lehrerin teilt die Klasse in zwei Gruppen, die das Stück dialogisch sprechen. Sie dreht sich der aktiven Gruppe immer zu und unterstützt diese.
- Die Lehrerin deutet auf sich und tritt nun, jeweils den ersten Halbsatz sprechend, in Dialog mit der Klasse.
- Die Lehrerin erklärt kurz: Mädchen fangen an (1. Halbsatz), dann die Jungen (2. Halbsatz).
- Die Lehrerin erklärt kurz, dass für das Wort „Morgens" nur noch „Schlafhände" gezeigt werden, alles andere wird dargestellt und gesprochen.
- Nun werden die Uhrzeiten nicht mehr gesprochen, nur noch gezeigt (dies kann soweit gehen, bis nur noch die Füllwörter, wie „früh um" etc. gesprochen werden).
- Zwei Gruppen sprechen zunächst gemeinsam, beginnen dann versetzt und sprechen das Stück im Kanon.

Die zehn angeführten Möglichkeiten müssen nicht auf einmal, nicht nur jeweils einmal und nicht in dieser Reihenfolge umgesetzt werden. Sie gewährleisten jedoch, dass das Sprech-Stück auch beim x-ten Mal noch Spaß macht. Der Wechsel *laut/leise* und *schnell/langsam* schafft ebenfalls Abwechslung und sensibilisiert die Kinder zudem für dynamische Unterschiede und Variationen im Tempo.

Fli flei flo

Seite 117

Instrumente:
Orff-Instrumentarium

„Unsinntexte" (Pseudotexte) wie dieses Sprechstück machen Kindern Spaß. Nebenbei werden dadurch wichtige Aspekte des Schriftspracherwerbs, wie eine genaue Artikulation oder die Merkfähigkeit geübt. Das Geheimnisvolle der verwendeten Silben und Laute bietet zudem ein großer Anreiz.
Die Lehrerin beginnt mit den Kindern im Kreis sitzend mit den Fäusten auf die Knie zu klopfen, bis alle im Takt mitmachen. Sie kündigt das Sprechstück damit an, dass die Klasse heute eine eigene Geheimsprache lernt und beginnt mit dem ersten „Fli". Beim letzten Faustschlag, bevor der Chor nachsprechen soll, hebt die Lehrerin auffordernd den Kopf und spricht die ersten Male ein leises „und" dazu. So wird das Sprechstück zwei oder drei Mal durchgespielt.
Wenn die Kinder nicht ohnehin nach der Bedeutung der Geheimsprache fragen, kann diese von der Lehrerin angesprochen werden. Ideen der Kinder können musikalisch so umgesetzt werden, dass das Stück dem vermuteten Inhalt entsprechend dargebracht wird: Ist das „Fli, fli ..." ein Zauberspruch, klingt es anders als z. B. eine schimpfende Mutter oder ein Vater. Jede Idee sollte mindestens einmal ganz umgesetzt werden. Einzelne Kinder oder kleine Gruppen können dabei die Solo-Stimme übernehmen.

Statt der Körperinstrumente können auch einfache Orff-Instrumente zur Begleitung verwendet werden. Jede Zeile kann durch unterschiedliche Instrumente mit gleichmäßigen Viertel-Schlägen begleitet werden, der Sprechrhythmus kann durch Instrumente ergänzt werden oder es können auch zur Geheimsprache passende Instrumente verwendet werden (z. B. bei der Variante Zauberspruch: Glissandi (Auf- und Abstreichen) auf einem Glockenspiel, bei der Variante Schimpfen: Pauken und Becken).

Bauernhof-Tierkonzert

Material: AB 9 kopiert und in einzelne „Tierstimmen" zerschnitten

Instrumente: evtl. Bass-Metallofon, Handtrommel, Xylofon, Glockenspiele, falls vorhanden Vibraslap (ersatzweise Guiro)

Die Kinder und die Lehrerin sitzen im Kreis. Die Lehrerin erzählt:
Bauer Bert hat heute Geburtstag und ist mit seiner Frau in die Stadt gefahren. Kaum ist das Auto vom Hof gefahren, springt der Hund Harry aus der Hundehütte und ruft alle Tiere. Damit es alle hören, stampft er dabei kräftig auf den Boden. (Die Lehrerin demonstriert den Hunde-Rhythmus mit Stimme und Füßen und animiert die Kinder zum Mitmachen: „Kommt, helfen wir dem Harry, damit es alle hören!")
Als erstes kommt der Esel lustlos aus seinem Stall. Er macht einen Schritt und ruft dann sein langes „I-ah" (Die Lehrerin demonstriert es. „Probier einmal so störrisch zu sein wie ein Esel!") *Die Ziege denkt sich nur: So ein lahmer Esel! Sie trippelt zwei Schritte und ruft dem Esel dann ein hämisches „Mäh" zu.* (Demonstration, dann: „Ha! So trippeln wie die Ziege können wir schon lange!")
Da fehlen aber doch noch einige. He, Hanno Hahn! Ruf du einmal. Hanno fühlt sich gleich geschmeichelt, holt tief Luft und ruft sein schönstes „Kikeriki".
(Demonstration, dann: „Wie schön wohl ein ganzer Hahnen-Chor klingt?")
Na, da kommt ja endlich die Kuh. Gelangweilt trottet sie heran und mault dabei vor sich hin. (Demonstration, dann: „Ja endlich kommen auch die anderen

Kühe!") *Da fehlt doch nur noch eine, die Katze Kara. Sie genießt ihren Auftritt. Nach jedem Schritt dreht sie ihren Kopf, miaut und schaut, ob auch alle sie sehen.* (Demonstration, dann: „So können das nur stolze Kätzchen und Kater!") *Harry Hund erklärt worum es geht: Wir singen dem Bauern Bert ein Konzert. Los, wir singen „Happy Birthday"!* (Die Lehrerin ahmt mit verschiedenen Tierstimmen die Melodie nach.) *Aber es klingt schaurig. Auch alle anderen Lieder misslingen.*
Da meldet sich die schüchterne Kuh Kolina: Lasst uns doch singen, wie uns das Maul gewachsen ist. Als wir uns alle versammelt haben, klang es doch auch schön!

Die Imitation der Bewegungen und Haltungen der Tiere zur jeweiligen Stimme kann die Erarbeitung erleichtern. Der Reihe nach werden die Tierstimmen wiederholt und mit den kopierten Vorlagen von AB 9 auf die Kinder verteilt. Nach und nach wird der Chor aufgebaut, bei jeder Wiederholung kommt ein Tier dazu. Ist der Chor vollständig, kann das Ganze langsam wieder abgebaut werden. Die vorgeschlagene rhythmische Umsetzung der grafischen Notation zeigt das unten stehende Notenbeispiel.
Die Tier-Stimmen können auch mit einfachen Instrumenten umgesetzt werden (z. B. Kuh: Bass-Metallofon, Hund: Handtrommel, Esel: Xylofon (c – c'), Hahn: Sopran-Glockenspiel, Ziege: Vibraslap, Katze: Alt-Glockenspiel (g – d). Die Kinder ordnen Instrumente zu oder bringen selber Idee ein. Man kann auch noch weitere Tier-Stimmen erarbeiten (Ente, Schwein, Hennen ...).

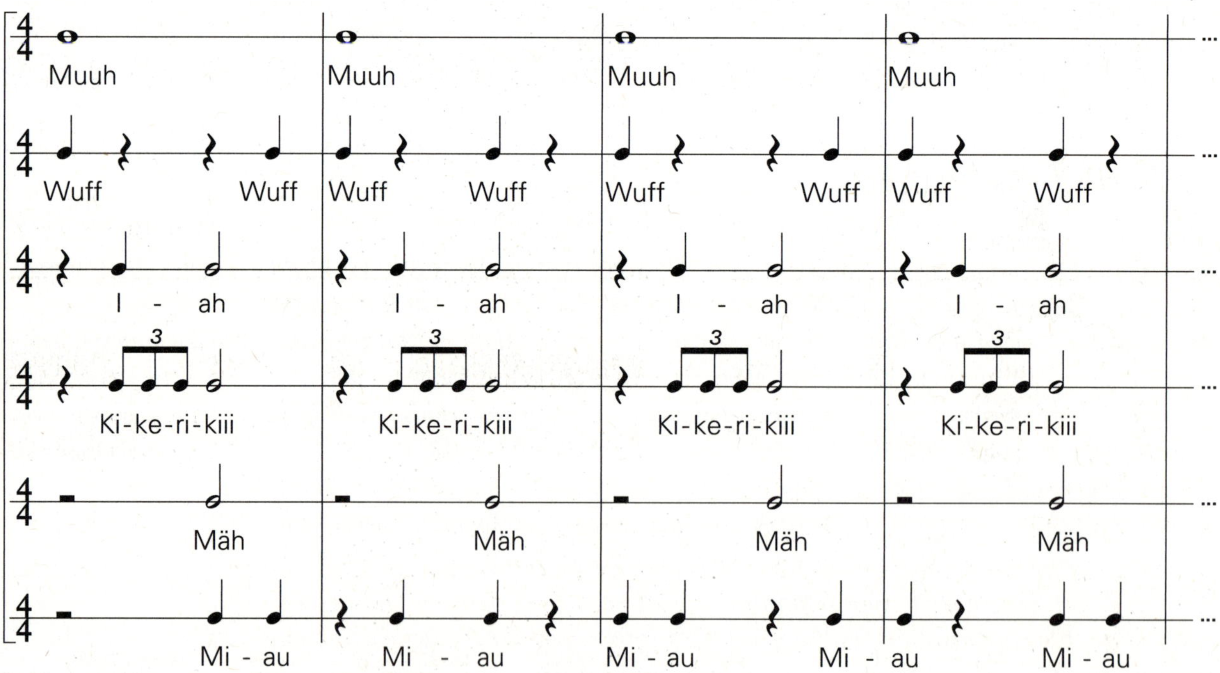

Das Bauernhof-Tierkonzert

	Muuuuuuuuuuuuuuuuuuuuuh	Muuuuuuuuuuuuuuuuuuuuuh						
	Wuff	–	–	Wuff	Wuff	–	Wuff	–
	–	I	ah	–	I	ah		
	–	Ki	ke	ri	kiiiiiiiiiiiiiiiiiiii	–	Ki	ke	ri	kiiiiiiiiiiiiiiiiiiii
	–	–	Määäääääääh	–	–	Määäääääääh		
	– (nur 1. Mal)	–	Mi	au	–	Mi	au	

Duett. Materialien 1/2

Waldgeräusche – Waldmusik

- Eine Waldmusik malen
- Waldgeräusche erleben
- Geräusche-Rätsel
- Vertonter Waldspaziergang

Der Wald dient uns hier als Anlass für jahreszeitlich bezogene Musik- und Klangwahrnehmung. In verschiedenen Arbeitsabschnitten werden Vorstellungsvermögen, Hörwahrnehmung und der Transfer vom Hören zum praktischen Tun geschult. Diese Einheit fügt sich thematisch in den Sachkunde- und Kunstunterricht ein.

Mit Musik und Fantasie in den Wald

1/12

Material: Tuschfarben, Pinsel und einen großen Bogen Papier für jedes Kind.

Zu Beginn der Einheit soll ein affektiver Bezug zum Wald erworben werden. Über die Musik werden Gefühle geweckt und dann mittels Malerei ausgedrückt.
Wir hören ohne weiteren Kommentar das Stück „Waldweben" von Richard Wagner. Im Anschluss werden die Kinder gebeten, ihre Ideen und Eindrücke von diesem Stück im Kopf zu behalten, aber nicht zu sagen. Dafür kann eine ganz kurze Stilleperiode zum Memorieren eingelegt werden. Die Vorstellungen der Kinder sollen nun nicht mit Worten sondern in einem Bild ausgedrückt werden. Zunächst wird das Bild auf eine fiktive Leinwand in der Luft gemalt – mal mit dicken, mal mit dünnen, mal mit großen, mal mit kleinen Strichen (die Lehrerin malt mit!). Dazu läuft die Musik. Gelegentlich unterbricht die Lehrerin und fragt einzelne Schüler, was sie gerade gemalt haben. Jetzt wird ohne Musik aus der Erinnerung mit Tuschfarben ein „richtiges" buntes Bild gemalt (ca. 15-20 Minuten). Nach Bedarf kann gegen Ende der Malperiode die Musik noch mal eingeschaltet werden. In einer sehr kurzen Bildbesprechung erklären die Kinder ihre Malerei. Jetzt erst wird bekannt gegeben, dass der Komponist dieser Musik sich einen Wald vorgestellt hat. Wir haben nun ganz unterschiedliche Darstellungen vom Wald, eine musikalische und viele bildliche. Sie alle drücken aus, wie unterschiedlich ein Wald gesehen und empfunden werden kann.

Richard Wagner (1813–1883) arbeitete viele Jahre lang an Opernhäusern in unterschiedlichen Städten Europas (u.a. Würzburg, Königsberg, Riga, London, Paris und Dresden), wo er zum Teil unter ärmlichsten Bedingungen wohnte. Mit seinen Bühnenwerken, in denen er oft Themen aus der deutschen Mythologie aufgriff, schuf Wagner einen neuen Stil, der sehr großen Einfluss auf andere Komponisten hatte. Seine Opern bestanden nicht mehr aus einzelnen Abschnitten (z.B. Arie und Rezitativ), sondern sie bildeten ein durchkomponiertes „Gesamtkunstwerk". Die finanzielle Unterstützung des bayerischen Königs Ludwig II. ermöglichte Wagner 1872 den Bau eines eigenen Festspielhauses in Bayreuth, das noch heute von seinen Nachfahren geleitet wird.

Wie der Wald klingt

In den folgenden Stunden werden wir uns mit der realen Erscheinung des Waldes beschäftigen. Idealerweise wird dazu eine Exkursion in den Wald (alternativ: Park) unternommen. Dazu wird die Klasse in Gruppen eingeteilt, die jeweils unterschiedliche Aufgaben bekommen, z.B. „Achtet auf Geräusche in der Natur!", „Welche Tiere sind zu sehen oder zu hören?", „Was machen die Menschen, denen ihr begegnet?" (z.B. Spaziergänger, Jogger, Waldarbeiter), „Prägt euch Geräusche ein, die von Menschen gemacht werden!".
Zurück im Klassenzimmer werden die Berichte der Gruppen gehört und stichwortartig an der Tafel notiert. Die Lesefähigkeit der Kinder spielt dabei keine Rolle, denn der Anschrieb dient nur der Erinnerung an die geäußerten Begriffe. Zu einigen Geräuschen heftet die Lehrerin Bilder an die Tafel (s. AB 11): Amsel, Specht, Arbeiter mit Motorsäge, Spaziergänger mit Hund, Fahrradfahrer, Bach, Jogger, raschelnde Maus, Jäger mit Horn. Falls die Motive der Bilder von den Schülern nicht genannt wurden, ergänzt sie die Lehrerin.

1/13–21

Material: AB 11

Natürlich kann man den Wald nicht nur sehen, sondern auch hören. Deswegen hören wir jetzt die zu den Bildern gehörenden Geräusche. Jedes Geräusch soll einem Bild zugeordnet werden.

Eine Klanggeschichte

Instrumente: Orff-Instrumente (z. B. Klangstäbe, Metallofon, Klanghölzer, Trommeln, Guiro, Triangel, Röhrentrommel, Xylofon, Flöte)
Optional: Keyboard mit Geräuschklängen

Material: AB 11

In dieser Sequenz steht die Produktion im Vordergrund. Gehörtes, Gesehenes und Erlebtes soll in eine Klanggeschichte umgesetzt werden.
Die Lehrerin geht mit einem Korb voller Instrumente und einem Stapel Bildkarten (s. AB 11) durch die Klasse. Jeweils zwei zusammen sitzende Kinder suchen sich ein Instrument aus und ziehen eine Bildkarte. Die Partner beraten nun, wie sich das dargestellte Motiv auf ihrem Instrument verwirklichen lässt. Dabei gibt die Lehrerin Hilfen und Demonstrationen. Entscheidend ist nicht das zur Verfügung stehende Instrument, sondern die Fantasie im Umgang damit. Ein Vogel kann z. B. auf einer Flöte dargestellt werden oder auch auf einer Trommel, indem man mit der Hand über das Fell streicht und so die Flügelschläge imitiert. Manche Geräusche lassen sich sehr gut mit der Stimme erzeugen (z. B. Wind, Hundegebell). Für das Bachplätschern kann eine Wasserschüssel dienen, Hupe oder Fahrradklingel können mitgebracht werden. Wenn die Klänge gefunden sind, liest die Lehrerin (in höheren Klassen ein Schüler) die folgende Geschichte. Sie wird insgesamt zweimal gehört, erst als Orientierung und zum inhaltlichen Verständnis, dann als Klanggeschichte, die an den entsprechenden Stellen (mit Kreuz gekennzeichnet) simultan vertont wird.

Variante:

Material: AB 10

Bevor es ans Vertonen der Klanggeschichte geht, kann die folgende kleine Einheit zur grafischen Notation eingeschoben werden. Es geht dabei, anders als im Abschnitt „Mit Musik und Fantasie in den Wald", um das visuelle Umsetzen von konkreten Klangstrukturen in Klangzeichen. In Partnerarbeit wird das AB 10 bearbeitet. Die Vertonungen der Waldgeräusche mit Instrumenten, die im vorigen Abschnitt erarbeitet wurden, werden nun in Klangzeichen umgesetzt. Welche anderen Kinder haben das selbe Geräusch in Klangzeichen umgesetzt? Wie sehen diese Zeichen aus? Oder gibt es jemanden, der die gleichen Zeichen für ein anderes Geräusch gemalt hat? Es gibt kein „besser" oder „schlechter", entscheidend ist, dass die Kinder entdecken, dass es unterschiedliche Meinungen darüber gibt, wie ein Geräusch klingt und wie man es mit einem Instrument umsetzen und als Klangzeichen festhalten kann.

Ein Spaziergang im Wald
Moritz möchte seinen Geburtstag auf dem Grillplatz im Wald feiern. Zusammen mit seinem Vater macht er sich auf den Weg, um sich dort einmal genau umzusehen.
Bevor die beiden zum Wald kommen, müssen sie zuerst ein Stück an der Straße entlang gehen. Hier ist es ziemlich laut, denn es fahren viele Autos vorbei (x). Moritz und sein Vater biegen in einen schmalen Waldweg ein. Hier ist es dunkler und auch leiser (x). Je weiter sie gehen, umso schwächer wird der Lärm der Autos (x), bis es schließlich ganz still ist (x).
Da raschelt etwas (x). Es ist Strolch, der Hund des Nachbarn, der mit seinem Herrchen zusammen im Wald spazieren geht. Strolch begrüßt sie mit lautem Gebell (x) und schnüffelt dann neugierig an der Hose von Moritz (x). Wieder ist es ganz ruhig, man kann sogar ein paar Vögel zwitschern hören (x).

In das Singen und Piepen mischt sich geheimnisvolles Klopfen (x). Ach ja – ein Specht ist dabei, mit dem Schnabel eine Höhle in einen Baum zu hacken. An der nächsten Abzweigung beschließen Moritz und sein Vater, auf den größeren Weg zu wechseln.
Dort sehen sie viele Baumstämme am Rand liegen. Von ferne hören sie Waldarbeiter mit ihren Sägen (x). Sie dröhnen immer lauter und schriller (x), bis schließlich lautes Knarren und Krachen von einem umstürzenden Baum zu hören ist (x). Damit ihnen nicht etwa ein Baum auf den Kopf fällt, biegen Vater und Sohn an der nächsten Gabelung in einen anderen Weg ein.
Dort ist es wieder ganz still (x). Sie hören leise, gleichmäßige Schritte (x). Die Schritte rücken näher und näher (x). Es ist ein Jogger, der ihnen keuchend entgegen kommt (x). Moritz und sein Vater fragen ihn, ob man auf diesem Weg zum Grillplatz kommt. Es ist der richtige Weg, und die beiden gehen gut gelaunt weiter.
Die Vögel zwitschern (x) und zwischen den Blättern rauscht der Wind (x). Dann kommen sie an einen Bach mit einer Brücke (x). Es ist dunkel und sehr still. Moritz hört sogar, wie zwischen den Blättern eine Maus raschelt (x). Während er träumend von der Brücke ins Wasser schaut, schreckt ihn die Klingel eines Fahrradfahrers aus seinen Gedanken (x).
Eigentlich kann der Grillplatz nicht mehr weit sein. Das Rauschen der Blätter wird stärker (x), alle möglichen Vögel zwitschern laut durcheinander (x), auch der Specht pickt mit voller Kraft (x), in der Ferne stürzt wieder ein Baum um (x).
Jetzt endlich sehen sie den Grillplatz vor sich und wie auf ein geheimes Zeichen hin ist es plötzlich ganz still (x). Puh, geschafft! Nun kann der Geburtstag kommen.

Das Waldlabyrinth – ein Geräuscherätsel

1/22

Material: AB 12

In Einzel- oder Partnerarbeit wird versucht, den Weg von der Straße durch den Wald zum Grillplatz zu finden. Zu jedem der abgebildeten Motiven gehört ein Geräusch. Die verschiedenen Geräusche weisen den Weg zum Ziel.

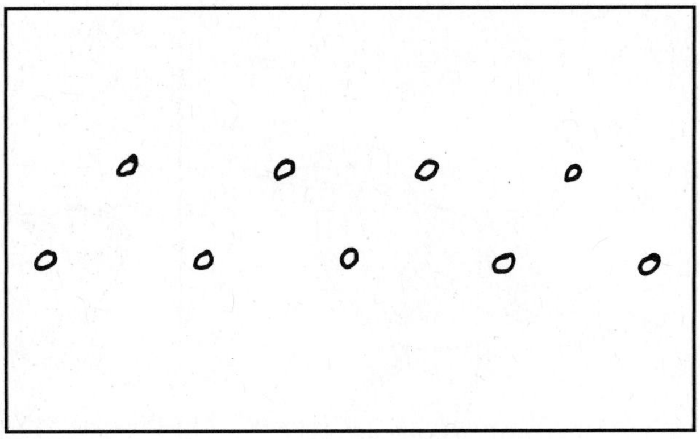

Instrumente erkunden: Flöte und Geige

- Klangeigenschaften, Aussehen und Bezeichnungen von Block- und Querflöte unterscheiden
- Luft als Tonerzeuger erfahren
- Experimente zur Schwingung (Geigensaite)
- Klangspiele mit selbst gebauten Klangerzeugern

In dieser Unterrichtseinheit steht zunächst das Prinzip der Tonerzeugung bei der Flöte im Mittelpunkt. Die Schüler sollen die Bedeutung der Luft und der Luftreibung für den Ton erkennen. Dabei gehen sie von ihren Erfahrungen mit Atemgeräuschen aus und übertragen diese auf das Instrument. In eigenen Experimenten ergründen sie die Funktion der Bauteile der Blockflöte und lernen diese mithilfe von Fachwörtern zu beschreiben. Ausgehend vom Phänomen der Resonanz („Mitschwingen") lernen die Kinder aus der Gruppe der Streichinstrumente die Geige kennen. Die Resonanz spielt eine zentrale Rolle bei der Entstehung des Tons. Die Kinder erfahren durch Experimente und den Bau eines Klangerzeugers die Bedeutung der Schwingungsübertragung und des Materials für die Klangqualität der Geige.

Blockflöte und Querflöte

⊙ 1/23–24

Die Hörbeispiele zur Blockflöte und zur Querflöte werden vorgespielt. Was für ein Instrument spielt jeweils? Ist es beide Male dasselbe? Vermutlich kennen einige Schüler die beiden Flöten. Sie könnten dann zeigen, wie die Flöten jeweils gehalten werden. Wünschenswert wäre es, wenn ein Querflötenspieler in die Klasse eingeladen werden könnte, um sein Instrument den Kindern zu zeigen. Vielleicht gibt es ein Kind an der Schule, das schon Querflöte spielt, oder jemanden aus dem Kollegium oder Bekanntenkreis.

Wie klingt eine Flöte?

Material: Verschiedene kleine Gegenstände wie Glasscherbe, Kastanie, Holz, Münze, Seidenpapier, Murmel, Fell, Feder etc.

Die Lehrerin hat eine Reihe kleiner Gegenstände für alle sichtbar vor sich liegen, z. B. Glasscherbe, Kastanie, Holz, Münze, Seidenpapier, Murmel, Fell, Feder etc. Wie klingt ein Flötenton? Das Hörbeispiel Blockflöte wird vorgespielt. Die Lehrerin zeigt die Glasscherbe: „Für mich klingt dieser Flötenton klar wie Glas." Sie zeigt die Kastanie: „Er klingt glatt wie eine Kastanie." Die Kinder finden ausgehend von den Gegenständen eigene beschreibende Adjektive (z. B. zart, scharf, rau, weich, rund, spitz, hell usw.).
Anschließend werden beide Hörbeispiele (Blockflöte und Querflöte) hintereinander vorgespielt und die Kinder versuchen, die klanglichen Unterschiede zwischen den beiden Instrumenten zu benennen. Gibt es Gegenstände, die besser zum Querflötenton als zum Blockflötenton passen?

Bedeutung der Luft für die Tonerzeugung

Wie kommt es, dass beide Instrumente, obwohl sie so unterschiedlich sind, Flöte heißen? Die Kinder äußern ihre Vermutungen. Die Lehrerin erklärt, dass die Instrumente nach der Art, wie mit ihnen Töne erzeugt werden, eingeteilt sind. Instrumente mit der gleichen Art der Tonerzeugung sind „verwandt". Wie werden denn die Töne und Klänge auf den Instrumenten erzeugt, die ihr kennt? Die Kinder beschreiben, wie sie auf der Trommel, mit der Rassel, auf der Gitarre, dem Klavier etc. Töne hervorlocken können. Immer sind es Aktionen der Hände, mit denen etwas (Fell, Saite, Reiskörner) in Bewegung versetzt wird, so dass es klingt. Und bei der Flöte? Wie kommt es, dass mit der (Atem-) Luft Klänge produziert werden können? Kann die Luft auch ohne Flöte klingen? Die Kinder probieren aus, wie sie ihre Atemluft hörbar machen können (durch pusten, pfeifen, zischen etc.). Welche Bedingung muss erfüllt sein, damit die Atemluft hörbar wird? Die Kinder bemerken, dass die Luft auf einen Widerstand (Lippen, Zähne, Zunge) treffen muss, an dem sie vorbei streicht. Sie „reibt" an etwas.

Der Flötenton

Instrumente: 6–8 Blockflöten

Material: AB 13 und die unten stehende Illustration als OH-Folie oder Tafelzeichnung vorbereitet

Die Schüler bekommen gruppenweise eine Blockflöte zur Verfügung.
Aufgabe: Findet heraus, an welchem Widerstand bei der Flöte die Luft vorbei streicht und an welchen Stellen sie wieder aus der Flöte herauskommt. Was passiert, wenn diese Stellen zugehalten werden?
Anschließend werden die Beobachtungen zusammengetragen. Die Lehrerin ergänzt die Bezeichnungen (AB 13 als OH-Folie oder als Tafelzeichnung): Das Mundstück der Blockflöte heißt Schnabel. Die oberste Öffnung, aus der Luft entweicht, ist der Kernspalt. Ihm gegenüber liegt die Schneide, der Widerstand, der den Luftstrom teilt. Schnabel, Kernspalt, Schneide gehören zum Kopfstück der Blockflöte. In das Kopfstück hineingesteckt ist das Rohr mit Löchern, die beim Spielen mit den Fingern zugehalten werden. Die Luft, die beim Spielen in der Flöte ist, heißt Luftsäule. Durch das Zuhalten der Löcher am Rohr wird die Luftsäule länger und der Ton tiefer. Hält man den Kernspalt zu, bildet sich keine Luftsäule und also auch kein Ton. (Wird das Kopfstück abgenommen, zugehalten und sanft angeblasen, wird der Ton tiefer, weil die Luft zurückfließt und sich die Länge der Luftsäule verdoppelt.)
Zur Erläuterung kann die Lehrerin das folgende Tafelbild verwenden:

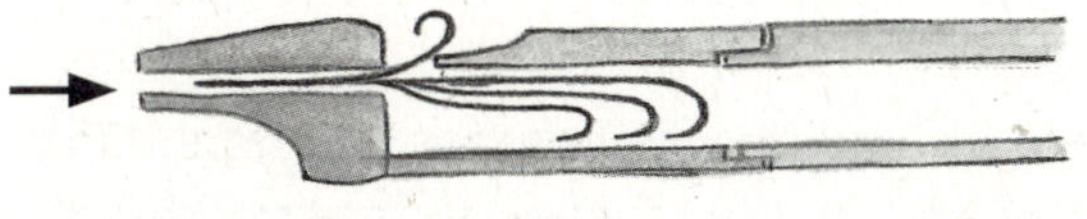

Der Ton der Flöte klingt höher oder tiefer, je nach der Länge der Luftsäule.

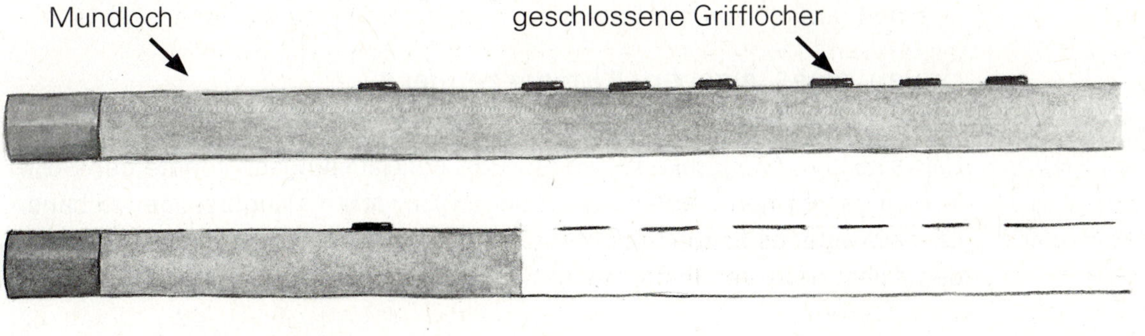

Experimente mit der Stimmgabel

Material: Stimmgabel (evtl. mehrere, damit die Kinder die Experimente gruppenweise nachvollziehen können)

Stimmgabeln gibt es preiswert im Musikgeschäft. Sie geben den Kammerton a an und dienen Instrumentalisten und Sängern zur Einstimmung der richtigen Tonhöhe.

Die Lehrerin erklärt, wozu man eine Stimmgabel benutzt. Dann bringt sie eine Stimmgabel zum Schwingen und setzt sie wenn möglich auf einen kleinen Holzkasten (andernfalls auf die Tischplatte) auf. Die Kinder stellen Vermutungen darüber an, warum der Ton erst beim Aufsetzen zu hören ist. Sie berühren die Stimmgabel mit den Fingerkuppen und bemerken so die Vibration. Wird die Stimmgabel auf einen Holzkasten aufgesetzt, lassen sich auch auf dem Holz Vibrationen ertasten. Dies macht die Schwingungsübertragung und das Phänomen der Mitschwingung anschaulich. Funktioniert die Schwingungsübertragung auch, wenn die Stimmgabel anders herum an den Kasten gehalten wird? Wie klingt es, wenn die Stimmgabel auf andere Gegenstände gesetzt wird, z. B. auf ein Buch, einen Radiergummi, ein Glas etc.? Wer sicht traut, kann die Stimmgabel einmal an den eigenen Kopf (z. B. die Schläfe) setzen. Die Schüler erkennen, dass bestimmte Materialien nicht mitschwingen.

Die Resonanz bei der Geige

⊙ 1/25–27

Wie funktionieren Resonanz und Schwingungsübertragung bei der Geige? Die Lehrerin erläutert: „Die Geige ist ein Saiteninstrument. Die Saiten werden mit dem Bogen gestrichen, der mit Pferdehaaren bespannt ist. Manchmal werden sie auch mit den Fingern gezupft. Die Saiten laufen über einen Steg. Wenn eine Saite angespielt wird, dann überträgt der Steg ihre Schwingung auf den Holzkörper (Korpus) der Geige. Der Körper schwingt mit und verstärkt den Klang der Saite. Man nennt das ‚Resonanz', das heißt ‚Mitschwingen'. Deshalb spricht man auch von einem Resonanzkörper." Die Lehrerin erinnert an die Stimmgabel mit dem Holzkasten: Welche Teile der Geige entsprechen der Stimmgabel, welche dem Holzkasten? Braucht die Stimmgabel keinen „Steg"?

Die Kinder hören die Musikbeispiele 25 und 26. Sie beschreiben den Klangunterschied zwischen den gezupften und den gestrichenen Tönen. Die Lehrerin sammelt die Worte an der Tafel. In dem Musikbeispiel 27 wechseln sich gestrichene und gezupfte Passagen ab. Wann wird gestrichen, wann gezupft? Die Kinder notieren mit.

Bauen eines eigenen Klangerzeugers

Material: Je nachdem, welches Instrument gebaut werden soll, benötigt man die in der Illustration gezeigten Materialien.

Saiteninstrumente kann man auf sehr viele verschiedene Arten selber bauen. Hier sind zwei Möglichkeiten abgebildet. Als Hausaufgabe könnte den Schülern vorgeschlagen werden, einen der abgebildeten Klangerzeuger zu bauen oder ein eigenes Saiteninstrument zu erfinden. Im Sitzkreis können dann mit den selbst gebauten Instrumenten folgende Spiele gespielt werden:

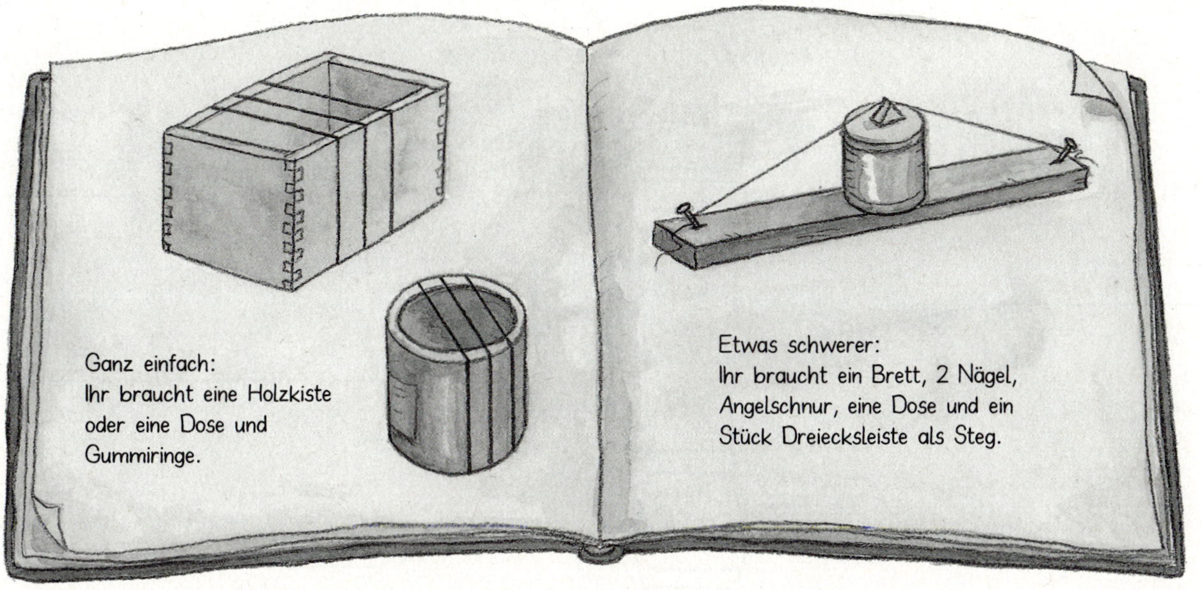

1. Ein Kind spielt sein Instrument kurz an, der linke Nachbar setzt ein, wenn der Spieler fertig ist. Bei den Übergängen sollten weder große Pausen entstehen, noch sollte der zweite Spieler den ersten unterbrechen. Dies erfordert Deutlichkeit vom ersten und Aufmerksamkeit vom zweiten Spieler.

2. Nun kommt es darauf an, dass es Überschneidungen gibt. Der erste Spieler beginnt, der zweite spielt dazu, der dritte setzt ein. Erst jetzt hört der erste auf zu spielen.

3. Die Spieler teilen sich in Gruppen auf, so dass ähnlich klingende Instrumente in einer Gruppe zusammen sind. Die Gruppen sitzen jeweils beieinander, alle zusammen sitzen wiederum im großen Kreis. Ein Dirigent steht in der Mitte und lässt die Gruppen einsetzen, aufhören, gleichzeitig spielen, wie es ihm gefällt.

4. Jede Gruppe überlegt, zu welchem Insekt (oder anderen Tier) ihre Klänge passen. Dann stellt sie mit den Klängen ihr Tier/ihre Tiere auf dem Weg zum Waldfest dar. Gehen alle zusammen los? Oder geht jeder einzeln seinen eigenen Weg? Ist der Weg bequem oder anstrengend? Geht's schnell oder langsam? Die Ergebnisse werden der Klasse vorgespielt. Zum Schluss gehen alle Tiergruppen in einer verabredeten Reihenfolge zum Waldfest und tanzen dort miteinander.

Die Teile der Geige

Nun beschäftigen sich die Kinder intensiver mit der Bauweise der Geige. Spätestens hier wäre es wünschenswert eine Geige zur Anschauung im Klassenzimmer zu haben. Und natürlich jemanden, der sie spielt. Ausgehend von den auf dem AB 14 gezeigten Abbildungen, wird die Funktion der Geigenteile an der echten Geige gezeigt und erklärt. Zur Ergebnissicherung dient AB 14.

Material: AB 14, evtl. eine Geige

Die Blockflöte

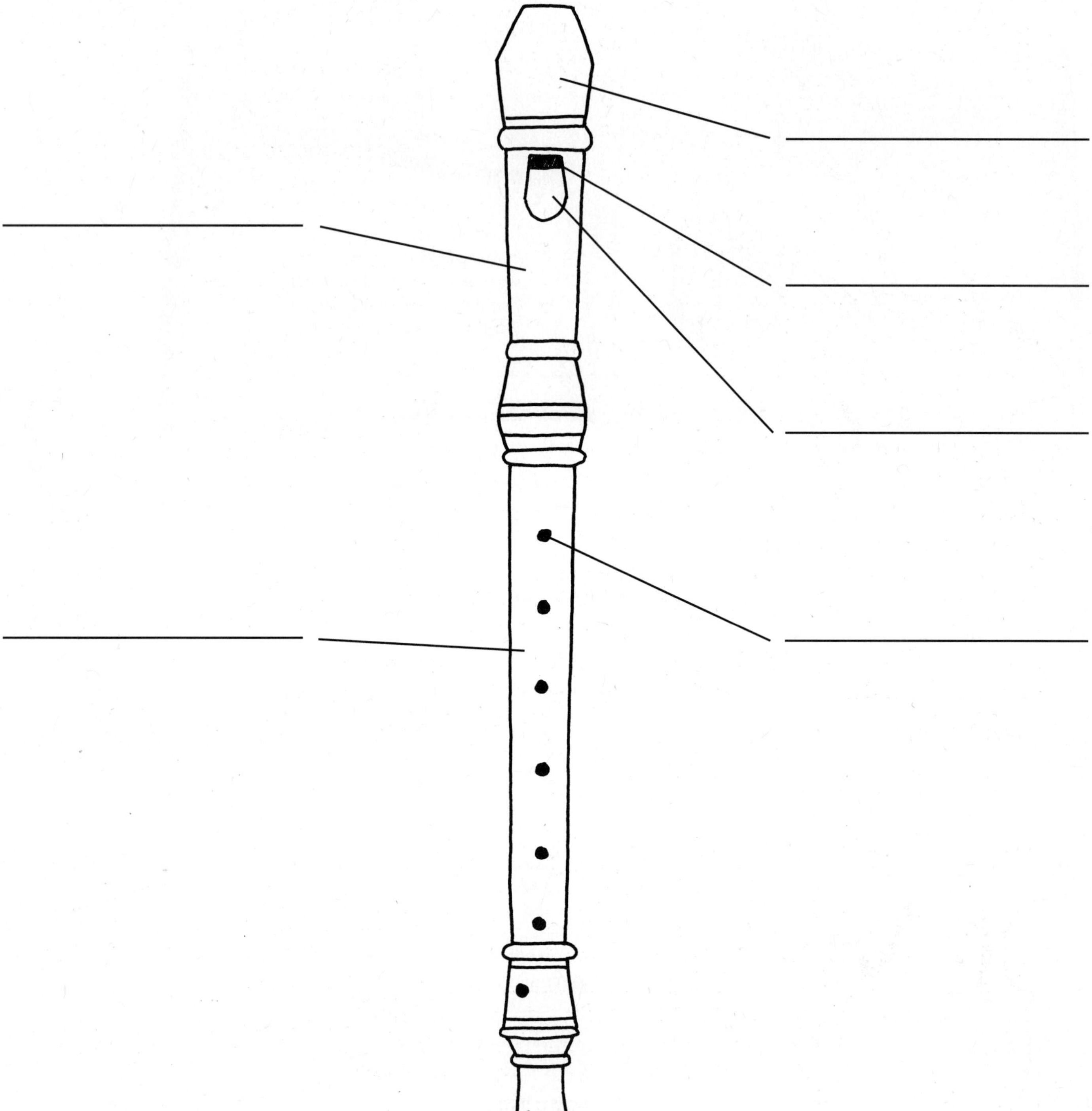

Fußstück Schnabel Kopfstück

Kernspalt Griffloch Mittelstück Schneide

Wie heißen die einzelnen Teile der Geige?

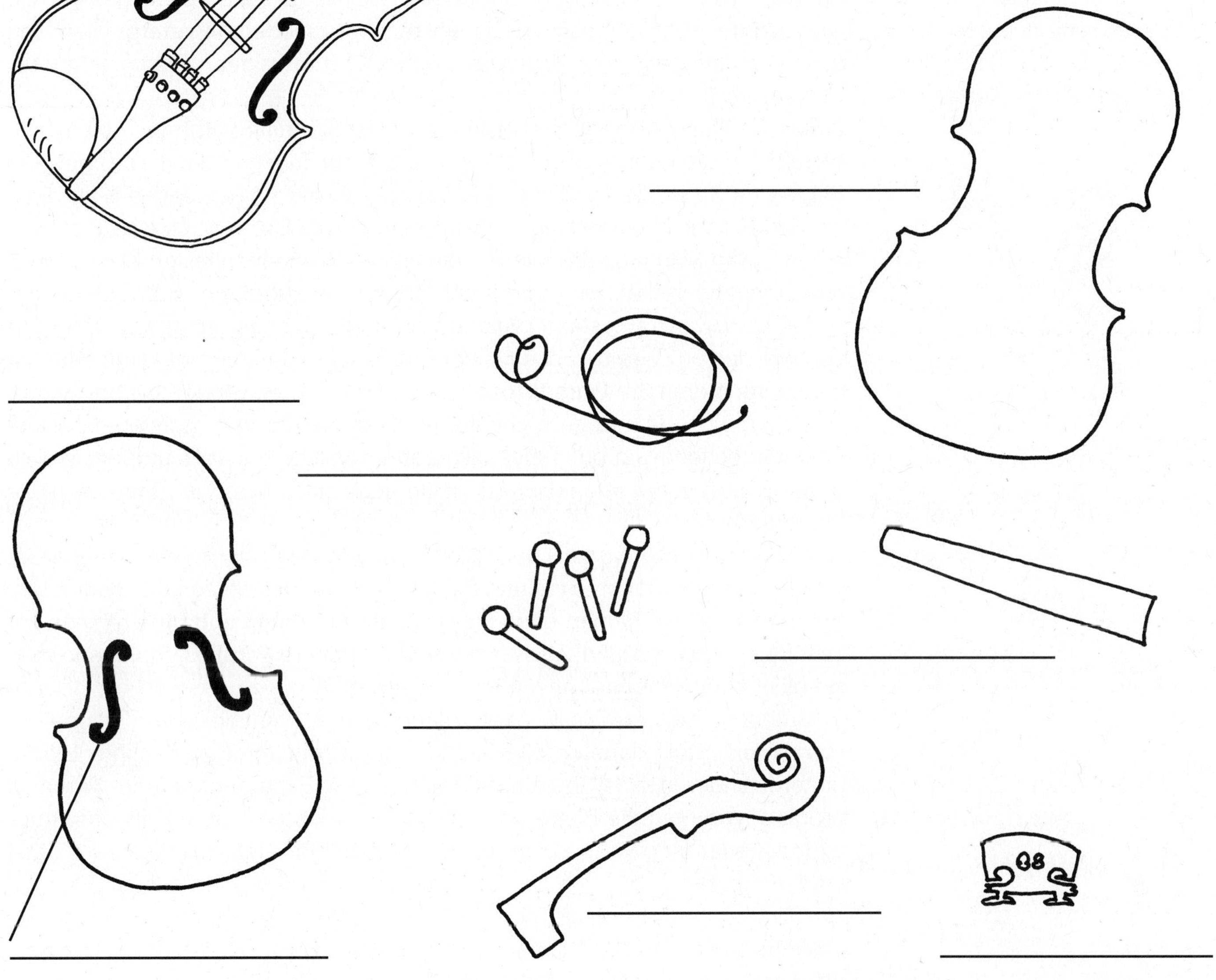

Saite Wirbel F-Löcher Steg

Decke Boden Griffbrett Schnecke

Blätterpartitur und Holzmusik

- Grafische Notation mit Blättern
- Rhythmen erfinden
- Spielen nach grafischen Noten
- Ein Herbstlied singen und mit Holzstöcken begleiten

In dieser Einheit geben Blätter den Anlass zu einer Begegnung mit grafischer Notation. Darin steckt die Absicht, den Weg für konventionelle Notation zu ebnen, die Funktion und den Nutzwert von musikalischen Schriftzeichen im Bewusstsein zu verankern und darüber hinaus praktisch zu erleben. Das Kapitel knüpft an das Thema „Waldgeräusche" an, lässt sich aber auch unabhängig davon verwenden oder nach Klassenstufen aufsplitten, z. B. Waldgeräusche in der ersten Klasse, Blätter-Partitur in der zweiten.

Blätterpartitur

Instrumente: Rhythmus-Instrumente in Klassenstärke

Material: Blätter, Tapetenrolle

Im Wald oder Park werden Blätter und kleine Holz-Stöckchen gesammelt (vgl. Kapitel Waldgeräusche). Es sollten verschiedene Blättergrößen von ganz klein bis sehr groß dabei sein – pro Kind etwa zehn Blätter und zwei Holzstücke.

Zurück im Klassenzimmer bekommt jeder Schüler ein Rhythmus-Instrument. Erlaubt ist alles von der großen Pauke bis zur Triangel. Jetzt kommen die Blätter ins Spiel (die Stöckchen sind später an der Reihe). Jedes Blatt dient als Symbol für einen Schlag auf ein Instrument. Ein sehr großes Blatt soll einen lauten Klang repräsentieren, ein kleines Blatt einen leisen Klang. Dementsprechend verhält es sich mit den anderen Blattgrößen und Lautstärken. Jedes Kind wählt aus seinen Blättern zwei verschieden große aus und führt vor, wie das größere und das kleinere auf seinem Instrument klingt. Nun ist die Lehrerin dran. Im Unterschied zu den Kindern verwendet sie ihre Blätter zum Dirigieren. Je nachdem was für ein Blatt sie hochhält, spielen die Schüler entsprechend laut oder leise. Die Lehrerin sollte mehrere unterschiedlich große Blätter verwenden. Danach sollte auch ein Schüler die Dirigentenrolle übernehmen.

Nachdem jetzt alle wissen, dass Blätter als Zeichen zum Spielen verwendet werden können, gehen wir einen Schritt weiter und benutzen die Blätter zum Komponieren. Sie dienen uns einerseits als Anregung und andererseits zur schriftlichen Fixierung, denn was nützt die schönste Komposition, wenn man sie nicht aufschreiben kann.

In Gruppenarbeit wird dazu eine „Blätterpartitur" erstellt. Jede Gruppe bekommt ein Stück Tapetenrolle, auf der die Gruppenmitglieder ihre Blätter hintereinander in eine Reihe aufs Papier legen. Experimentierend wird ausprobiert, wie man die Blätternoten in Klang umsetzen kann. Falls das Stück eintönig oder langweilig klingt, werden die Blätter einfach umsortiert. Jetzt wird ausprobiert, wie sich das Stück am besten präsentieren lässt. Es kann ein Schüler stellvertretend für die Gruppe spielen, es können aber auch alle zusammen spielen oder abwechselnd wenige und viele. Die Gruppenergebnisse werden jetzt den anderen vorgespielt.

Nun sollen sich die Gruppenmitglieder überlegen, ob mehrere Blätter zu einem Klangereignis kombiniert werden können, z. B. mehrere große Blätter für einen lauten Klang, gespielt von mehreren Instrumenten oder verschiedene kleine Blätter für eine Mischung aus unterschiedlichen leisen Klängen.

Wenn das Ergebnis fertig ist, werden die Umrisse der Blätter mit Stiften auf dem Tapetenpapier nachgemalt, als Ersatz für die Blätter, die sehr schnell

zusammenschrumpfen und kaputt gehen. Die Blätter werden dann nicht mehr benötigt.
Nun präsentiert jede Gruppe ihr grafisches und musikalisches Endergebnis.

So könnte eine Partitur aussehen:

Blätter-Rhythmus

Nun wird die Aufgabe umgedreht. Die Lehrerin gibt eine Blättermusik vor, die von den Schülern gespielt werden soll. Dazu wird der folgende Rhythmus an die Tafel gezeichnet (oder eine Vergrößerung dieser Grafik wird an die Tafel geheftet).

Instrumente: Rhythmus-Instrumente

Material: AB 15, Scheren, Klebstoff

Vor dem Hintergrund der vorangegangenen Erfahrungen wird im Gespräch geklärt, was die Blätter-Anordnung bedeutet und wie diese Musik gespielt werden kann. Das wird gemeinsam ausprobiert. Als Neuerung wird versucht, diesen Rhythmus mehrmals zu wiederholen, ohne dass es dabei zu einer Unterbrechung kommt.
Nun teilt sich die Klasse wieder in Gruppen. Jede Gruppe soll den Rhythmus mit ihren Instrumenten umsetzen. Im Gegensatz zu vorher kommt aber ein weiterer Aspekt dazu. Die Größe des Blatts soll jetzt nicht nur laut und leise, sondern gleichzeitig auch groß und klein symbolisieren, d. h. großes Blatt = großes Instrument + lauter Klang, mittelgroßes Blatt = mittelgroßes Instrument + mittlere Lautstärke, usw. Die Schüler lernen dabei, dass es für das klangliche Endergebnis nicht nur auf die Abfolge der Töne ankommt, sondern auch auf die Instrumentierung. Bei der anschließenden Präsentation versuchen die Gruppen, den Rhythmus mehrmals hintereinander bruchlos zu wiederholen. Vielleicht fällt einigen auf, dass es wie ein Schlagzeug-Rhythmus klingt.
Als zusätzliche Lernziel-Sicherung klebt jeder die Instrumentierung seiner Gruppe in das Arbeitsblatt „Blätter-Rhythmus“. Ein ausgefülltes Arbeitsblatt könnte so aussehen:

Blätter-Rhythmus

Blätter-Rhythmus auf unseren Instrumenten

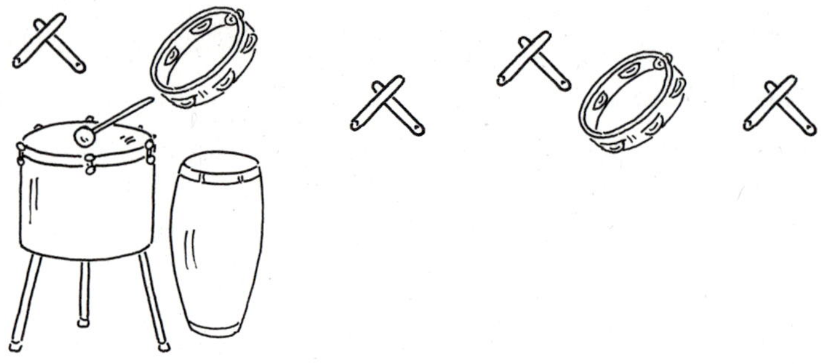

„Sieben kunterbunte Drachen" singen und begleiten

Seite 55

2/9–10 (L)

Material: AB 15 (ausgefüllt)

Wenn wir diesen Rhythmus hintereinander ohne Unterbrechung wiederholen, können wir damit das Lied „Sieben kunterbunte Drachen" begleiten. Es ist gut für diesen Zweck geeignet, weil es im Vierviertel-Takt steht, nicht allzu schnell ist, melodisch schon für Erstklässler geeignet ist und mehrere Strophen enthält. Nachdem das Lied durch Vor- und Nachsingen einstudiert worden ist, wenden wir uns der Begleitung zu. Jede Gruppe spielt den Blätter-Rhythmus jetzt noch einmal mit ihren Instrumenten vor. Durch die unterschiedliche Instrumentierung klingt der Rhythmus überall ein wenig anders. Jede Gruppe bekommt nun eine Strophe zugewiesen, die sie begleitet. Alle anderen singen dazu. Falls mehr Gruppen als Strophen vorhanden sind, wird am Schluss die erste Strophe noch einmal angehängt oder es werden beliebig Strophen wiederholt. Jede Gruppe hat so die Gelegenheit jeweils eine Strophe zu begleiten.

(Für 2. Klasse:) Die Begleitung kann durch Metallofone erweitert werden. Bei dem folgenden Satz werden nur vier Töne pro Instrument benötigt.

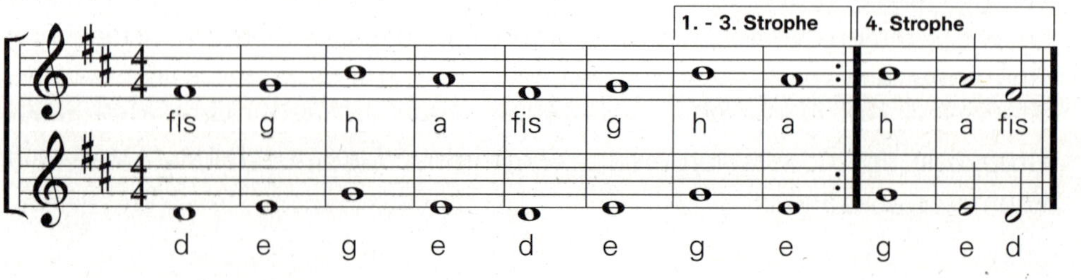

Stock-Rhythmen und Holzmusik (für 2. Klasse)

Die mitgebrachten Holz-Stöcke können als Rhythmus-Stäbe ähnlich wie Klanghölzer verwendet werden. Es sollten verschiedene Anschlagtechniken ausprobiert werden, z. B. links-rechts im Wechsel gegeneinander, mit beiden Händen auf den Boden, Boden und Hand abwechselnd, zu zweit mit dem Partner, zu zweit überkreuz (schwer!).

Material: Holzstücke aus dem Wald oder Park

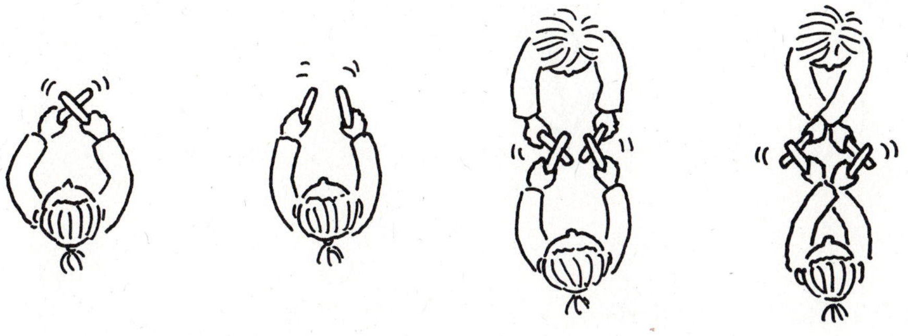

Mit diesen Anschlagtechniken wird nun der Blätter-Rhythmus auf die Stöcke übertragen. Hier ein Beispiel als Anregung bzw. Tafelbild:

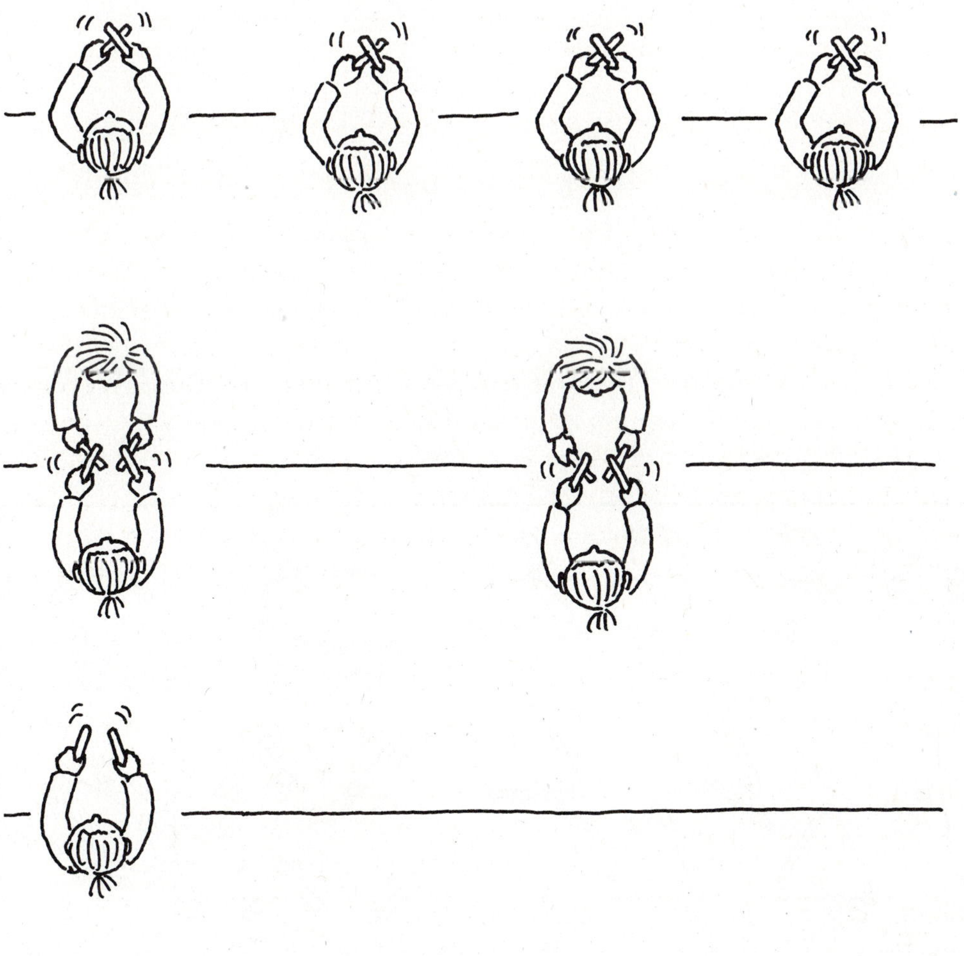

Blätter-Rhythmus

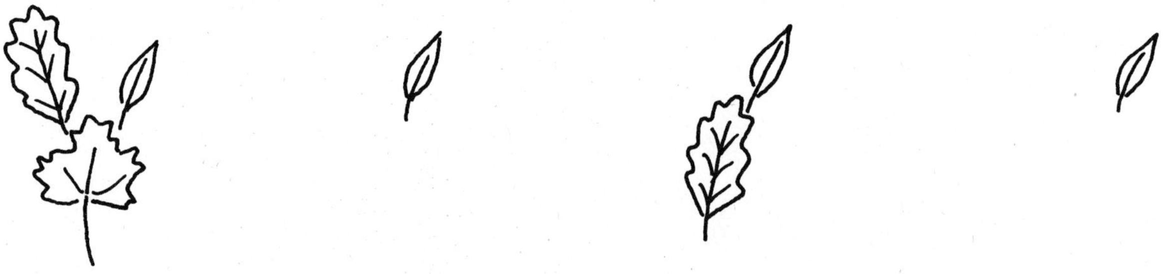

Blätter-Rhythmus auf unseren Instrumenten

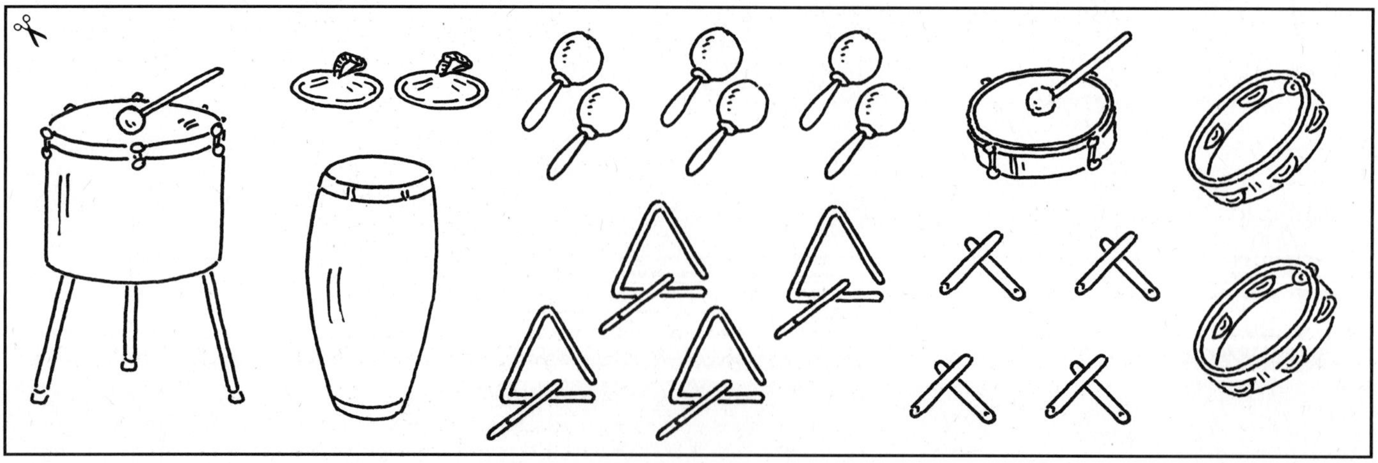

Sieben kunterbunte Drachen

Welcher Drachen gehört zu welchem Kind?
Finde es heraus, indem du mit einem Stift die Drachenschnüre entlang fährst. Male dann die zusammen gehörenden Kinder und Drachen bunt an.

Wind und Wetter

- Singen eines Herbstlieds
- Stimmbildung
- Hörwahrnehmung
- Musikalische Parameter laut – leise
- Instrumentenkunde: Horn
- Klangspiel

Die Beschäftigung mit Wetterphänomenen bietet in dieser Einheit die Gelegenheit, ein Beispiel musikalischer Naturdarstellung kennen zu lernen. Grundlegend für den Umgang mit darstellender Musik ist die Erkenntnis, dass nicht nur hörbare, sondern auch unhörbare Naturphänomene musikalisch dargestellt werden können. Das musikalische Element der Lautstärke (Dynamik) steht dabei im Mittelpunkt.

Hejo, spann den Wagen an

Seite 56

Bei diesem Lied sollte kurz auf den Text eingegangen werden. Die Kinder nennen die Situation, auf die sich das Lied bezieht (Ernte, Regen als Zerstörer) und tauschen ihr Wissen über die Kornernte in der modernen Landwirtschaft aus. Auch der Zusammenhang zwischen Wind, Wolken und Regen sollte geklärt werden. Vor dem Singen gibt es ein Warm-up.

Warm-up: Echo-Rufen

Die Schüler stellen sich in zwei Reihen mit möglichst großem Abstand einander gegenüber. „Stellt euch vor, ihr steht am Rand eines großen Feldes und wollt, dass eure Freunde auf der anderen Seite euch hören." Die eine Reihe beginnt mit dem gedehnten Ruf ‚Hejo' (Hände trichterartig an den Mund legen), die andere Reihe ruft leise, aber in der gleichen Rufmelodie, als Echo zurück. Nun beginnt die andere Reihe mit einem neuen Ruf, z. B. „Hallo", „Heeh" oder „Huhu", und die erste Reihe antwortet als Echo. Es ist wichtig, dass nicht geschrien, sondern klangvoll und melodiös gerufen wird. Nach einigen Wechseln kann versucht werden, ein doppeltes oder mehrfaches Echo zu gestalten. Ein Ruf geht mehrmals zwischen den Reihen hin und her, auf das Echo antwortet ein weiteres, leiseres Echo, das selbst noch leiser beantwortet wird – bis schließlich nichts mehr zu hören ist und nur noch die Lippenbewegungen zu sehen sind.

Wetterspiel mit Körperinstrumenten

Material: AB 17 (Bildkarten), AB 18

Bei diesem Spiel geht es um die Sensibilisierung für visuelle und akustische Phänomene aus der Natur und deren Transfer in eigene klangliche Darstellungen. Die Schüler nennen Wetterphänomene (Regen, Sonnenschein, Hitze, Nebel, Nieselregen, Hagel, Schneegestöber, Wind, Donner, Blitz, Regenbogen usw.) und beurteilen sie danach, ob man sie nur sehen und fühlen, oder ob man sie auch hören kann. Der Lehrer hat Bildkarten mit schematischen Wetterdarstellungen vorbereitet (AB 17) und befestigt diese nun entsprechend geordnet an der Tafel. Anschließend wird zunächst für die hörbaren Wetterphänomene eine Umsetzung mit Körperinstrumenten verabredet (z. B. in unterschiedlicher Weise auf die Tischplatte oder den Fußboden trommeln, schlagen, reiben). Dann werden Klänge für die sichtbaren Wetterphänomene verabredet (z. B. Schnee: leise ein kurzes Motiv summen; Sonne: einen hellen Ton singen; Regenbogen: eine gesungene auf- und wieder abwärts glei-

tende Melodie). Nun zeigt ein Dirigent (beim ersten Durchgang die Lehrerin) die Bildkarte an, die erklingen soll. Manche Wetterphänomene können auch gleichzeitig auftreten!
Variante: Einen Gewitterverlauf nachspielen, mit stärker werdendem Regen, Wind, Sturm, Donner, Blitz und anschließendem Abflauen.
Am Ende der Stunde oder am Beginn der nächsten kann zur Lernkontrolle das AB 18 verwendet werden.

Das Gewitter in Beethovens „Pastorale"

1/28

Beethoven nutzt in dieser Musik den Wechsel der Lautstärke als Ausdrucksmittel.
Gespräch: Was für ein Wetter wird hier dargestellt? Die Kinder beschreiben ihre Höreindrücke. Die Frage der Lautstärke wird thematisiert. Ist das Gewitter immer gleich laut? Ändert sich die Lautstärke allmählich (Steigerung) oder plötzlich (Überraschung)? Welche Lautstärkegrade lassen sich unterscheiden? Spielen an den lauten und leisen Stellen die gleichen Instrumente? (An den lauten Stellen kommen Hörner, Trompeten und Pauken hinzu, s. AB 19.)
Übung: Um die Lautstärkebewegung im Einzelnen nachzuvollziehen, zeigen die Kinder diese mit (leise: Handflächen nahe zueinander; laut: Handflächen weit auseinander). Innerhalb der ersten Minute kommen folgende Stellungen vor: Hände nahe beieinander, Hände gehen etwas auseinander und wieder zusammen, Hände gehen sehr weit auseinander und bleiben so; Hände gehen rasch zusammen und im Folgenden mehrmals im raschen Wechsel auseinander und wieder zusammen. Die Übung sollte zweimal durchgeführt werden, damit alle Kinder Gelegenheit haben, den Ablauf zu erfassen.

Ludwig van Beethoven wurde 1770 in Bonn geboren, bekam schon früh Klavierunterricht und wurde mit 13 Jahren kurfürstlicher Hoforganist. Nach einem Aufenthalt in Wien, dem damaligen kulturellen Zentrum Europas, erregte sein Talent die Aufmerksamkeit von Joseph Haydn, der Beethoven 1792 nach Wien einlud, wo er dann bis zu seinem Tod 1827 lebte. Zusammen mit Mozart und Haydn gehört Beethoven zu den bedeutendsten Vertretern der Klassik. Berühmt sind vor allem seine 9 Sinfonien, die Klavierkonzerte, Klaviersonaten und Streichquartette.

Das Horn als lautes Orchesterinstrument

1/29

Material: AB 19

Der Lehrer gibt Informationen zu den Bildern auf AB 19 und spielt das Hörbeispiel mit der Demonstration des Hornklanges vor. Die Kinder überlegen, wozu der Jäger das Horn braucht und sprechen über die Bedeutung der Jagd früher und heute (Nahrung, Kontrolle des Wildbestands, Sport). Anschließend malen sie das Bild aus. Wenn die Möglichkeit besteht, sollte ein Hornist eingeladen werden, um den Kindern das Instrument vorzuführen und zu erklären.

Der Nordwind und die Sonne (Klangspiel)

Eine Fabel von LaFontaine
An einem kalten Herbstmorgen sahen der Nordwind und die Sonne einen Mann zu Pferde, der einen nagelneuen Mantel trug. „Der scheint sich in seinem schönen Gewand sehr wohl zu fühlen", sagte der Nordwind, „aber ich könnte es ihm mit Leichtigkeit vom Leibe blasen." Da antwortete die Sonne: „Das wird nicht so einfach sein, doch wollen wir versuchen, wem es zuerst gelingt, ihm den Mantel auszuziehen. Du darfst anfangen." Der Nordwind fing an mit aller Kraft zu blasen. Die Leute jagten ihren Hüten nach. Die Bäume

verloren alle Blätter. Die Tiere hatten große Angst. Viele Schiffe gingen unter im Sturm. Aber so sehr der Nordwind sich auch anstrengte, der Reiter hielt seinen Mantel nur umso fester. „Nun komme ich an die Reihe", rief die Sonne. Und als die Sonne anfing ihre sanfte Wärme auszustrahlen, kamen die Bienen und Schmetterlinge hervor, und die Blumen öffneten ihre Kelche. Die Vögel ließen ihre Lieder erschallen. Die Tiere schliefen friedlich ein, und die Menschen kamen aus den Häusern um zu plaudern. Dem Reiter aber in seinem schönen Mantel wurde es sehr heiß. Und als er einen Fluss sah, zog er sich aus und ging schwimmen. So gelang es der Sonne mit Wärme und Sanftmut, was der Nordwind mit all seiner Stärke und Raserei nicht erreicht hatte.

Instrumente: Für jeden Schüler ein (beliebiges) Instrument

Diese Geschichte bildet den Ausgangspunkt für ein Klangspiel. Sie wird zunächst vorgelesen oder erzählt.

Vorbereitung

Der Lehrer kündigt an, dass der Nordwind und die Sonne nun mit Instrumenten dargestellt werden. Die Schüler nehmen sich beliebige Instrumente und setzen sich in einen Kreis. Reihum spielt jeder eine laute und eine leise Klangfolge auf seinem Instrument vor. In einer zweiten Runde lässt jeder seine Klänge lauter und dann wieder leiser werden (crescendo, decrescendo). Nun wird überlegt, welche Instrumente besser zum Nordwind (laut, rauh, wild) und welche besser zur Sonne (sanft, weich, ruhig) passen.

Durchführung

Die beiden Gruppen (Nordwind und Sonne) sitzen einander gegenüber. Sie haben je drei Versuche, um ihr Ziel, den Reitersmann zu entkleiden, zu erreichen. Dabei ist jeder Versuch eine Steigerung des vorhergehenden, d. h. bei jedem Versuch kommen Instrumente hinzu und es wird lauter gespielt. Die Sonnengruppe darf keinen Krach machen, sondern die Spieler müssen darauf achten, dass ihre Instrumente durchgehend schön und sanft klingen. Ein Kind stellt sich als Reitersmann zwischen die beiden Gruppen und zieht demonstrativ nach jedem Versuch des Nordwinds ein weiteres Kleidungsstück an, das es dann bei den Versuchen der Sonne wieder ablegt.
Bei einem weiteren Durchgang könnte versucht werden, wie es klingt, wenn die Sonnengruppe mit ihren Instrumenten den lauten Wind spielt und die Windgruppe die sanfte Sonne.

Variante: Dieses Klangspiel kann zu einer Aufführung erweitert werden. Dann sollte es einen Erzähler geben, in dessen Erzählung die Klänge eingeflochten werden. Der Wind kann durch ein großes ausgebreitetes Tuch dargestellt werden, das von vier Kindern immer heftiger geschwenkt wird. Eine große gelbe Pappscheibe symbolisiert die Sonne, die zunächst von dem Tuch (Wolke) verdeckt ist und bei jeder Steigerung vollständiger zu sehen ist.

Das Wetter – Bildkarten

Das Wetter – hören und sehen

hören und sehen

hören

sehen

Male in die leeren Kästchen das passende Wetter!

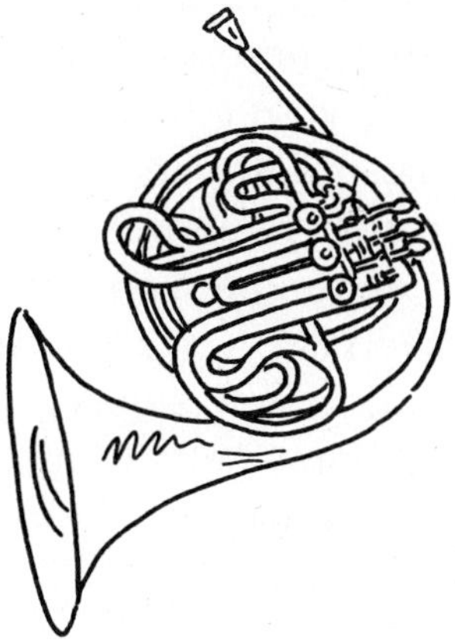

Das Horn wurde erfunden, um sich über weite Entfernungen verständigen zu können. Dies war zum Beispiel auf der Jagd nötig. Die ersten Hörner wurden aus Tierhörnern geschnitzt. Doch schon im Altertum gab es auch Hörner aus Metall (Bronze).

Die Hörner, die heute im Orchester gespielt werden, sind aus Messing. Sie heißen, in Erinnerung an ihre Herkunft, ‚Waldhörner'.

Chinesischer Stäbchentanz

- Tanzen mit Essstäbchen
- Rondoform kennen lernen
- Eigene Choreografien entwickeln
- Fremde Esskultur kennen lernen

Manche Kinder fühlen sich unwohl beim Tanzen, weil eigene Unsicherheiten und Schwächen in der Bewegungsmotorik für alle erkennbar sind. Verlagert sich jedoch die Ausführung vom eigenen Körper auf ein Objekt, schwindet auch die Angst. In diesem Kapitel wird ein Tanz mit Essstäbchen vorgestellt. Er ist sehr schnell zu lernen, die Anzahl der Tanzenden ist unbeschränkt und nur abhängig von der Anzahl der Stäbchen. Der Tanz folgt der musikalischen Form des Rondos und kann immer wieder verändert werden. Das Erfinden eigener Bewegungssequenzen wird angebahnt. Der Stäbchentanz bietet Möglichkeiten des interkulturellen Vergleichs menschlichen Verhaltens beim Warten auf das Essen.

Gabel oder Stäbchen? Eine Einführung

Das Thema Essen steht häufig während des Schuljahrs im Mittelpunkt: gesundes Essen, Kochrezepte, die Erntezeit oder das Kuchenbacken in der Weihnachtszeit. (Siehe auch die Liedauswahl dazu im Liederbuch.) Die Kinder werden ermuntert, von Erfahrungen beim gemeinsamen Essen in der Familie oder bei Festen zu berichten. Sie stellen Vergleiche an und tauschen ihre Kenntnisse über unterschiedliche Essgewohnheiten aus. Dabei wird auch das Esswerkzeug – Löffel, Gabel, Messer, Essstäbchen – thematisiert und die richtige Handhabung der Stäbchen ausprobiert.
Manchmal muss man ganz schön lange auf das Essen warten, wenn man beispielsweise auf die Gäste wartet oder beim Camping nur eine Herdplatte zur Verfügung steht oder das Essen über dem offenen Feuer gegart wird. Die Kinder erzählen, wie sie sich in ähnlichen Situationen die Zeit beim Warten vertreiben: Sie helfen bei der Zubereitung, fragen immer wieder ungeduldig, wann das Essen fertig ist, oder sie spielen. Klappern sie manchmal sogar mit dem Besteck? Hier kann die Lehrerin zur Entstehungsgeschichte des Stäbchentanzes überleiten. Dann beginnt sie mit den Kindern den Tanz.

Die Entstehung des Tanzes

Die lebhafte Musik des Stäbchentanzes mit ihren großen melodischen Sprüngen führt uns in die innere Mongolei im Nordwesten Chinas mit ihren weiten Grassteppen. Dort leben noch heute nomadisierende Hirtenvölker, die gerne Feste feiern und miteinander essen und trinken. Es dauert sicher seine Zeit, bis auf der Kochstelle für alle das Essen gar ist. Die vertreibt man sich mit Gesprächen, Spaß und – so wird erzählt – mit rhythmischem Spiel mit den Essstäbchen. Die Stäbchen, einzeln oder im Bündel, werden auf den eigenen Körper geschlagen, auf Hüften, Schultern, Knie, den Rücken oder den Kopf und ergeben anregende Klänge: für den Appetit oder die Verdauung. Dieses Ritual liegt dem „Stäbchentanz" zu Grunde.

Der Stäbchentanz

1/30–31

Material: Essstäbchen (aus dem China-Restaurant oder dem Großhandel), alternativ Timbale-Sticks oder Klanghölzer

Die Kinder stehen im Kreis mit dem Blick zur Mitte und halten in jeder Hand ein Stäbchen. Während die Musik von der CD gespielt wird, imitieren sie die Bewegungen der Lehrerin. Die Stäbchen werden jeweils 8x geschlagen, entweder gegeneinander (re auf li, li auf re im Wechsel, „ratschendes" Gegeneinanderschlagen der Stäbchen vor dem Körper, mit ausgestreckten Armen) oder auf einen Körperteil, den Boden oder über dem Kopf. Dies geschieht in einem schnell erkennbaren, regelmäßigen Wechsel von „vertraut" (vor dem Körper) und „neu" (auf Oberschenkel, Schulter etc.).
Diesen Wechsel (ähnlich wie der Wechsel zwischen Refrain und Strophe) nennt man Rondo: A B A C A D A E A ... Die Rondoform erleichtert den Kindern das simultane Imitieren der Bewegungen der Lehrerin.

Die Rondoform

Material: AB 20, Farbstifte

Nach mehreren Durchgängen wird der stete Wechsel von „bekannt" zu „neu" bewusst gemacht, verbalisiert und mit der Bezeichnung Rondo verbunden. „Erkennt ihr eine Regel, nach der die Bewegungen aufeinander folgen?"
Auf dem AB 20 wird die Rondoform als bunte Kette visualisiert. Der A-Teil hat stets dasselbe Muster, für die Teile B, C, D, E, F, G, H, I sollen neue, sich unterscheidende farbige Muster gefunden werden.

Eine eigene Choreografie erfinden

Material: AB 21, Scheren, Klebstoff, für jede Gruppe ein großer Bogen Papier

Nachdem der Tanz in einer zweiten Stunde wiederholt worden ist, kann ein Kind die Aufgabe des Vortänzers übernehmen. Dabei ist die Rondoform ebenfalls hilfreich. Während der bekannten Phase (acht Schläge der Stäbchen gegeneinander vor dem Körper) kann der neue Teil gedanklich vorbereitet werden.
In einer zweiten Klasse kann der Ablauf des Tanzes von Kleingruppen (3–4 Kinder) festgelegt werden. Dazu können die Bilder auf dem AB 21 ausgeschnitten und in neuer, von den Kindern ausgedachter Reihenfolge wieder aufgeklebt werden. Die Buchstaben B bis I werden dann entsprechend auf den Kärtchen eingetragen. Dann werden die Vorschläge gemeinsam im Kreis oder in Gegenüberstellung getanzt.

Varianten:
- Zu den Stäbchenbewegungen mit acht kleinen Schritten in die Kreismitte gehen oder hüpfen (entsprechend rückwärts).
- Zwei Partner stehen sich gegenüber und spiegeln ihre Bewegungen oder schlagen ihre Stäbchen gegeneinander.
- Die Kreise aus AB 20 ausschneiden und ein „Namen-Rondo" entwerfen. Dabei legt jedes Kind aus den Kreisen den Anfangsbuchstaben (oder einen anderen) seines Vornamens.

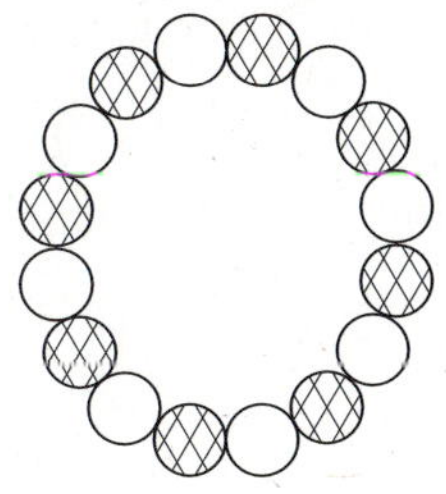

Oliver

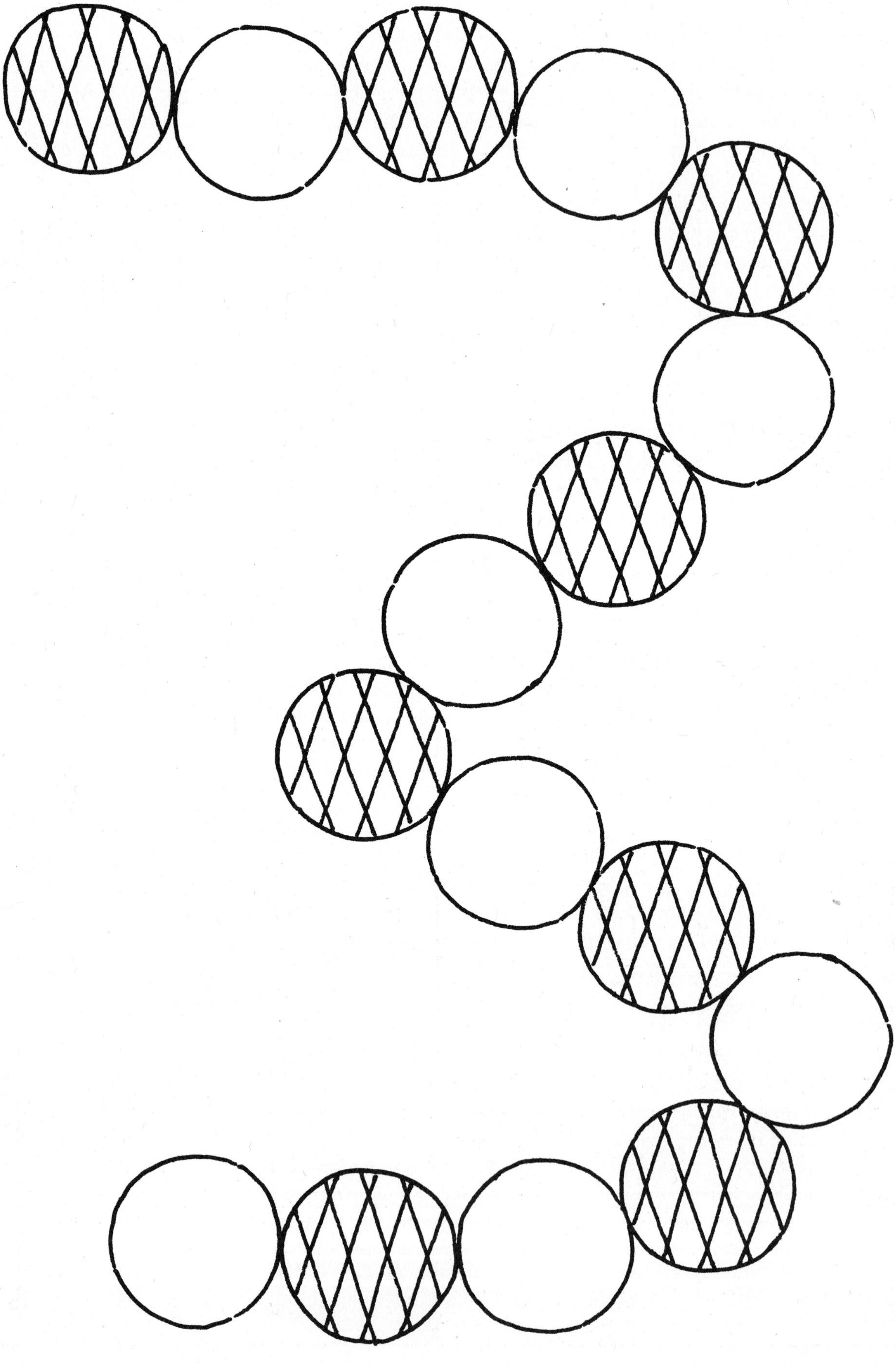

Der Stäbchentanz

Wos is heit für a Dog?

- Wortrhythmen patschen
- Ein Kettenlied singen
- Eine einfache Liedbegleitung erarbeiten

Das Thema Ernährung ist fester Bestandteil des Sachkundeunterrichts. Hier bietet sich die Möglichkeit, es im Musikunterricht vertiefend aufzugreifen. Dabei werden sowohl Singstimme und Rhythmussicherheit geschult als auch Gedächtnis und Kombinationsvermögen trainiert. Denn bei diesem Kettenlied muss man jede neue Strophe mit dem Text der vorangegangenen Strophen verknüpfen.

Einführung

Seite 59

Die Lehrerin erzählt von unterschiedlichen Speisen, die man vielerorts und auch in Bayern gern mag. Dazu zeigt sie Bildkarten der Gerichte Knödel, Nudeln, Strudel und Kraut (aus den nebenstehenden Abbildungen hergestellt). Es folgt ein kurzes Gespräch darüber, ob die Kinder die Gerichte kennen und auch mögen. Die Lehrerin hilft gegebenenfalls mit Erklärungen aus.

Vorübung

Damit den Kindern die Begriffskette – der schwierigste Teil des Lieds – leichter fällt, wird sie mit einer gesonderten Übung vorentlastet: Die Lehrerin zeigt das Knödelbild und alle klopfen auf Schenkeln den Wortrhythmus (siehe unten). Genauso geschieht es mit Nudel, Strudel und Kraut. Nun erklärt die Lehrerin, dass früher jedes Gericht seinen speziellen Tag hatte, z. B. Montag Knödeltag – sie zeigt das Knödelbild und alle klopfen den Wortrhythmus „Mondog Knödldog"). Genauso werden die anderen Tage und Speisen geklopft. Freitags und samstags stehen andere Dinge im Vordergrund. Am Freitag wird gefastet, also nichts gegessen, am Samstag gibt es den Lohn für die Wochenarbeit, und am Sonntag gibt es zur Belohung für eine anstrengende Woche das Lieblingsgericht, den Braten.

Nun wird versucht, alle Rhythmuswörter hintereinander zu klopfen – möglichst unter Beibehaltung des Metrums. Variante: Die Rhythmuswörter werden möglichst unterbrechungsfrei von Schüler zu Schüler weitergegeben, sodass eine Rhythmuskette entsteht.

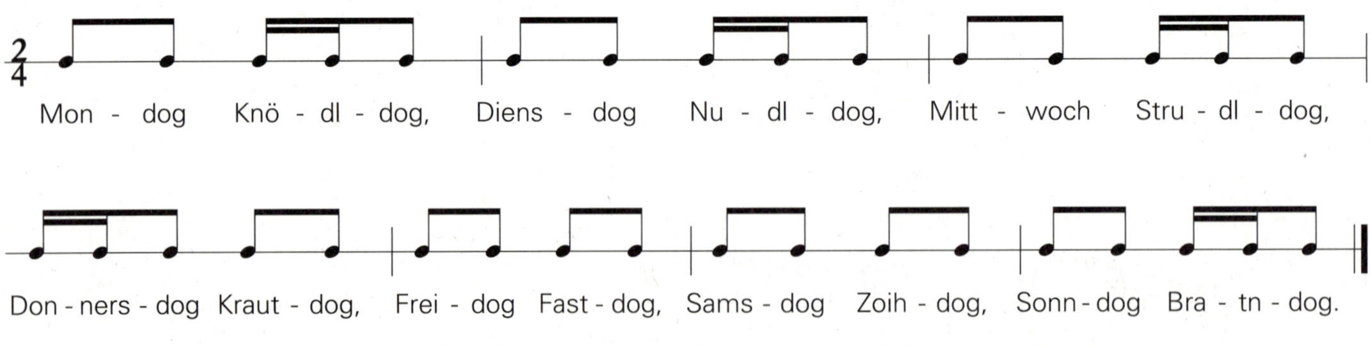

Liederarbeitung

(L) 2/12

Jetzt wird das Lied von CD gehört (alternativ durch die Lehrerin vorgetragen). Die Kinder können den Refrain mitklopfen oder sogar mitsingen. Das Lied wird dann im Echo-Verfahren abschnittweise einstudiert. Im Refrain bedarf es möglicherweise noch einer Erläuterung des Ketten-Prinzips. Alle singen das Lied erst einmal komplett zur CD, dann allein, unterstützt von der Lehrerin.

Begleitung

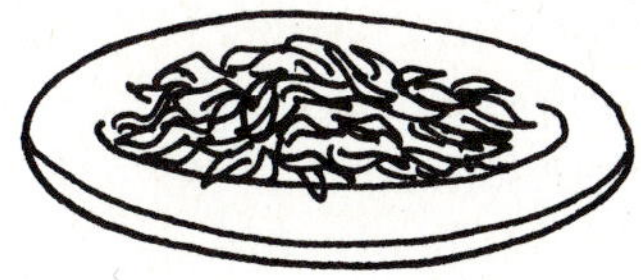

Beim Singen des Lieds klatschen alle den Viertel-Beat (das Metrum des Stücks). Ein Kind spielt diesen Beat auf einer großen Trommel oder einem Sound-Shape mit. Im Refrain besteht die Schwierigkeit, beim Klopfen nicht in den Wortrhythmus zu verfallen, sondern den Grundschlag gleichmäßig weiter zu klopfen. Wem das schwer fällt hört einfach auf zu singen und konzentriert sich nur auf den Rhythmus.

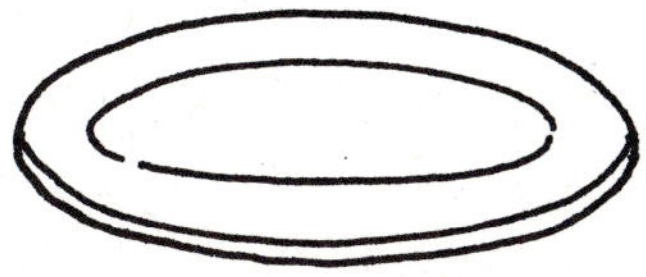

Nun wird für den Refrain ein zweiter Rhythmus dazu genommen. Es werden zwei Gruppen gebildet: Eine klatscht weiterhin den Viertel-Beat, die andere klopft auf Schenkeln den bereits geübten Wortrhythmus. Ein rhythmisch sicheres Kind schlägt ihn auf Klanghölzern. Da auch die Stabspiele im Viertel-Beat spielen, sollte dies nicht schwer sein. Die Mitschüler helfen durch Schenkelklopfen. Vereinfachung: Es kann auf dem Xylofon immer nur G und D im steten Wechsel gespielt werden. Auf dem Metallofon wird dann nur der Ton H gespielt. Dafür muss man eine kleine harmonische Reibung im vorletzten Takt in Kauf nehmen.

Textvarianten

Das Lied bietet sich dazu an, eigene Textvarianten zu erfinden. An die Stelle der genannten Speisen rücken andere Lieblingsgerichte der Kinder. Das schafft einerseits einen Bezug zur tatsächlichen Ernährung, andererseits lassen sich die für die meisten Kinder unverständlichen Textbestandteile „Zahltag“ und „Fastentag“ eliminieren und z. B. durch Pommestag, Hähnchentag, Pizzatag oder Würstchentag ersetzen.

Das Fotoalbum vom Weihnachtsmann
Ein Mini-Musical

- Szenisches Spiel mit Gesang
- Improvisation mit Requisiten

Die Aufführung eines kleinen Theaterstücks zu Weihnachten ist an vielen Schulen üblich.
Dieses weihnachtliche Mini-Musical ermöglicht das Einbeziehen von Liedern aus dem Liederbuch, die das ganze Jahr über gesungen werden und die den Kindern schon bekannt sind. Der Spieltext eignet sich in der vorliegenden Form für Kinder verschiedener Altersstufen (ab 1. Kl.), die Grundidee – das Fotoalbum mit Fotos von Weihnachtsgeschenken – versteht sich als Rahmen, der in Liedauswahl, szenischer Gestaltung und Handlung genügend Spielraum für eigene Ideen lässt.

Formen der Erarbeitung

Erzählen und simultanes Spiel

Die Lehrerin erzählt die Geschichte von Tini und Wini, den beiden Helfern des Weihnachtsmanns. In seinem dicken Fotoalbum werden Fotos von Weihnachtsgeschenken besonderer Personen gesammelt. In unserem Beispiel sind es Figuren aus Märchen: Rotkäppchen, Froschkönig, Frau Holle und Schneewittchen. Sie ermuntert die Kinder, bestimmte Handlungen simultan mit Bewegungen darzustellen: Geschenke einpacken, Rentiere füttern, Rucksack packen, Hüte ausprobieren, mit einer Kugel spielen, wie ein Frosch hüpfen, ein Kissen ausschütteln, als Schneeflocken tanzen, einen Schneemann bauen, Pizza essen, gähnen, sich strecken, eine Weihnachtsgymnastik erfinden usw. Auf ein vorgegebenes Zeichen hin hören die Kinder wieder dem Lehrer zu. Die Lehrerin wird die Geschichte jedes Mal ein wenig anders erzählen, die Ideen entwickelt sie beim Beobachten der Kinder.

Spielgeschichte im Kreis

Die Lehrerin sitzt mit den Kindern im Stuhlkreis und erzählt die Geschichte. Requisiten, die sie einsetzen möchte, liegen vor ihr in einem Korb. Sie unterbricht ihre Erzählung, um einzelne Szenen darstellen zu lassen. Dazu nimmt sie die passenden Requisiten aus dem Korb, wählt die Darsteller und unterstützt sie ggf. bei ihren pantomimeähnlichen Spielhandlungen oder kurzen Dialogen. Am Ende jeder kleinen Szene werden die Spieler mit einem Dankeschön wieder zu ihrem Platz geleitet und die Geschichte geht weiter.

Je nach Situation werden die Szenen länger oder kürzer sein, werden mehrere Märchen oder nur eines angespielt. Der Wechsel zwischen Erzählung, Spielvorbereitung und Spiel ist fließend und entspricht dem kindlichen Spiel. In jeder Gruppe werden sich bestimmte Rituale entwickeln (Entnehmen und Zurücklegen der Requisiten, Auswahlverfahren der Spieler, Einschalten des CD-Spielers etc.), die bei den nächsten Wiederholungen den Ablauf gestalten helfen. So entwickeln sich eigene Ideen und Gestaltungsvorschläge, die in eine Aufführung vor Eltern oder einer anderen Klasse führen können. Dabei kann das improvisierende Wechselspiel zwischen Erzählen und Darstellen beibehalten werden, oder aber ein bestimmter Ablauf wird festgelegt und geübt.

Das Theaterstück als Vorlage

Das Theaterstück (S. 69) kann als Vorlage dienen und sollte – wie oben beschrieben – vorbereitet werden. Rollen können reduziert oder dazu erfunden und getauscht werden.

Bei dieser Form des Spiels, einer Märchencollage, können Lieder, Tänze oder Instrumentalstücke ausgewählt werden, die die Klasse im Laufe des Schuljahres gelernt hat. Die hier ausgewählten Lieder sind als Vorschläge zu verstehen.

Varianten:

- Weitere Märchen oder auch Figuren aus dem Lese- oder Mathematikbuch können im Spiel besucht und beschenkt werden. Sprechverse, Merksätze und Lieder finden Eingang ins Weihnachtsspiel.
- Zur gemeinsamen Gestaltung des Fotoalbums werden die „Fotos" von den Kindern gemalt. Eigene Ideen regen zu neuen Szenen an.

Figuren, Kostüme, Requisiten

Es wirken mit:	**Vorschläge für Kostüme und Requisiten:**
Weihnachtsmann	Decke, Kissen, CD-Player, roter Mantel, Mütze
Tini } seine Helfer	Rucksack, Pullover, Schal, Regenjacke, Fotoalbum
Wini } seine Helfer	Rucksack, Shorts, 2 T-Shirts, 2 Fahrradhelme, Fotoapparat
Rotkäppchen	Verschiedene Mützen, Kappen, Hüte, rote Kappe, Paket
Prinzessin	Paket, goldene Kugel
Froschkönig	Grünes T-Shirt, grüne Hose, Krone
Frau Holle	Großes Kissen, Papierschnipsel (Schnee)
Kinder	Schals, Mützen
Königin	Krone
Spiegel	Großer Bilderrahmen
Schneewittchen	Weißer Tüllschleier
Prinz	Glänzender Umhang
Chor	

Das Fotoalbum vom Weihnachtsmann
Eine Geschichte wird erzählt und gespielt

1/32

Der Weihnachtsmann schläft. Die Vorbereitungen fürs Weihnachtsfest waren sehr anstrengend. Die Wunschzettel der Kinder mussten eingesammelt und die Geschenke besorgt und eingepackt werden. Der Schlitten wurde beladen und die Rentiere wurden gefüttert. Zum Glück haben ihm seine kleinen Freunde geholfen. Nun liegt er im Bett und ruht sich noch ein bisschen aus, denn bald geht die Fahrt mit dem Schlitten los. Dann muss er die Geschenke verteilen – an die Kinder auf der ganzen Welt.

Dieses Jahr dürfen seine beiden Helfer Tini und Wini wieder mitfahren. Sie sind schon ganz aufgeregt und packen ihre Rucksäcke für die lange Reise.

Sie brauchen warme Pullover und lange Schals für den kalten Norden, Shorts und T-Shirts für den warmen Süden, Regenjacken für den Regenwald und ihre Fahrradhelme für den Sturm über dem Meer.

Auf keinen Fall dürfen sie den Fotoapparat vergessen. Auch dieses Jahr sollen die schönsten Weihnachtsfotos in das große Fotoalbum vom Weihnachtsmann eingeklebt werden.

Während der Weihnachtsmann schläft, blättern Tini und Wini in dem großen, dicken Fotoalbum und schauen sich die Fotos von früher an.

1/33 Tini erzählt von dem kleinen Mädchen, das mit seiner Mutter in einem Geschäft viele Hüte und Kappen ausprobiert hatte. Keine hatte ihr gefallen. Bis
Seite 161 auf eine wunderschöne rote Kappe. Doch die war viel zu teuer. Zu Weihnachten lag dann unter dem Weihnachtsbaum ein Paket. Und darin war diese rote Kappe. Ach, wie freute sich das Mädchen! Fortan mochte sie die rote Kappe gar nicht mehr absetzen. Deshalb wurde sie schon bald Rotkäppchen genannt.
(Lied: Kleine Lise hat ein Käppchen rot. Text siehe S. 70)

Wini erinnert sich an die wunderschöne Prinzessin, die immer so allein im Wald nahe dem Schloss spielte. Zu Weihnachten bekam sie eine goldene Kugel. Die Prinzessin spielte mit ihr im Sommer im grünen Gras, im Winter im
1/34 weißen Schnee. Und eines Tages fiel ihr die Kugel in den Brunnen. So lernte sie den Froschkönig kennen. Er wohnte im Brunnen und rettete die schöne
Seite 152 Kugel der Prinzessin. Dafür wollte er mit ihr auf das Schloss.
(Lied: Quak, quak (=miau), hörst du mich schreien. Text siehe S. 70)

1/35 Tini zeigt auf das Foto von Frau Holle. Sie bekam zu Weihnachten ein neues, kuscheliges Kissen. Und als sie es am Morgen ausschüttelte, schneite es auf
Seite 89 der Erde. Die ganzen Weihnachtsferien über gab es den wunderschönsten Schnee und die Kinder konnten Schneemänner bauen und Schlitten fahren.
(Lied: Schneeflöckchen, Weißröckchen)

Wini erinnert sich voller Begeisterung an das besondere Weihnachtsgeschenk, das eine Königin einst bekam: Das war ein sprechender Spiegel. Der bestätigte jeden Tag, dass sie die Schönste im ganzen Land sei. Doch eines Tages musste sie hören, dass Schneewittchen hinter den sieben Bergen bei den sieben Zwergen viel schöner sei als sie. Da wurde sie so wütend, dass
1/36 sie Schneewittchen vergiften wollte.
Die Helfer des Weihnachtsmanns werden ganz traurig, als sie an die böse Königin denken und an das arme Schneewittchen. Doch zum Glück ging alles gut aus. Schneewittchen spuckte den vergifteten Apfel aus und heiratete
1/37 den Prinzen. Zur Hochzeit gab es eine riesige Pizza mit den leckersten Sachen drauf.
Seite 64 (Lied: Pizzalied)

Da hören Tini und Wini ein lautes Gähnen. Der Weihnachtsmann ist aufgewacht. Er reckt sich und streckt sich, legt eine CD ein und macht seine Abend-Gymnastik. Begeistert machen die kleinen Helfer mit.
(Musik: Weihnachts-Gymnastik)

1/38

Dann zieht der Weihnachtsmann seinen roten Mantel an, zieht seine Mütze ins Gesicht und geht zu seinem Schlitten. Auch Tini und Wini nehmen ihre Rucksäcke und laufen nach draußen. Man kann die Glöckchen der Rentiere hören. Tini kommt noch einmal zurück. Sie holt den Fotoapparat, schlägt das Fotoalbum zu und läuft wieder hinaus. Jetzt kann die Reise losgehen.
(Lied: Lasst uns froh und munter sein)

1/39

Seite 93

Das Fotoalbum vom Weihnachtsmann
Ein Mini-Musical

Im Wohnzimmer des Weihnachtsmanns, der Weihnachtsmann liegt auf der Couch und schläft.

Weihnachtsmann *(schnarcht)*

Tini Psst! Der Weihnachtsmann schläft!

Wini Ein Nickerchen wird ihm gut tun, bevor es auf die lange Reise zu all den Kindern geht.

1/32

Tini Da haben wir Zeit, unsere Rucksäcke zu packen.
(holt einen Pullover und einen Schal, packt beides in den Rucksack)
Ein warmer Pullover und ein Schal für den kalten Norden.

Wini *(holt Shorts und T-Shirts)*
Shorts und T-Shirts für den warmen Süden.

Tini *(holt eine Regenjacke)*
Eine Regenjacke für den Regenwald.

Wini *(holt zwei Fahrradhelme)*
Unsere Fahrradhelme für den Sturm über dem Meer.

Tini Vergiss nicht den Fotoapparat! Für die schönsten Weihnachtsfotos fürs Fotoalbum!

Wini Genau, den dürfen wir nicht vergessen.
(holt den Fotoapparat)

Tini *(holt das dicke Fotoalbum des Weihnachtsmanns)*
Komm, wir gucken uns die Weihnachtsfotos von früher an! Schau mal! Kannst du dich an das Mädchen erinnern, das eine neue Mütze bekommen sollte? Im Geschäft hat es Mützen und Kappen und Hüte und Tücher probiert, nichts hat ihr gefallen – bis auf eine wunderschöne rote Kappe. Aber die war sehr teuer.

Rotkäppchen *(im Hutgeschäft, probiert Mützen, Kappen, Hüte, ist unzufrieden, sieht eine rote Kappe und ist ganz begeistert, sieht den Preis, zuckt die Schultern, legt die Kappe beiseite)*

Wini Unter dem Weihnachtsbaum lag dann ein Paket. In dem Paket war die rote Kappe. Ach, wie glücklich war sie darüber. Sie wollte die Kappe gar nicht mehr absetzen. Sogar im Bett hatte sie die rote Kappe noch auf. Deshalb nannte man sie Rotkäppchen.

1/33
Seite 161

Rotkäppchen *(öffnet ein Paket, entnimmt eine rote Kappe, besieht sich im Spiegel, ist ganz begeistert)*

Chor
Kleine Lise, kleine Lise hat ein Käppchen rot.
Das Käppchen find' sie schön,
will immer damit gehen.
Kleine Lise, kleine Lise, hat ein Käppchen rot.

Tini Und hier! Das Foto von der Prinzessin, die zu Weihnachten eine goldene Kugel bekommen hat.

Prinzessin *(öffnet ein Paket, entnimmt eine goldene Kugel, spielt damit)*

Wini Im Sommer rollte sie die Kugel durchs grüne Gras, im Winter über den weißen Schnee. Und eines Tages fiel sie in den Brunnen. Der Froschkönig holte sie wieder heraus. Dafür wollte er mit in ihr Zimmer.

1/34
Seite 152

Froschkönig/Chor
Quak quak, quak quak, hörst du mich schreien,
quak quak, quak quak, ich will dich freien.
Nimmst du mich mit in dein Zimmer,
bleiben wir zusammen für immer.
Quak, quak, komm schöne Prinzessin,
quak, quak, komm schöne Prinzessin.

Tini Dieses Foto habe ich aufgenommen: Frau Holle mit ihrem Weihnachtsgeschenk, einem kuscheligen Kissen. Als sie es ausgeschüttelt hat, fing es an zu schneien. Die ganzen Weihnachtsferien über gab es wunderschönen Schnee. Die Kinder konnten Schneemänner bauen und Schlitten fahren.

Frau Holle *(schüttelt das Kissen aus, Schnee fällt heraus)*

Kinder *(bauen einen Schneemann, bewerfen sich mit Schneebällen)*

Chor *(singt: Schneeflöckchen, Weißröckchen)* 1/35

Wini Dieses Foto habe ich gemacht. Das war ein tolles Weihnachtsgeschenk! Ein Spiegel, der sprechen kann! Seite 89

Königin Spieglein, Spieglein an der Wand,
wer ist die Schönste im ganzen Land?

Spiegel Frau Königin, ihr seid die Schönste hier.
Es ist keine im Lande so schön wie ihr.

Königin *(tanzt glücklich vor dem Spiegel)* 1/36

Spiegel Aber Schneewittchen, über den Bergen,
bei den sieben Zwergen
ist tausendmal schöner als ihr.

Wini Und dann hat sie Schneewittchen vergiftet! *(wird traurig)*

Tini Zum Glück ist ja noch einmal alles gut gegangen. Schneewittchen hat den vergifteten Apfel wieder ausgespuckt und hat den Prinzen geheiratet. Und zu Weihnachten gab's ein tolles Fest mit einer riesigen Pizza mit den leckersten Sachen drauf. Hier ist das Foto.

Schneewittchen/Prinz/Chor *(verbeugen sich nach allen Seiten, singen: Pizzalied)* 1/37 Seite 64

Weihnachtsmann *gähnt laut, reckt sich und streckt sich, schaltet den CD-Player an, macht Gymnastik)*

Tini/Wini *(machen Gymnastik wie der Weihnachtsmann)* 1/38
Das ist eine gute Idee! Weihnachtsgymnastik!
Vielleicht wird das ein neuer Weihnachtstanz!

Weihnachtsmann *(schaltet den CD-Player aus, zieht seinen Mantel an, die Mütze ins Gesicht, geht nach draußen)*

Tini/Wini *(nehmen ihre Rucksäcke und laufen nach draußen zum Weihnachtsmann, die Glöckchen der Rentiere klingeln)*

Tini *(kommt noch einmal zurück, holt den Fotoapparat, schlägt das Fotoalbum zu und läuft hinaus)*
Jetzt kann die Reise losgehen. 1/39

Chor *(singt: Lasst uns froh und munter sein)* Seite 93

Das Klapperskelett

- Singen
- Begleitung mit einfachen Rhythmen
- Hörwahrnehmung
- Basteln

Primäres Ziel ist das Erlernen eines Liedes und einer einfachen Rhythmusfigur. Damit verknüpft werden Aufgaben zur Wahrnehmungsschulung des Gehörs, zum Training des visuellen Gedächtnisses und zur Schulung sozialen Verhaltens (Abgeben an den Nachbarn im Kreis).
Das Lied mit den spielerischen Aktionen eignet sich sowohl für den Klassenunterricht als auch für Faschingsfeiern.

Seite 82

2/27–28 (L)

Material: AB 22, zusammengebautes Papier-Skelett von AB 23

Instrumente: Klanghölzer

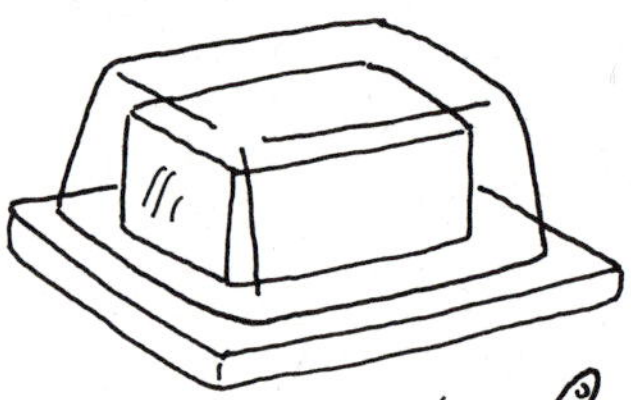

Instrumente: Rhythmusinstrumente und Klangstäbe (nur Ton f) in Gruppenstärke

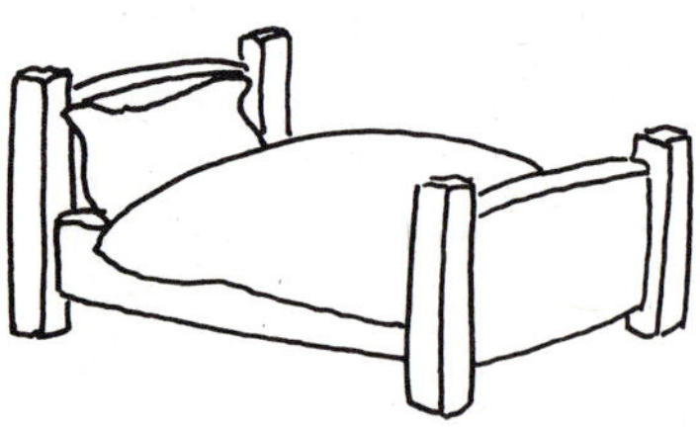

Liedeinführung

Die Lehrerin klopft auf Klanghölzern den nebenstehenden Rhythmus und erklärt dazu, es handele sich um das Geräusch eines ungewöhnlichen Wesens. Wenn alle den Rhythmus mitklatschen (Zweifinger-Klatschen) zeigt es sich vielleicht. Zur Verstärkung rufen alle im Rhythmus des Klopfens: „Wer klappert so nett?" Nun klappt die Lehrerin eine Tafelseite auf, an deren Rückseite eine Skelettfigur (AB 23) befestigt ist. Zum Rhythmus der Klangstäbe antwortet sie nun: „Das ist das alte Klapperskelett!" Alle sprechen nun zusammen: „Wer klappert so nett? Wer klappert so nett? Das ist das alte Klapperskelett!"
Die Lehrerin erklärt, dass bei einem Skelett manches fehlt, was lebendige Menschen haben, und heftet dazu zwei Bildsymbole für „Fleisch" und „Fett" an die Tafel (siehe AB 22). Wieder klopft sie den Rhythmus auf den Klangstäben und spricht dazu: „Kein Fleisch und kein Fett, kein Fleisch und kein Fett, nur Knochen, das ist das Klapperskelett!" Alle wiederholen es.
Nun singt die Lehrerin die erste Strophe zeilenweise vor, die Kinder singen im Chor nach.
Im nächsten Durchlauf werden alle Zeilen noch einmal gesungen, dazu wird von denjenigen, die es sich zutrauen, der Rhythmus geklopft. Durch Vor- und Nachsingen wird nun die letzte, die Refrainzeile erarbeitet: „Das Kli-Kla-Kli-Kla Klapperskelett."

Rhythmuskreis

Alle sitzen im Kreis. In der Mitte befindet sich eine Kiste mit vielen kleinen Instrumenten in der Anzahl der Schüler: Klanghölzer, Holzblock, Röhrentrommel, Handtrommel, Metall- und Holz-Klangstäbe (nur Ton f). Jeder darf sich ein Instrument nehmen. Ein Kind nach dem anderen spielt nun den Rhythmus auf seinem Instrument vor, so lange, bis alle einmal gespielt haben. Alle rücken einen Platz weiter und haben nun das Instrument ihres Nachbarn. Zusammen singen alle das Lied und begleiten es rhythmisch mit dem Instrument ihres Platzes. Dadurch festigt sich das Lied weiter.
Mit den Bildmotiven „Bett" und „Parkett" wird die zweite Strophe eingeführt. Im Gespräch muss der Begriff Parkett erläutert werden, weil ihn viele Kinder nicht kennen. Wieder rücken alle einen Sitzplatz weiter und singen erst ohne, später mit Begleitung die zweite Strophe.

Wo ist das Skelett?

Es werden vier Schüler mit sehr unterschiedlichen Instrumenten ausgewählt. Ein Kind sollte einen Holzklinger wie z. B. Klanghölzer, Holzblock- oder Röhrentrommel haben. Die anderen drei z. B. Metallofon, Schellentrommel, Lotusflöte. Die Auswahl der Kinder kann das Skelett vornehmen, indem es bei den ausgewählten Schülern zittert. Jedes der betreffenden Kinder stellt sich nun in eine Ecke des Raums. Alle andern Kinder schließen ihre Augen. Damit es nicht zu leicht wird, sollten die Vier ihre Eckplätze rasch tauschen, während die übrigen Kinder die Augen geschlossen halten. Außerdem halten sie ihr Instrument verdeckt. Das Kind mit dem Holzklinger bekommt außerdem das Papier-Skelett des Lehrers umgehängt.

Instrumente: wie oben

Material: zusammengebautes Papier-Skelett von AB 23

Nun soll per Gehör das Skelett gefunden werden. Diese Fähigkeit ist sehr wichtig, damit man auch im Dunkeln Skelette bemerkt. Nacheinander klappert nun jedes „Eck-Kind" mit seinem Instrument im Rhythmus. Jeder merkt sich nun die Richtung, aus der das Skelett vermutlich zu hören war, und zeigt am Schluss auf die entsprechende Ecke. Nun gibt sich das Kind mit dem umgehängten Skelett zu erkennen und spielt noch einmal sein Instrument.
Danach sitzen alle wieder im Kreis und es wird mittels der Bildkarte „Jackett" die dritte Strophe erarbeitet. Es folgen wieder Instrumentenbegleitung, Platzwechsel und Ecken-Raten, diesmal mit anderen Ecken-Spielern. Auch die vierte Strophe wird so gesungen, gespielt und gehört.

Bilderrätsel

Auf dem AB 22 sind die Bildmotive zu den Strophen unsortiert. Sie sollen ausgeschnitten und in die Kästen der jeweiligen Strophen geklebt werden.
Wer die Aufgabe gelöst hat, bekommt den Ausschneidebogen mit dem Klapperskelett und darf mit Schere und Musterklammern ein Skelett basteln und nach Belieben anmalen.
Zum Schluss wird noch einmal das ganze Lied gesungen. Als Variation kann das Playback als Begleitung dienen.

Material: AB 22 und 23

Der Bastelbogen

- Die Teile ausschneiden und an den schwarzen Punkten lochen.
- An den Löchern werden die einzelnen Teile mit Musterklammern verbunden.
- Das Kopfteil liegt an der Rückseite und wird bis auf den Kopf vom Körper verdeckt.
- Die Enden von Arm- und Beinteilen werden am Kopfteil festgeklammert. Das Bild im Kasten zeigt die Befestigung auf der Rückseite.

Das Klapperskelett

AB 22

Strophe 1

Strophe 2

Strophe 3

Strophe 4

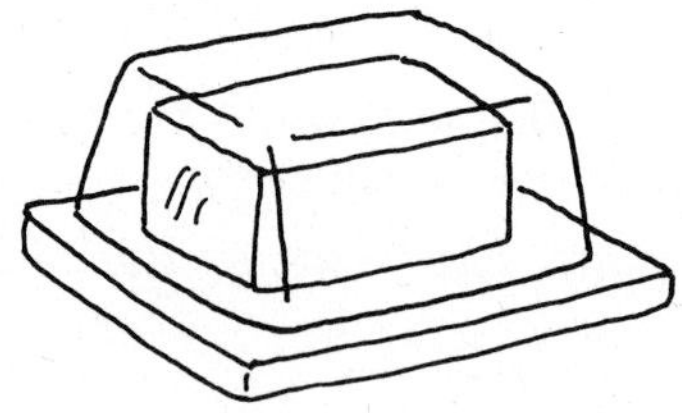

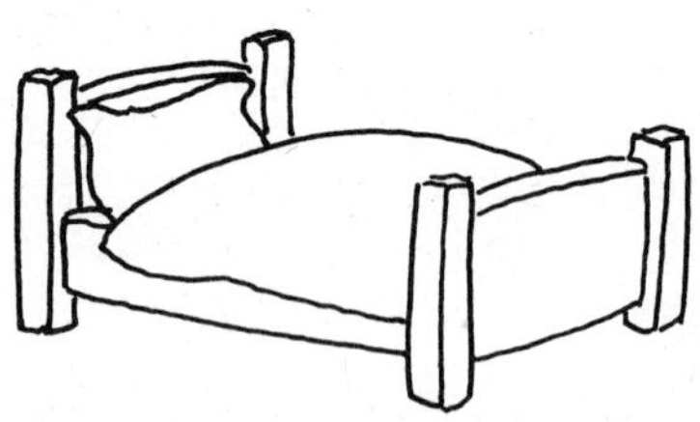

Bastelbogen Klapperskelett

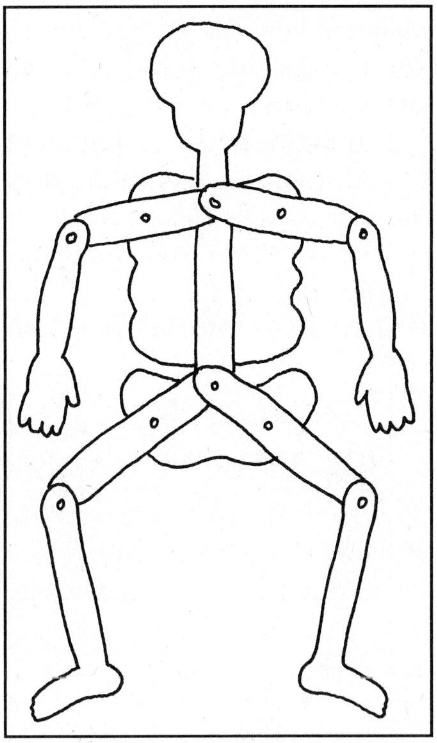

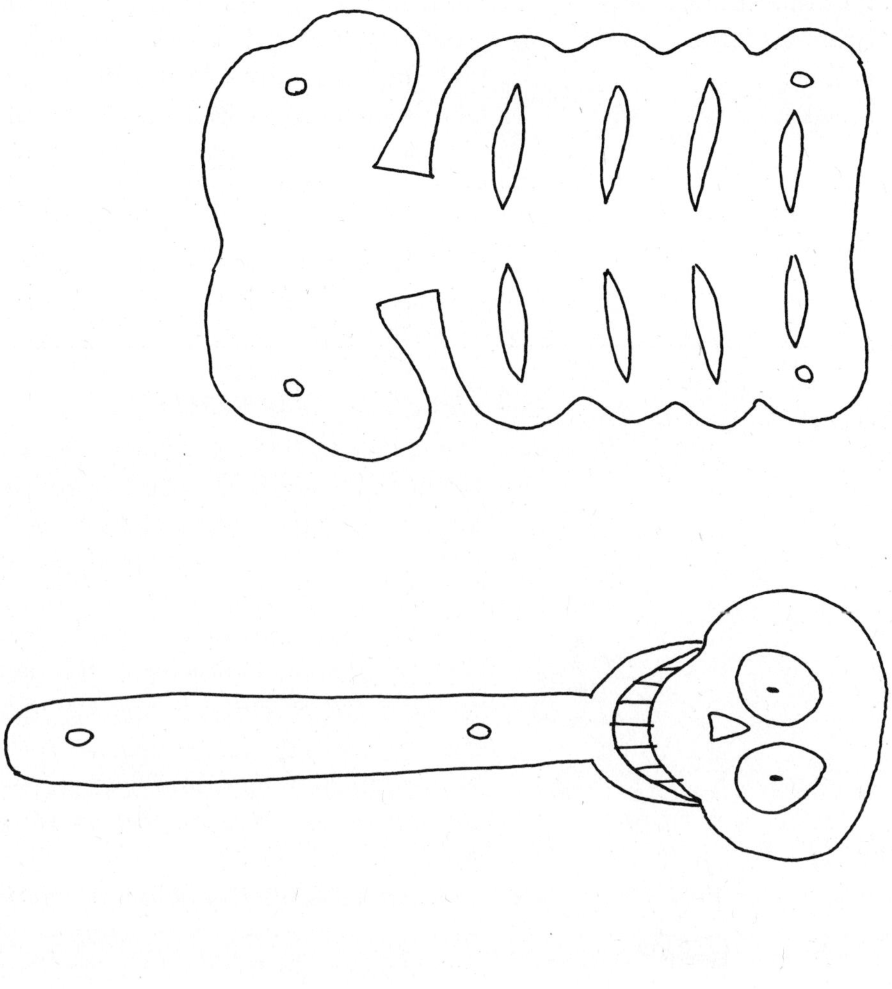

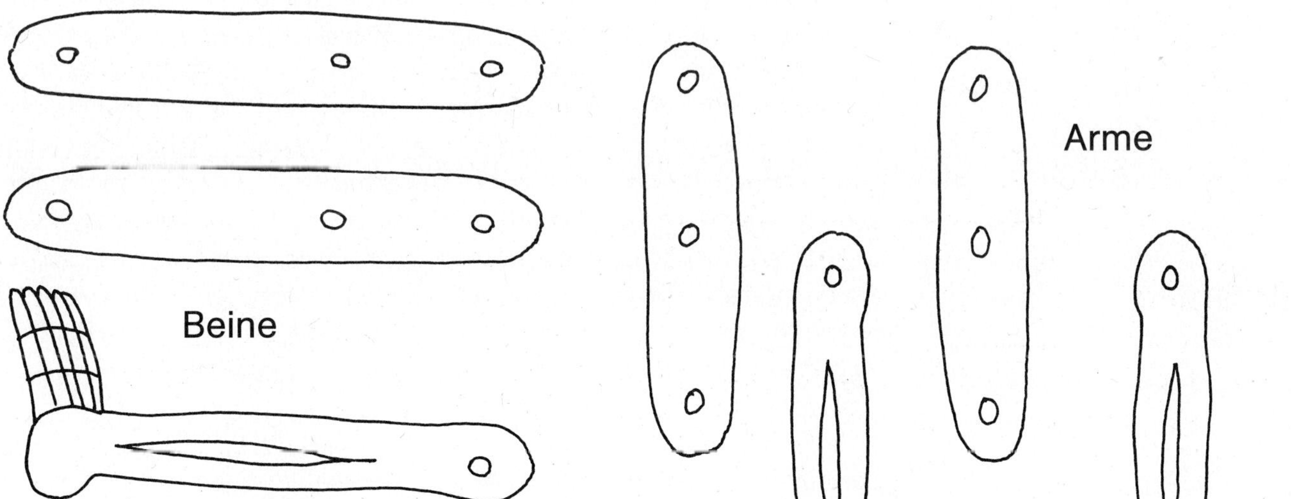

Moorhexen und Knusperhexen

- Singen
- Bewegungsausdruck
- Grundschlag/Metrum erfahren
- Musik hören

Die Hexe ist eine schillernde Figur der Märchenwelt. Sie ist gefährlich, mächtig, stark, hässlich und meist als Kinderfresserin dargestellt. An die Faszination, die Kinder der ersten Grundschulklassen oft für ihre Wildheit und Zaubermacht empfinden, soll angeknüpft werden. Dabei steht als musikalisches Ziel im Mittelpunkt, eine körperliche Ausdrucksform zu finden, die einerseits der Magie und Hässlichkeit der Hexe entspricht und andererseits durch den tänzerischen Charakter ihre Bedrohlichkeit bannt. Ergänzt wird der Versuch eigener Hexendarstellung durch die Beschäftigung mit der musikalischen Hexendarstellung in der Oper „Hänsel und Gretel" von Humperdinck.

Die alte Moorhexe

Seite 76

2/25 (L)

Die Kinder erzählen von Hexen, die sie aus Geschichten, Filmen etc. kennen. Sie beschreiben, wie diese Hexen sind, was sie tun, wie sie aussehen, wie sie sich bewegen. Wer will, kann seine Hexe auch pantomimisch darstellen. Die Lehrerin erzählt die folgende Geschichte:

Das Moor ist eine unheimliche Landschaft. Es ist oft Nebel dort, die Bäume sind krumm und verhutzelt und bei jedem Schritt gluckst und schmatzt es unter dem Fuß. Wenn es windig ist, dann pfeift und heult es dort so laut, dass man meinen könnte, es haben sich lauter Hexen getroffen, um ein Konzert zu veranstalten. Es waren einmal zwei Kinder, die waren sehr neugierig und wollten wissen, ob es tatsächlich Hexen im Moor gibt. Sie gingen also in das Moor hinein.

Dort war es wirklich unheimlich. Krumme Bäume, die aussahen wie verhexte Menschen, standen da im Nebel und knarrten. Manchmal schien es so, als würden sich die Bäume bewegen und ihre Zweige wie Finger ausstrecken, aber immer wenn die Kinder auf einen solchen Baum zugingen, stand er wieder ganz still. Die beiden Kinder waren so in ihre Suche nach einer Hexe vertieft, dass sie gar nicht bemerkten, wie es allmählich Abend wurde.

Auf einmal war es so dunkel, dass sie den Rückweg nicht finden konnten. Es wurde immer kälter und feuchter. Seltsame Tiere waren zu hören. Da sahen sie ein Licht. Sie gingen darauf zu, waren aber sehr vorsichtig, weil sie wussten, dass es im Moor auch Irrlichter gibt. Dieses Licht aber war kein Irrlicht. Es leuchtete aus dem Fenster eines kleinen Häuschens. Die Kinder klopften an die Tür und eine Frau mit grauen Haaren öffnete. Sie war sehr freundlich zu den Kindern und bereitete ihnen ein gutes Abendbrot.

Als die Kinder ihr nach dem Essen erzählten, was sie im Moor suchten, lächelte sie und sang ihnen ein Lied vor. Dieses Lied war alles, was die Kinder aus dem Moor mit nach Hause brachten, aber sie hatten sich nicht alle Strophen merken können. Als sie die Frau noch einmal besuchen wollten, um sie nach den anderen Strophen zu fragen, fanden sie das Häuschen nicht wieder.

Dann singt die Lehrerin die erste Strophe abschnittsweise vor (leise, geheimnisvoll, suggestiv) und lässt die Abschnitte von den Kindern nachsingen. Wenn die Strophe einige Male gesungen wurde, singt die Lehrerin auch die anderen beiden Strophen vor, bei denen die Kinder nur den Refrain mitsingen. Anschließend vergleichen die Kinder die Moorhexe mit den Hexen, die sie am Anfang beschrieben haben.

Tanz der Moorhexen

Nun soll zur Melodie des Liedes ein Tanz entwickelt werden, der darstellerische Elemente (in Anlehnung an die erste Strophe) enthält. Um ihn zu lernen, sind einige Vorübungen nötig. In jedem Fall sollten die Tanzbewegungen zunächst entweder zu der langsam (!) gesungenen ersten Strophe oder zur CD-Aufnahme mit Text einstudiert werden. Es empfiehlt sich auch, ein Warm-up voranzustellen, bei dem die Schüler zur Trommel im gemeinsamen Tempo durch den Raum gehen und sich dem von der Lehrerin mit der Trommel vorgegebenen Tempowechsel jeweils anpassen.

◎ 1/40

Vorbereitung:

a) Die Kinder stehen im Kreis und versuchen Haltungen zu finden, die krumme, bizarre Bäume darstellen. (Verdrehungen des Rumpfes, verdrehte Armstellungen, gebeugter Rücken etc.) Jeder macht eine Haltung vor und die anderen versuchen sie nachzuahmen.
Dann gehen alle zur Musik durcheinander durch den Raum und immer wenn die Musik schweigt (Pausetaste), erstarren sie zu krummen Bäumen, mit abgespreizten Händen, verrenkter Haltung. Vorstellungshilfe: „Die Hexen schleichen durch das Moor. Immer wenn sie glauben, jemand könnte sie sehen, verwandeln sie sich in krumme Bäume." Wenn die Musik wieder läuft, gehen alle im Tempo weiter.

b) Nun wird der *Hexentanzschritt* geübt. Die Kinder gehen wie vorher zur Musik (Viertel), aber jetzt machen sie bei jedem dritten Schritt den Stopp und die Baumdarstellung. Es entsteht der Schrittrhythmus Viertel, Viertel, Halbe. Die Lehrerin unterstützt den Rhythmus zuerst sprechend (Schritt-Schritt-Baum), dann mit der Handtrommel.

T: Margarete Jehn, M: Wolfgang Jehn
Aus: „Auf die Besen gehüpft"

Der Tanz:

Material: AB 24

Der Hexenschritt wird nun auf der Kreislinie ausgeführt: Die ersten beiden Schritte werden in Tanzrichtung die Kreislinie entlang gesetzt, mit dem dritten Schritt, der Baumdarstellung, drehen sich alle zur Kreismitte. Zur Musik (d.h. der Liedmelodie, s.o.) gehen die Kinder nun viermal den ‚Hexenschritt' auf der Kreislinie („Die alte Moorhexe hext im Teufelsmoor herum, dreht sich wild im Tanze um, lacht sich schief und lacht sich krumm").

Dann gehen sie mit kurzen ‚Mäuseschritten' im Vierteltempo zur Kreismitte und kauern sich zusammen („wenn die Tiere ängstlich wittern und die Kinder alle zittern hält die ganze Welt für dumm"). Sie springen mit dem letzten Schlag dieser Passage auf (Akzent in der Musik) und kehren mit vier großen Schritten zur Kreislinie zurück („hext herum, hext herum").

Beim letzten Abschnitt der Strophe zeichnen die Kinder mit den Händen zweimal einen großen Zauberkreis in die Luft (Hu, hu). Wenn alle Kinder den Tanz können, kann die Lehrerin mit einigen von ihnen den Rhythmus auf Instrumenten dazu spielen.

Die Hexe in der Oper „Hänsel und Gretel"

◎ 1/41–42

a) In der Oper „Hänsel und Gretel" von Engelbert Humperdinck erscheint das Märchen gegenüber der bekannten Grimmschen Fassung leicht verändert, indem die Kinder von der Mutter in den Wald geschickt werden, damit sie Beeren sammeln, und nicht, weil die Mutter sie loswerden will.

Bevor der Hexenritt gehört wird, bietet es sich an, die Szene zu hören, in der der Vater der Mutter eine Schilderung der Hexe gibt. Die Schüler tragen anschließend zusammen, was über die Hexe gesagt wird und wie die Mutter darauf reagiert.

b) Nachdem der Vater die Hexe beschrieben hat, beginnt als Vorspiel zum zweiten Akt, der ‚Hexenritt', der die Schilderung des Vaters musikalisch fortsetzt. Die Kinder stellen sich zur Musik die Hexe vor und erzählen anschließend, was sie gesehen haben. Reitet die Hexe schnell oder langsam? (Sie wird immer schneller, bis zu einem bestimmten Punkt, wo der Ritt aufhört und etwas anderes beginnt.)

Tanz der Moorhexen

Die alte	Moor-	hexe	hext
im	Teufels-	moor	he-rum,
dreht sich	wild im	Tanze	um,
lacht sich	schief und	lacht sich	krumm,

wenn die Tiere ängstlich wittern und die Kinder alle zittern, hält die ganze Welt für dumm,

hext herum, hext herum. Hu, hu.

Alles im Lot auf'm Boot mit Käpt'n Blaubär

- Singen und Rappen
- Instrumentalbegleitung
- Bastelarbeit und rhythmische Vertiefung

Hier steht das praktische Tun im Vordergrund. Der Song von Käpt'n Blaubär soll nicht nur gesungen, sondern auch auf Instrumenten begleitet werden. Durch Anknüpfung an die Hörerfahrung der Schülerinnen und Schüler wird ein Gegenwartsbezug hergestellt. Die Kinder lernen einen Techno-Grundschlag kennen.

„Alles im Lot" singen und rappen

Seite 66

2/18–19 (L)

Als Teil der „Sendung mit der Maus" unterhält Käpt'n Blaubär zusammen mit seinen drei Enkeln und dem Matrosen Hein Blöd die Zuschauer mit haarsträubenden Geschichten und Seemannsgarn. „Alles im Lot auf'm Boot" ist die Titelmusik der Sendung. Die hier zu Grunde gelegte Fassung stammt von der Techno-Gruppe „Dolls United". Der Ablauf enthält nur die zwei Formteile Refrain und Strophe (Rap). Der Refrain wird von allen gesungen, den Rap übernehmen einzelne Solisten. Zum Einstudieren des Refrains reicht es, das Lied einfach zu hören, denn der Refrain wiederholt sich ständig. Wird zur Originalaufnahme mitgesungen, ist spätestens nach dem zweiten Refrain die Melodie allen geläufig. Auch der Rap ist nicht schwierig, denn die Silben werden in gleichmäßigen Achteln gesprochen. Jede Textzeile entspricht einem Takt. Nur bei den Auftakten zu Refrain und Strophe muss etwas aufgepasst werden.

„Alles im Lot" auf Instrumenten begleiten

Material: AB 25 (Spielblätter)

Instrumente: Große Trommel, Schellenring, Klanghölzer, 2 Metallofone, 1 Bass-Xylofon, 1 Keyboard mit Bass-Sound

Die volle Besetzung mit allen Instrumenten spielt nur im Refrain, der Rap-Teil wird allein von den Rhythmus-Instrumenten begleitet. Das Stabspiel-Arrangement ist nahezu selbsterklärend. Jeder Spieler bekommt vom Lehrer das entsprechende Spielblatt für sein Instrument (s. AB 25), Damit kann jeder für sich fast selbständig arbeiten.

Der Techno-Beat auf der Trommel ist von entscheidender Bedeutung fürs Stück. Seine Besonderheit besteht darin, dass nicht alle vier Viertel gleich klingen, sondern jeder zweite und vierte Schlag abgedämpft wird. Damit das gelingt, sollte dieser Rhythmus mit Unterstützung der ganzen Klasse erarbeitet werden. Hier ein Vorschlag für die Einstudierung:
Alle sitzen im Kreis, der Trommler hat das Instrument vor sich und imitiert auf der Trommel die Bewegungen, die die Klasse vormacht. Zuerst schlägt jeder mit der rechten Hand durchgehende Viertel auf dem rechten Oberschenkel, der Trommelspieler schlägt mit dem Schlägel aufs Fell. Nun geht es darum, die Schläge abzudämpfen. Dazu schlagen jetzt alle zusätzlich mit der linken Hand auf den linken Oberschenkel. Der Trommelspieler tut dasselbe, allerdings auf dem Fell der Trommel. Jetzt klingen alle Schläge gedämpft. Während nun die rechte Hand weiterhin Viertel klopft, schlägt die linke Hand jetzt abwechselnd erst in die Luft und dann auf den Oberschenkel (bzw. die Trommel), so dass immer bei „1" und „3" ein Luftschlag und bei „2" und „4" ein Realschlag erfolgt. Wenn alles geklappt hat, sollte jetzt die Trommel auf der „1" lang klingen, weil die dämpfende linke Hand gerade in die Luft schlägt, und die „2" kurz, weil sie dann das Trommelfell bedämpft. So wiederholt es sich dann: offen - gedämpft - offen - gedämpft ...

offener Schlag

gedämpfter Schlag

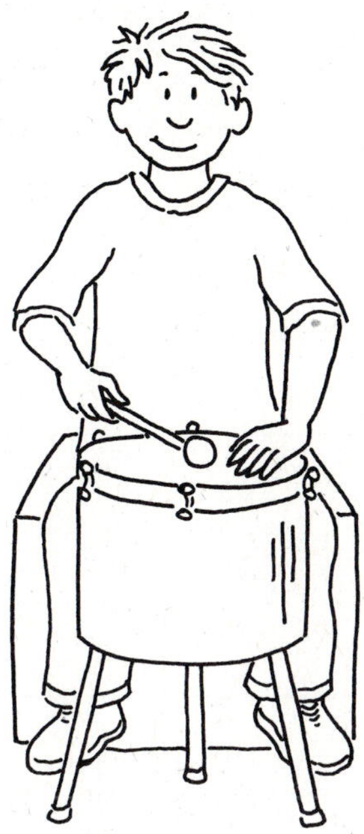

Nun kommt der Schellenring dazu. Mit seinen durchgehenden Vierteln folgt er dem Rhythmus der Trommel.

Auch den Stabspielern wird von der ganzen Klasse geholfen. Alle singen die Tonbezeichnungen der Metallofonstimme 1: „c - c - a - h". Der Metallofonspieler kann so die entsprechenden Stäbe leichter auffinden und sich gleichzeitig den Klang der Tonfolge einprägen und schließlich mitspielen. In gleicher Weise wird mit den anderen Instrumentalstimmen verfahren.

Der Rhythmus der Klanghölzer sieht schwieriger aus, als er ist. Mit der folgenden Sprechsilbe unterlegt, wird er ganz einfach: „Käpt'n Blaubär, weg." Das Wort „weg" symbolisiert die Pause, in der nicht geschlagen wird.

Der Vorteil des Stücks besteht in seiner Turnaround-Struktur, d. h. die Begleitharmonik besteht aus nur vier Takten, die sich ständig wiederholen. Während der Einstudierung können daher alle Spieler ihren Part weiterspielen und ihn so oft wiederholen, bis er beherrscht wird.

Schellenkranz

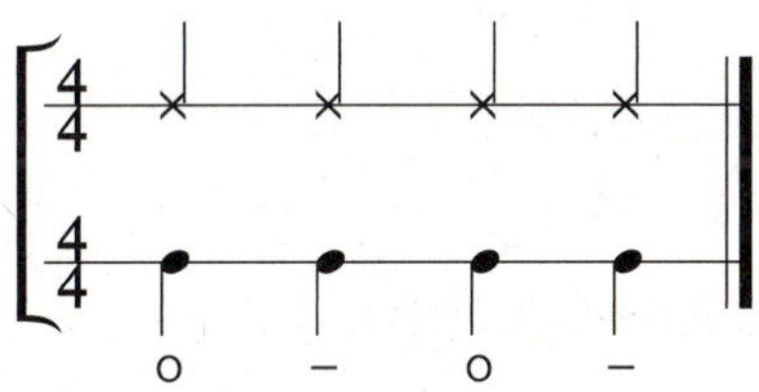

Große Trommel
o = offener Schlag
– = gedämpfter Schlag

Klanghölzer (mit Sprechrhythmus):

Das Bärenboot. Eine Bastelei mit Rhythmus-Training

Auf dem AB 26 sind ein Bär und sein Matrose und ein im Wasser schwimmendes Bärenboot abgebildet. Mit ein klein wenig Bastelarbeit werden daraus Schiebefiguren, die die Kinder zum Takt des Liedes munter hin- und herrudern lassen können.

Material: AB 26, Fotokarton, Buntstifte, Schere, Lochzange, Musterklammern

Begleitung für Stabspiele (nur im Refrain)

Metallofon 1

Metallofon 2

Bass-Xylofon

Bass (Keyboard)

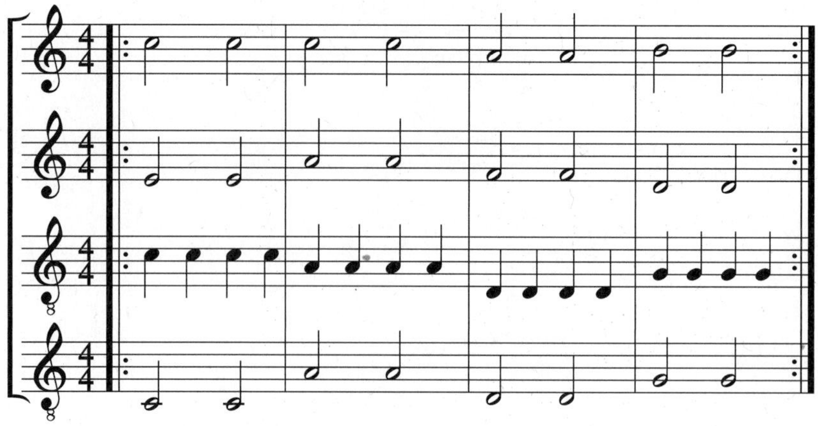

Spielblätter

Metallofon 1

Metallofon 2

Bass-Xylofon

Bass (Keyboard)

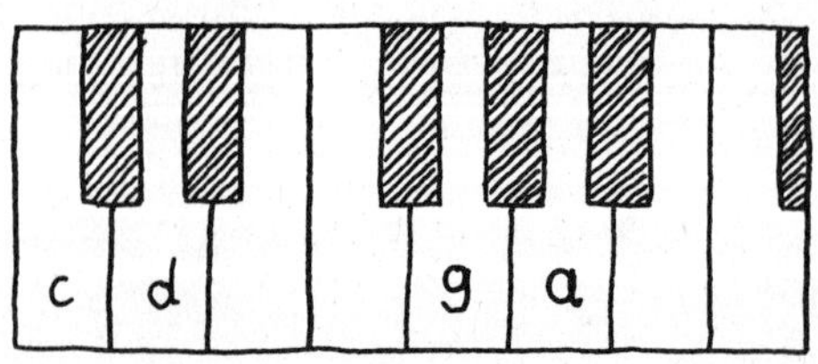

Der Weihnachtsmann kommt

- Adventliche Klanggeschichte
- Der Overhead-Projektor als Bühne
- Instrumente selbst bauen

Diese kleine Klanggeschichte erfordert wenig Aufwand und kann schon in der ersten Klasse umgesetzt werden. Spielbühne ist der OHP, auf dem zwei Folien liegen: eine für den Hintergrund und eine zweite für den Weihnachtsmann und seinen Esel. Alles, was die beiden sehen und erleben, wird simultan in Klänge umgesetzt. Die benötigten Instrumente können leicht selbst gebaut werden. Natürlich lässt sich auch das Schulinstrumentarium nutzen.
Die Geschichte kann im Plenum oder in Gruppenarbeit gespielt werden.

Material: OHP, die Vorlagen von AB 27 auf 2 Folien vergrößern, Folienstifte

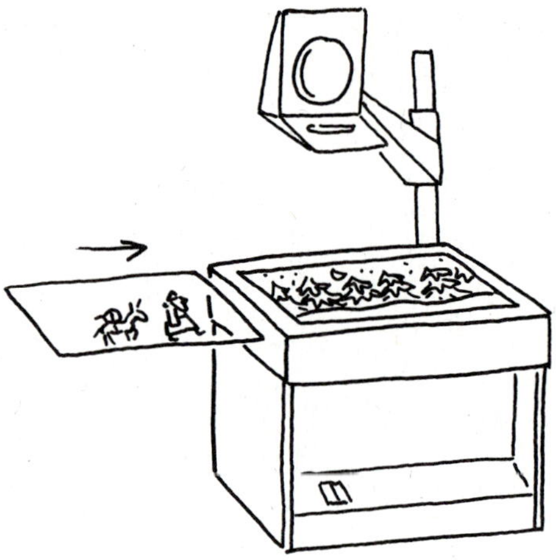

Der Overhead-Projektor als Bühne

Es wird davon erzählt, wie der Weihnachtsmann und sein Esel auf dem Weg zu den Kindern durch den Wald wandern und dabei im Mondenschein vielen Tieren begegnen. Die Folie, die als Hintergrund einen nächtlichen Wald und seine Bewohner zeigt, liegt auf dem Projektor. Mittels der zweiten Folie werden nun der Weihnachtsmann und sein Esel langsam durch das Bild geschoben.
Variante:
Jede Gruppe erhält eine Papierkopie mit dem Hintergrund sowie eine Folie mit dem Weihnachtsmann und seinem Esel. Der Hintergrund und die Figuren werden von den Gruppenmitgliedern koloriert. Es können z. B. je zwei Kinder den Hintergrund und zwei weitere den Weihnachtsmann und seinen Esel anmalen. Da sich die Figuren dann auf einer Folie befinden, müssen zu deren Bemalung auch Folienstifte bereitgestellt werden.

Die Adventsgeschichte

Die Lehrerin liest oder erzählt die folgende Geschichte:
Es ist der Abend des 24. Dezember. Feine Schneeflocken fallen auf Hausdächer, Wiesen und Bäume und verzaubern alles in eine märchenhafte Landschaft.
Im Wald wiegen sich die schneebedeckten Tannen sanft im Wind und sprechen mit leisem Rauschen über die bevorstehende Bescherung. Die Sterne glitzern und funkeln am Himmel und heben den aufgehenden Mond als dicke Sichel zum Himmel empor.
Mitten im Wald steht das Häuschen, in dem der Weihnachtsmann immer zur Weihnachtszeit übernachtet. Er lädt seinem treuen Esel gerade den schweren Sack auf den Rücken. Was hat der Weihnachtsmann wohl in diesem Jahr für die Kinder eingepackt?
Nun kann's losgehen! Er nimmt sein Glöcklein zur Hand und macht sich mit seinen schweren Schuhen auf den Weg. Der Esel folgt ihm mit seinen kleinen Trampelschritten. Die Tiere im Wald gucken neugierig hinter den verschneiten Tannen hervor. Sie freuen sich, ihren guten alten Freund ein Stück weit begleiten zu dürfen. Noch lange lauschen sie dem fröhlichen Gebimmel des Glöckchens nach.

Die klangliche Umsetzung des Bildes

Instrumente: Holzklinger, Metallinstrumente, Glöckchen, evtl. Schneetrommel (s. Seite 86) und Kokosnuss-Hufe (s. Seite 86)

Vorspiel:
Waldstimmung mit feiner Schneemusik und Windgeräuschen.
(Windgeräusche: mit dem Mund produzieren oder einen Schneebesen an einer Schnur durch die Luft schleudern.
Schneemusik: mit der „Schneetrommel", oder mit den Fingern leise „Klavier spielen" auf verschiedenen Unterlagen: Boden, Fensterscheibe, gespanntes Tuch, Kinderharfe, Glockenspiel, Klaviersaiten etc.)

Weihnachtsmann und Esel kommen:
Ganz leise beginnt das Glöckchen. Es folgen die schweren Schritte vom Weihnachtsmann.
(Tamburin und Schlägel, langsam gespielt.)

Dann das Getrappel des Esels.
(Zwei leere Kokosnusshälften mit der Öffnung gegeneinander schlagen, schnellerer Rhythmus als die Schritte vom Weihnachtsmann.)

Sie kommen immer näher.
(Lauter werden.)

Einstieg ins Bild:
Sobald die Figur vom Weihnachtsmann ins Bild geführt wird, erklingt diejenige Figur auf dem Bild, die sich hinter oder oberhalb seiner Mütze befindet, z. B. hört man zuerst das Mäuschen, und zwar so lange, bis der Kopf vorbei ist (also relativ kurz).

Oben am Himmel ist auch ein Stern zu sehen – der klingt ebenfalls. So „geht" der Weihnachtsmann mit seinem Esel durch das ganze Bild. Seine Schritte, das Glöckchen und das Getrampel des Esels erklingen immer.
(Alle Tiere: Holz-, Fell-, Rasselinstrumente, leere Wasserflaschen und ein chinesisches Essstäbchen zum Ratschen.
Mond: Gong, hängendes Becken oder ein Klangstab.
Sterne: Metallinstrumente.)

Ausklang:
Tritt der Weihnachtsmann aus dem Bild heraus, werden seine Schritte (also das Glöckchen und der Esel) immer leiser. Zum Schluss hört man wieder Windrauschen und feine Schneemusik.

Material: Plastik-Blumentopf oder ähnlich geformtes Abfallgefäß, ein Stück Mulltuch (z. B. Windelstoff), Kleister, Schnur, Gummiband, Isolier-Klebeband, ein chinesisches Essstäbchen mit einer kleinen Styroporkugel als Schlägel

Eine Schneetrommel bauen

Aus dem Mulltuch einen Kreis (ca. 1 cm größer als der Durchmesser des Gefäßes) ausschneiden. Dieses Stück Tuch mit Kleister einstreichen. Über die Öffnung des Topfs spannen und mit der Schnur festbinden. Nach dem Trocknen bildet sich eine papierartige Membran, die mit dem Schlägel fein „angetrommelt" werden kann.
Auf der unteren Seite des Gefäßes ein Stück des Gummibandes darüberspannen und mit Klebeband an der Seitenwand befestigen (siehe nebenstehende Abbildung).
Spielweise: Es wird abwechselnd oben getrommel und unten gezupft.

Kokosnuss-Hufe bauen

Kokosnüsse gibt es zur Weihnachtszeit in vielen Geschäften. Zuerst müssen die drei gut sichtbaren kleinen, runden Vertiefungen mit einem Handbohrer angebohrt werden. Die Flüssigkeit wird in eine Tasse gegossen. Diese „Kokosmilch" kann man trinken, sie ist äußerst wohlschmeckend.
Als nächstes muss die Kokosnuss von der Lehrerin aufgesägt werden. In den beiden aufgeschnittenen Hälften wird nun das weiße Fruchtfleisch sichtbar. Dieses wird mit einem Spachtel oder einem Taschenmesser vorsichtig in kleinen Stückchen herausgeschnitten. Auch das Kokosmark kann gegessen werden. Zurück bleiben die leeren Schalenhälften. Bewegt man sie wie Hufe rhythmisch auf der Tischplatte, erklingt ein dem Hufgetrappel sehr ähnliches Geräusch.

Material: Kokosnüsse, Handbohrer, Säge, Spachtel

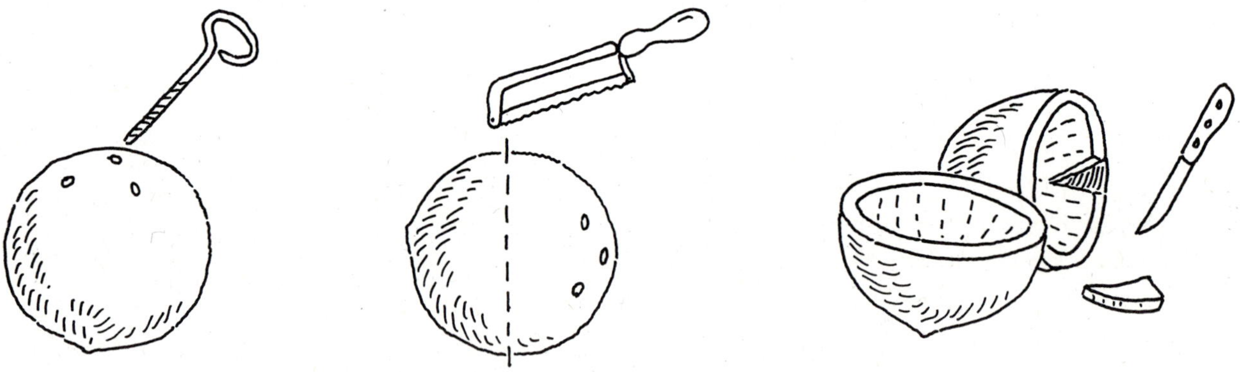

Der Weihnachtsmann kommt

Glocken und Glöckchen

- Singen
- Instrumentalspiel
- Glocken-„Spiele"
- Gehörschulung (Tonhöhe)
- Bastelarbeit

Zur Vorweihnachtszeit sind Glocken und Glöckchen in vielfältigen Erscheinungsformen präsent: Als Adventschmuck, als Süßigkeiten, in Liedern – und in Kirchen, die zu Gottesdiensten und Feierstunden mit Geläut einladen. An die Glocke als Klang- und Bewegungsphänomen soll hier in der Beschäftigung mit Klangbausteinen angeknüpft werden. Die Kinder üben sich im Spiel auf diesen Instrumenten und lernen Tonhöhen zu unterscheiden.

Kling, Glöckchen

Seite 99

1/43

Warm-up: Glockenpantomime

Die Lehrerin kündigt ein Lied an, das von Glocken handelt und gibt als Bewegung das pantomimische Läuten einer sehr großen Glocke vor. Mit beiden Händen wird der Glockenstrang schräg oberhalb des Gesichts erfasst, etwas herabgezogen und mit großen, kräftigen Bewegungen hin und her geschwungen. Immer wenn der Glockenschwengel anschlägt, tönt ein langgezogenes „Dong". Nach einer Weile wird auch einmal eine kleinere Glocke geläutet, die schneller geht, durch eine kleiner Bewegung angetrieben wird und leiser ist. Schließlich wird noch ein ganz kleines Glöcklein geläutet – mit einer Hand. Nun kann sich jedes Kind eine Glocke aussuchen und die Glocken tönen durcheinander.

Nun wird das Lied „Kling, Glöckchen" gesungen, das die meisten Kinder sicher schon kennen. Wie groß sind wohl die Glocken, die in diesem Lied vorkommen?

Gespräch mit Glocken-Rätsel

Material: AB 28

1/44–48

Die Kinder hören sich die Kirchenglocken von der CD an und sprechen darüber, wo es in ihrer Umgebung solche Kirchtürme mit Glocken gibt. Was für Glocken gibt es noch? (Uhren, Schiffe, „Bimmelbahn", Kuhglocken etc.) Als Hilfe kann das AB 28 dienen. Die Kinder überlegen, wozu diese Glocken da sind. Anschließend gilt es, das Glocken-Rätsel zu lösen: In welcher Reihenfolge erklingen auf der CD die auf AB 28 abgebildeten Glocken?

Glockentöne auf Klangstäben – ein Spiel

Instrumente: Klangstäbe in Gruppenstärke

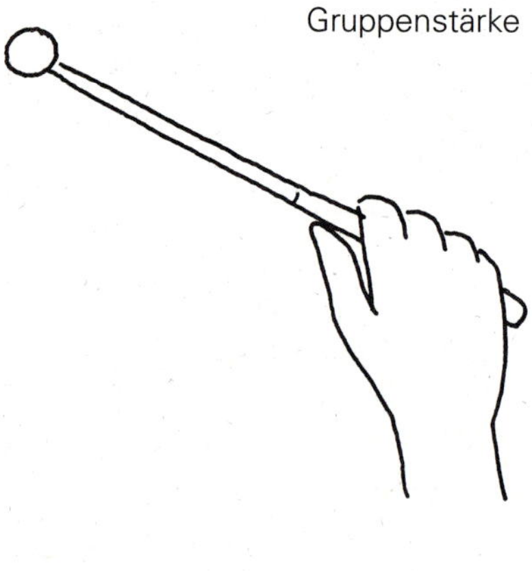

Jedes Kind bekommt einen Klangstab. Die Lehrerin zeigt die Schlägelhaltung (Die Hand schließt sich um den Stab, der Handrücken zeigt nach oben. Der Zeigefinger ist wie die anderen Finger gebeugt. Nur der Daumen ist gerade.) und die Anschlagbewegung. Vorstellung: Der Klangstab ist sehr heiß, der Schlägel darf ihn nur ganz kurz berühren. Reihum schlägt jeder seinen Stab an und wird, falls nötig, korrigiert. Wenn es einem Kind auch bei mehreren Versuchen nicht gelingt, einen schönen Ton zu spielen, nicht weiter insistieren, sondern ihm zu einem anderen Zeitpunkt Gelegenheit zu üben geben. Wenn jedes Kind einzeln gespielt hat, wird versucht, dass alle gemeinsam ihren Klangstab anschlagen. Die Lehrerin gibt hierzu den Einsatz, indem sie ihren Schlag durch das Ausholen deutlich vorbereitet.

Die Kinder gehen mit ihrem Klangstab durch den Raum. Wenn sie ein anderes Kind treffen, begrüßen sie sich, d. h. sie schlagen beide gleichzeitig an. Gelingt ihnen das, gehen sie wieder auseinander. Kamen die Töne nacheinander, wird es noch einmal versucht. Wenn zwei Kinder besonders gut zusammen anschlagen können, dürfen sie es anschließend der Klasse vorführen.
Die Kinder verteilen sich als „Glöckner" im Raum. Aufgabe: „Jeder ist Glöckner auf seinem eigenen Turm. Wenn ein Spaziergänger in die Nähe kommt, läutet der Glöckner seine Glocke. Sobald sich der Spaziergänger entfernt, hört er auf zu läuten. Da der Spaziergänger mitten zwischen den Türmen umhergeht, läuten meistens mehrere Glocken gleichzeitig." Dies wird einige Male probiert, indem zunächst die Lehrerin und dann einzelne Kinder als Spaziergänger herumgehen.
Varianten:

- Noch schöner ist es, wenn die Glocken lauter und leiser werden, je nachdem, wie nah der Spaziergänger an ihnen vorbeikommt.
- Wie klingt es, wenn zwei Spaziergänger auf unterschiedlichen Wegen unterwegs sind?

Die Glocke ist ein sehr, sehr altes Musikinstrument. Wahrscheinlich wurde sie von Seefahrern vor vielen hundert Jahren von China nach Europa gebracht. Eine Glocke wird aus Metall hergestellt, das erhitzt und dann in eine Form gegossen wird. In der fertigen Glocke hängt ein Schlägel, der hin- und herschwingt. Er schlägt an die Glocke und bringt sie so zum Klingen.
In einem Kirchturm hängen meistens viele verschiedene Glocken. Man nennt das „Glockenspiel". Diese Turmglockenspiele sind die größten Musikinstrumente überhaupt.

Hoch und tief

a) Die Kinder setzen sich in Vierergruppen zusammen und spielen einander leise (!) ihre Töne vor. (Dabei sollte darauf geachtet werden, dass nicht mehr als zwei Kinder pro Gruppe denselben Ton haben.) Ein Kind schlägt seinen Ton leise (!) an und die anderen singen ihn nach (z. B. auf Ding oder Dong). Dies wird solange wiederholt, bis das Kind, das den Stab spielt, mit dem Ergebnis zufrieden ist. Dann ist der nächste Ton dran. Wenn alle vier Töne gespielt wurden, wählt die Gruppe den Ton aus, der am besten nachzusingen ist.
b) Die erste Gruppe spielt ihren Ton und die Kinder der anderen Gruppen singen ihn nach. Dann wählen die anderen Gruppen aus ihren Tönen einen Ton aus, der höher bzw. heller klingt. (Beim Erklären der Aufgabe können zur Veranschaulichung beide Begriffe synonym verwendet werden. Die Lehrerin sollte aber im Verlauf der Unterrichtseinheit deutlich machen, dass die Begriffe hoch und tief angemessen sind.)
Reihum werden diese Töne nun gespielt und mit dem Ausgangston verglichen. Vielleicht haben nicht alle Gruppen einen höheren Ton. Dann wird in der nächsten Runde eben ein tieferer Ton gesucht. Gibt es eine Gruppe, die den gleichen Ton hat, wie die erste Gruppe?

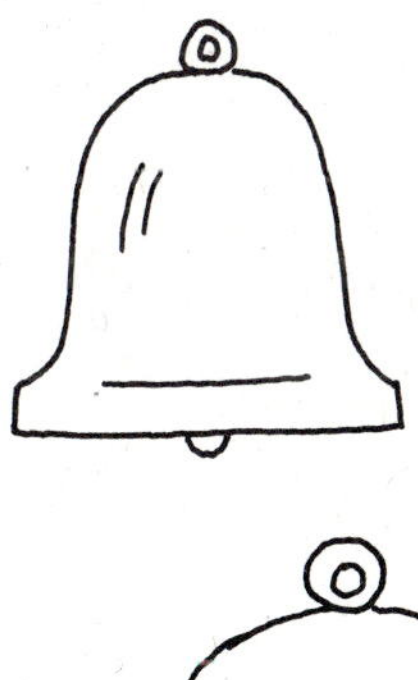

Glocken-Mobile

Jedes Kind bekommt einen Arbeitsbogen mit vier Glocken, die sich in ihrer Größe deutlich unterscheiden. Die Lehrerin kann dazu die Abbildungen vergrößern oder als Vorlage benutzen. Die vier Glocken werden von den Gruppen ihren vier Klangstäben zugeordnet. Dabei steht die kleinste Glocke für den höchsten und die größte Glocke für den tiefsten Ton. Jedes Kind schneidet die Glocken des Arbeitsbogens aus und legt sie mit den Glocken der anderen Kinder seiner Gruppe zu einer Tonfolge zusammen, die anschließend

Material: Arbeitsblatt mit je vier Glocken vorbereiten

abgespielt wird.
Variante: Die vier Glockenformen werden aus Goldfolie ausgeschnitten und an einem Faden aufgefädelt, so dass sie übereinander hängen. Die Reihenfolge bestimmt jedes Kind selbst. Die vier Kinder einer Gruppe hängen ihre Glocken an einen Holzstab zu einem Adventsmobile zusammen, das sie auch als Partitur verwenden können. Dabei können die Fäden entweder von „oben nach unten" abgespielt werden oder seitwärts, immer zum nächsten Faden springend. Wie klingt das Stück, wenn man das Mobile herumdreht und die „Rückseite" abspielt?

Das Blumentopf-Glockenspiel

Material: Tontöpfe in verschiedenen Größen, Kordel, Holzkugeln, Schere

Ein Stück Kordel wird zuerst von außen durch das Loch des Blumentopfes und dann durch eine ausreichend große Holzkugel geführt und anschließend gut verknotet. Schlägt man die fertige Glocke mit einem Schlägel an, etwa dem vom Triangel, so ergibt sich ein schöner, feiner Klang. Wer möchte, kann die oben beschriebenen Übungen „Glockentöne auf Klangstäben" auch mit diesen „echten" Glocken ausprobieren.

S

K

I

U

M

In welcher Reihenfolge erklingen die verschiedenen Glocken?
Trage die Buchstaben hier ein! Kennst du das Wort?

Der Winter ist da

- Hohe und tiefe Töne unterscheiden
- Tonhöhenbewegung gestalten und hören
- Grafische Notation
- Instrumentalspiel

Mit einem Winterlied und dem Schlittenthema wird an den Erfahrungsbereich Winter angeknüpft. Dieser wird verbunden mit musikalischen Übungen zum Element der Tonhöhe.
Die Kinder lernen, das Auf und Ab der Tonhöhenbewegung mitzuverfolgen und selbst zu gestalten. Bei der eigenen Gestaltung spielt die Fähigkeit, miteinander ein Tempo zu finden, auch eine Rolle.

A, a, a, der Winter, der ist da

Seite 88

1/49

Material: eine Tütenpuppe

Warm-up: Gleitende Töne
Die Lehrerin hat eine Tütenpuppe in der Hand und kündigt den Kindern an, dass sie nach einer besonderen Methode die Puppe herauslocken könne: Sie spricht bzw. singt ein langes A, das nach oben gleitet und während des Glissandos wächst die Puppe langsam aus der Tüte empor. Sie lässt das A abwärts gleiten, und die Puppe verschwindet wieder. Die Kinder erklären die Regel und lassen einzeln und zusammen die Puppe auf- und absteigen. Reagiert die Puppe auch auf andere Buchstaben? (E, I, O, U)

Die Lehrerin singt die ersten drei Töne des Liedes vor und fragt, wie sich die Hand dazu bewegen könnte. Nachdem die Kinder Vorschläge gemacht haben, zeigt sie es. (Anders als bei dem Glissando im Warm-up geht es hier stufenweise aufwärts.) Wenn sie im Folgenden das Lied abschnittsweise vorsingt, zeigt sie die Tonhöhe mit der Hand mit. In einer der nächsten Stunden, wenn die Kinder das Lied können, sollen auch sie einmal versuchen, die Tonhöhe mitzuzeigen. Dabei kann dann auch einmal ein Kind als Dirigent das Singen durch seine Handbewegungen leiten.

Bergauf, bergab

Instrumente: Metallofone, Xylofone, Glockenspiele für ca. die Hälfte der Klasse

Möglichst viele Stabspiele sind im Halbkreis aufgestellt. An jedem Instrument sind zwei oder mehr Kinder, von denen eines am Instrument steht, während die anderen daneben auf dem Fußboden sitzen. Sie haben ein Bein als ‚Berg' aufgestellt. Gemeinsam stapfen nun alle einen Berg nach oben: die Instrumentalisten, indem sie auf ihrem Instrument einen Ton nach dem anderen spielen, die Sitzenden, indem ihre Finger das Bein zum Knie hinaufklettern. Alle haben ein Tempo. Wenn sie oben angekommen sind, bleiben sie stehen (Pause), um zu verschnaufen. Dann fahren sie nacheinander ab (Schlitten, Skier). Die Abfahrt erfolgt individuell und jeder Instrumentalist bestimmt selbst sein Tempo. Manche fahren vielleicht ganz rasant (glissando) andere beginnen vielleicht langsam und werden schneller. Vielleicht stürzt auch jemand unterwegs und hinkt dann abwärts. Die Sitzenden begleiten das Instrument, bei dem sie sitzen, indem sie in entsprechendem Tempo mit der Hand vom Knie zu den Füßen abwärts gleiten. Nach zwei bis drei Fahrten tauschen die Instrumentalisten mit den Sitzenden.

Zum Schluss wird aus zwei (oder mehr) Instrumenten eine längere Bahn gebaut, d. h. hohe und tiefe Instrumente aneinander gestellt, z. B. ein Glockenspiel und ein Metallofon. Die Kinder finden heraus, welches Instrument den höchsten Ton hat und welches den tiefsten. Damit auch die begleitende Bewegung größer wird, stellen sich alle hin, die nicht am Instrument sind, und ,klettern' mit den Händen von den Füßen anfangend am eigenen Körper nach oben und gleiten dann entsprechend abwärts.

Der Dreier-, Fünfer- und Achter-Berg

Material: AB 29 und 30

a) Die Lehrerin hat drei Bildkarten mit drei verschieden hohen Bergen aus Schneebällen an die Tafel geheftet (s. AB 29). Die Schüler zählen die Schneebälle und bestimmen damit die Namen der Berge (Dreier, Fünfer, Achter). Gemeinsam werden die Berge nun mit der Stimme (Tapp, tapp, tapp...) bestiegen, der Lehrer zeigt die Schritte auf der Bildkarte mit. Dabei erfolgt der Abstieg in drei Varianten (siehe Abbildung):

1) wie der Aufstieg schrittweise: „Tapp, tapp, tapp...“
2) mit einem stimmhaften „s“ rutschen alle den Berg hinunter,
3) mit „Hopp“ springen alle hinunter.

1)

2)

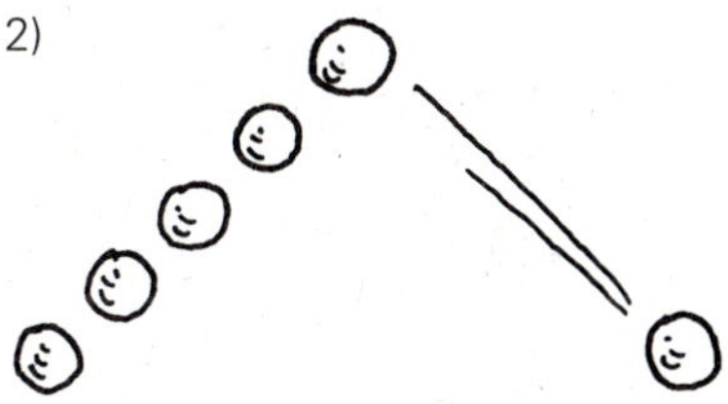

3)

Die Lehrerin hat auch für die Varianten Bildkarten vorbereitet, die sie an die Tafel heftet, insgesamt ergeben sich so neun Bildkarten. Nun wird ein Ratespiel durchgeführt: Die Lehrerin stellt mit der Stimme dar, wie sie eine Weile auf der Ebene geht (Tonwiederholung) und auf einen Berg hinauf und wieder hinunter steigt, springt oder rutscht. Die Schüler sagen, welcher Bergweg es war.

b) Die Schüler bilden Vierergruppen und schneiden die neun Bildkarten aus ihrem Arbeitsbogen aus. Dann legt einer (für die anderen unsichtbar) eine Wanderung, auf der drei verschiedene Bergbesteigungen vorkommen, und spielt sie seiner Gruppe auf dem Stabspiel vor. Zwischen den Bergen wandert er ein wenig in der Ebene. Die anderen legen die Bergfolge mit ihren Karten nach.

c) Das AB 30 dient dazu, die Tonnamen und das Prinzip ihrer Anordnung noch einmal zu vergegenwärtigen und zu festigen.

Höraufgabe

◎ 1/50

Abschließend hören die Kinder das Presto (Nr. 5) aus der Musikalischen Schlittenfahrt von Leopold Mozart und versuchen das rasante Bergauf und Bergab mitzuzeigen. Wie oft kommt es vor?

Schneeberge: Dreier, Fünfer und Achter

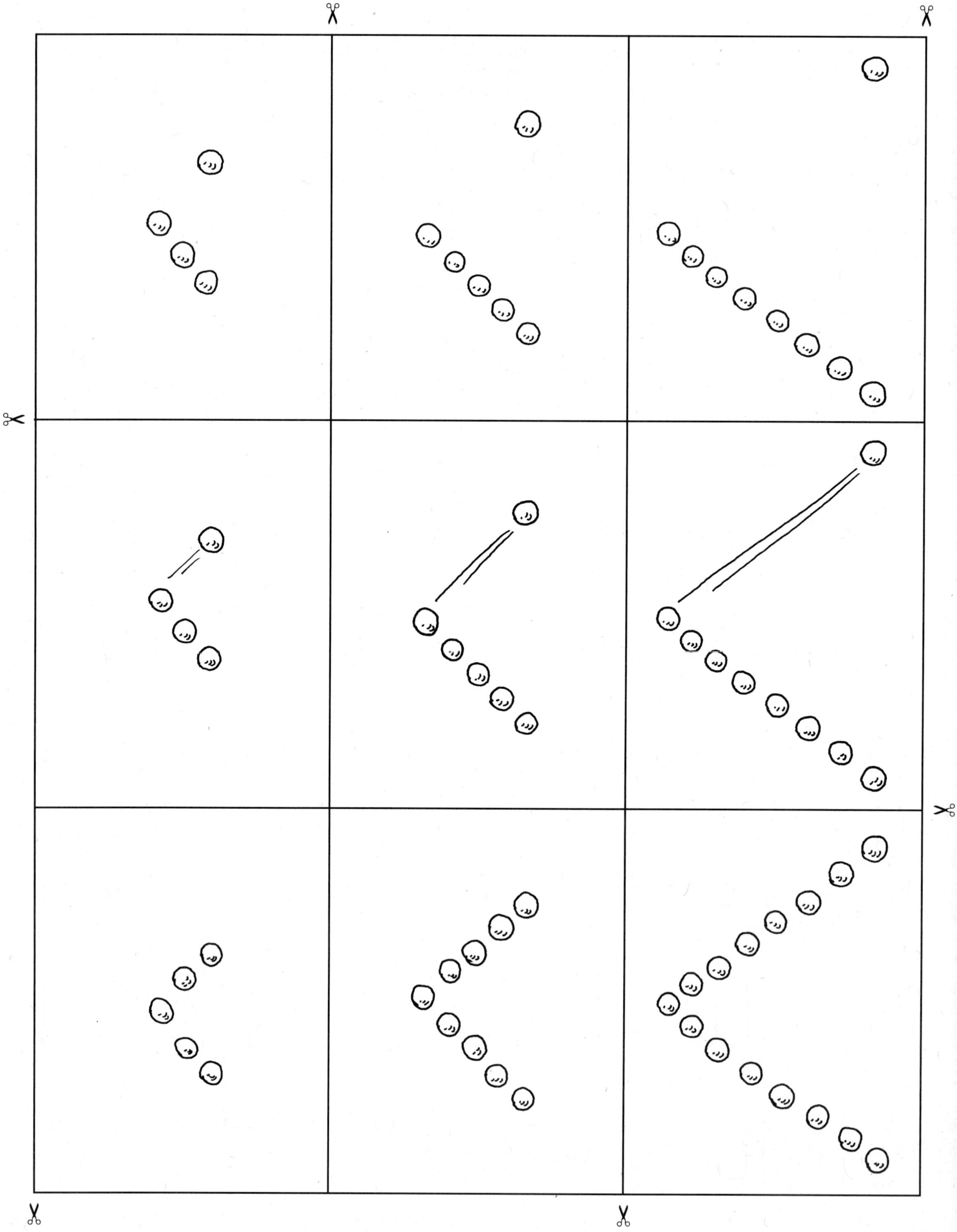

Die Tonnamen

AB 30

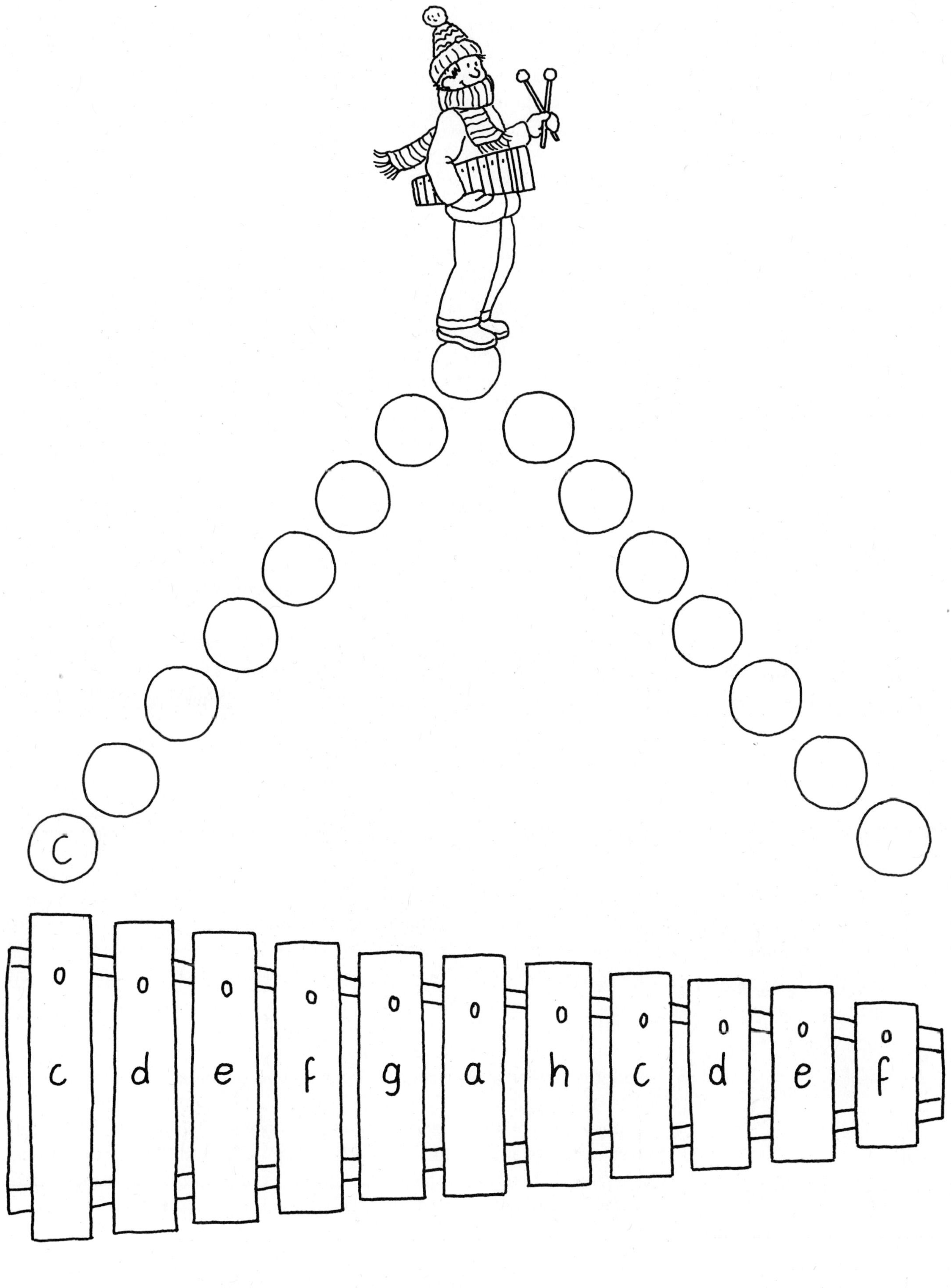

Trara, die Post ist da

- Ein Lied singen und begleiten
- Den Dreiklang kennen lernen
- Tonnamen lernen

Zentraler Lerngegenstand ist der Dreiklang als grundlegendes Element volksliedhafter Melodiebildung. Als Beispiel dazu dient das Lied „Trara, die Post ist da". Es basiert fast ausschließlich auf Dreiklangsbrechungen, weil die darin imitierte Naturtonreihe des Posthorns keine anderen Töne zulässt. Ziel ist es, die Wahrnehmung des Dreiklangs und seiner Wirkung zu schulen. Zusätzlich werden dabei die Tonnamen gefestigt und motorische Fähigkeiten geübt.

Trara die Post ist da

Material: Mehrere große Briefumschläge (mind. DIN A 4), adressiert an die Klasse, Absender: „Die Post". Inhalt ist ein Klassensatz des AB 31

Warm-up: Bei der Post
Alle stehen im Kreis. Die vorbereiteten Briefumschläge werden mit beiden Händen ergriffen und abwechselnd über dem Kopf und durch die gegrätschten Beine weitergereicht. Nach einigen Runden beendet die Lehrerin die Lockerungsübung und leitet zu einem Gespräch über.

Die Lehrerin fragt, an wen die Briefe gerichtet sind und wie normalerweise Briefe verschickt werden. Die Kinder lesen die Aufschrift der Briefe und tragen ihr Wissen über die Briefpost zusammen. Ein Kind öffnet einen Brief und findet darin für jeden Schüler das AB 31 (Abbildung einer Postkutsche). Es entspinnt sich ein Gespräch über die Unterschiede zwischen dem Posttransport früher und heute.

Seite 115

2/1

Anschließend singt die Lehrerin das Lied vor und fragt die Kinder, ob es sich um ein Lied von heute oder von früher handelt. Dann wird die erste Strophe durch Vor- und Nachsingen gelernt. Anschließend singen Lehrerin und Schüler das ganze Lied, indem die Schüler die Teile mitsingen, die sie schon kennen, und die Lehrerin die in den Strophen 2 und 3 hinzukommenden Teile allein singt.

Der Dreiklang

Instrumente: Xylofon, Metallofon oder Glockenspiel

Material: AB 32

2/2

Die CD-Aufnahme des Posthorns wird angehört und die Lehrerin gibt die nebenstehenden Informationen (S. 97, Infokasten). Jeweils vier Schüler bekommen nun ein Instrument und Klebepunkte. Sie suchen die Töne des F-Dur Dreiklangs f, a und c und kennzeichnen sie mit den Klebepunkten. Wie oft kommen die Töne auf den Instrumenten jeweils vor? Sind die Töne, die den gleichen Namen haben, auch tatsächlich gleich? Die Kinder sollen beobachten, dass die Klangplatten unterschiedlich groß sind, dass das eine c heller oder höher klingt als das andere. Außerdem sollen sie bemerken, dass es zwar viele Klangplatten, aber nur sieben verschiedene Tonnamen gibt. Zur Zusammenfassung und Erläuterung kann die Lehrerin folgendes Bild verwenden: „Es gibt auf unseren Instrumenten sieben „Tonfreunde", die alle unterschiedliche Namen haben. Jeder Ton kann aber noch Kinder, Eltern oder Großeltern haben. Diese haben immer den gleichen Namen, klingen aber unterschiedlich hell und sind unterschiedlich groß."

Dann tragen die Kinder auf dem AB 32 die Töne des Dreiklangs ein, die auf ihrem Instrument zu finden sind, indem sie die entsprechenden Stäbe farbig ausmalen und den Tonnamen darauf schreiben. (Je nach Instrument müssen eventuell noch Stäbe hinzugemalt oder abgeschnitten werden. Dann sollte die Zeichnung insgesamt ausgeschnitten und aufgeklebt werden.)

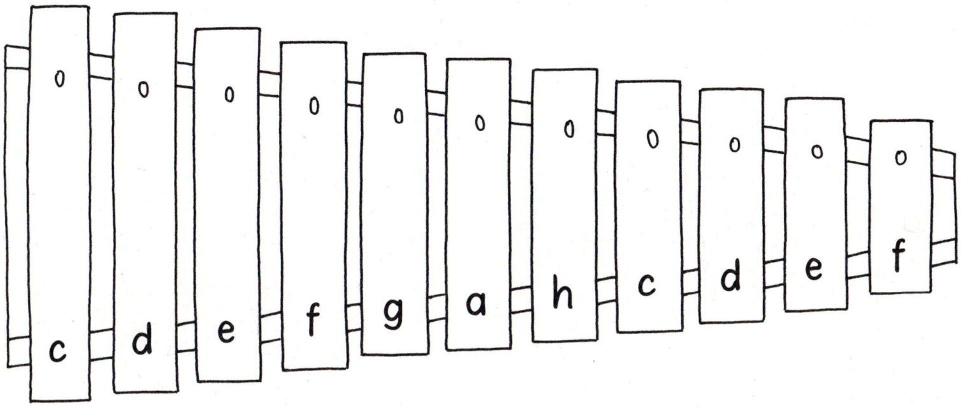

Das Instrument, das der Postillion auf der Abbildung auf dem AB 31 spielt, ist ein Posthorn. So können die Leute schon von weitem hören, dass der Postwagen da ist. Sie können Briefe abholen oder verschicken. Die Melodien, die auf dem Posthorn gespielt werden, bestehen oft aus nur drei Tönen. Aber es sind besondere Töne, weil sie besonders gut zusammenklingen. Man nennt sie „Dreiklang". Wir haben zwar kein Posthorn hier, aber ihr könnt diese drei Töne auch auf unseren Instrumenten finden. Sie heißen f, a, c.

Dreiklangs-Liedbegleitung

Mit zwei Schlägeln (Holzstäben, Stiften) spielen die Schüler auf ihren Arbeitsbögen im Rhythmus der ersten Liedzeile (Trara, die Post ist da, trara, die Post ist da) in beliebiger Reihenfolge die gekennzeichneten Dreiklangstöne. Dann wird das Lied gesungen und immer die erste Zeile stumm (bzw. klopfend) mitgespielt. Anschließend dürfen einzelne Schüler dasselbe auf einem Stabspiel spielen. Vielleicht spielt sogar jemand mit den Tönen den Liedanfang.

Die Postkutsche

Instrumente: Stabspiele, Trommel, evtl. Kokosnusshufe (siehe Seite 86)

Gemeinsam soll mit Instrumenten das Eintreffen einer Postkutsche dargestellt werden. Benötigt werden Pferdegetrappel, das Geräusch der rollenden Räder und das Posthorn. Das Pferdegetrappel lässt sich am einfachsten durch Patschen auf die Oberschenkel darstellen. Wer kann, schnalzt mit der Zunge dazu. Alternativ können hier auch die Kokosnusshufe verwendet werden, deren Bau auf S. 86 beschrieben wird. Radgeräusch: kreisförmig über eine Trommel wischen. Posthornmelodie: Vier bis sechs Kinder haben jeweils ein Stabspiel vor sich, auf dem die Dreiklangstöne f, a, c gekennzeichnet sind (s. o.). Jeder von ihnen spielt nacheinander drei kurze Posthornmelodien im Rhythmus des Liedanfangs. Wenn auf jedem Stabspiel drei Melodien erklungen sind, hält der Wagen an, und die Instrumente werden neu verteilt. Am einfachsten, indem die Instrumente stehen bleiben und alle Kinder vier bis sechs Plätze weiterrücken.
Variante: Die Spieler der Stabspiele wechseln während der Fahrt, indem jeder von ihnen – nachdem er drei Melodien gespielt hat – mit einem anderen Kind (ohne Instrument) den Platz tauscht.

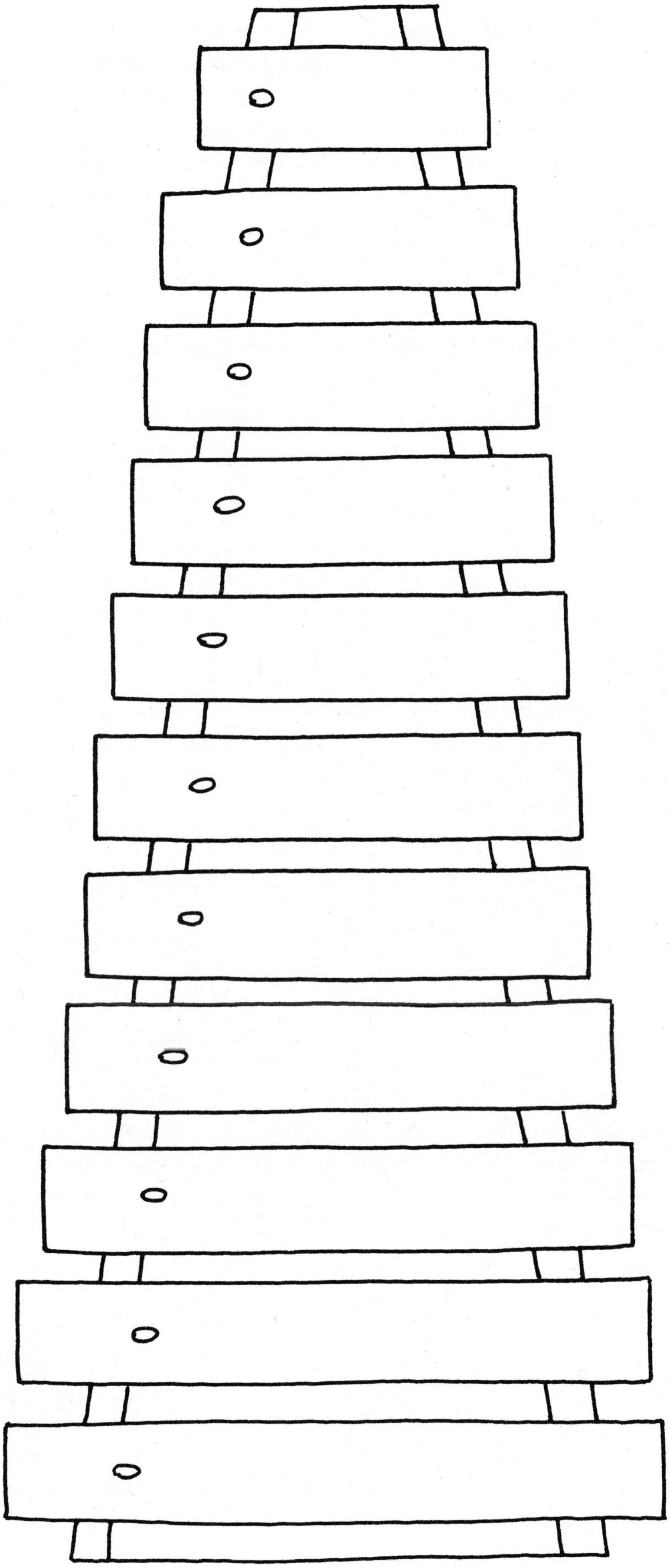

Das „Te Deum" von M. A. Charpentier als Mitspielstück

- Drei elementare Rhythmen in Gruppen zusammenspielen
- Den Ablauf eines Barockstücks erfassen
- Zu einer CD-Aufnahme mitspielen

Im Vordergrund steht das praktische Musizieren und die Erkenntnis, dass dies mit Vorbereitung und Übung verbunden ist, am Schluss aber die Befriedigung einer gelungen Aufführung steht. Auf dem Weg dahin müssen die psychomotorischen Probleme bei der Rhythmusausübung bewältigt und die Fähigkeit des Aufeinanderhörens geschult werden. Das alles geschieht anhand des Prelude aus dem „Te Deum" von Marc Antoine Charpentier, das sehr einfach aufgebaut und manchen Kindern schon aus dem Fernsehen bekannt ist.

Einführung und rhythmische Aufwärmübungen

2/3 (Prelude aus „Te Deum" von M. A. Charpentier)

Die Lehrerin zeigt das Bild eines Orchesters und erklärt, dass ein paar Musiker krank geworden sind und das Orchester jetzt zusätzliche Unterstützung braucht. „Deshalb werden wir heute zusammen mit dem Orchester spielen. Auf dem Spielplan steht das Stück „Te Deum" von Marc Antoine Charpentier. Bestimmt haben es einige schon mal im Radio oder im Fernsehen gehört." Wenn ja, können die entsprechenden Schüler kurz erklären, an welcher Stelle sie das Stück im Fernsehen gehört haben (Eurovisionsmelodie). Das Stück wird nun von CD angehört. Bevor ein Musiker im Orchester mitspielen kann, muss er natürlich proben.

Marc Antoine Charpentier wurde um 1636 in Paris geboren und starb 1704. Er studierte in Rom und arbeitete u. a. als Kirchenkapellmeister in Paris. Von ihm stammen zahlreiche Oratorien, Kantaten und Messen, ebenso aber auch weltliche Werke. Charpentier gehört zu den bedeutenden Komponisten des französisch-italienischen Hochbarock. Das „Te Deum in D-Dur" verdankt seinen heutigen Bekanntheitsgrad vor allem der Tatsache, dass sein Prelude im Fernsehen als Erkennungsmusik für europaweit ausgestrahlte Sendungen diente. So entwickelte es sich zu einer Art „Europa-Hymne".

Es beginnt mit einer Aufwärm-Übung: Alle klatschen diesen Rhythmus: |x x x –| x x x –| usw. Das Besondere ist die Pause auf dem vierten Schlag. Wahrscheinlich wird sie von den meisten gar nicht als Pause, sondern eher als notwendige Zeit zum Ausruhen der Hand wahrgenommen und deshalb fast automatisch richtig eingehalten.

Wenn die Mehrheit den Rhythmus beherrscht, wird die Klasse in zwei Gruppen geteilt. Eine Hälfte klatscht weiter wie vorher, die andere Gruppe schaut zur Lehrerin, die immer beim ersten Schlag auf die Tischplatte klopft: | x – – – | x – – – | usw. Das wird imitiert. Wahrscheinlich dauert es ein wenig, bis beide Gruppen so zusammen klatschen, dass niemand mehr aus dem Takt kommt.

Im nächsten Schritt wird die Klasse in drei Gruppen geteilt. Während die beiden ersten Gruppen so weiterspielen wie vorher, imitiert die dritte Gruppe wieder die Lehrerin. Sie klopft nun bei jedem ersten und dritten Schlag auf die Oberschenkel: | x – x – | x – x – | usw.

Übertragung der Übungsrhythmen auf Instrumente

Bei den geklatschten und geklopften Rhythmen handelte es sich bereits um die Instrumentalrhythmen des Mitspielsatzes. Bei der nun folgenden Übertragung auf die Instrumente sollte schon die endgültige Besetzung im Auge behalten werden (vgl. dazu Mitspielsatz). Exemplarisch wird hier von 21 Schülern ausgegangen, die alle ein Instrument spielen. Ist die Gruppe größer oder kleiner, kann problemlos mehrfach besetzt oder ausgedünnt werden.

Wieder beginnt Gruppe 1. Diesmal werden sie aber mit Instrumenten ausgestattet: Drei Schüler bekommen Schelleninstrumente (Schellenring, Schellenbaum, Schellentrommel, alternativ auch Maracas oder Rasseln), vier weitere bekommen Röhrentrommeln und leise Rasseln (z. B. Chicken Shakes). Alle Kinder klatschen Rhythmus 1 (|x x x –| x x x –|), die Spieler machen auf ihrem Instrument mit. Bei den Röhrentrommeln werden immer abwechselnd drei Schläge auf der hoch klingenden und die nächsten drei auf der tief klingenden Hälfte ausgeführt.

Instrumente: Triangeln (4x), Schelleninstrumente (3x, ersatzweise Rasseln), Handtrommeln (3x), Röhrentrommeln (4x, ersatzweise kleine Rasseln), Pauken (3x), Klanghölzer (4x)

Für Gruppe 2 werden drei Pauken und vier Triangeln ausgegeben. Das Prinzip ist wieder wie vorher: Alle klatschen den Rhythmus 2 (| x – – – | x – – – |) und die Instrumente spielen mit.

Nun wird Gruppe 3 mit drei Handtrommeln und vier Klanghölzern ausgerüstet. Unter Beteiligung von allen wird der Rhythmus geübt (| x – x – | x – x – |). Jetzt sollte jedes Kind über ein Instrument verfügen. Nachdem die Parts einzeln erarbeitet wurden, proben jetzt alle das Zusammenspiel der Rhythmen.

Das „Te Deum" wird wieder vorgespielt und die Kinder bekommen den Hörauftrag, auf unterschiedliche Teile zu achten, d. h. wann ein Teil wiederholt wird und wann ein neuer Teil kommt. Es dauert nicht lange, bis die Abfolge A–A–B–B–A–B–B–A von allen erkannt wird, denn die Struktur ist sehr einfach und die Teile unterscheiden sich deutlich. Der Ablauf wird an der Tafel notiert.

Die Aufführung

Vor dem Zusammenspiel mit der Aufnahme, werden die drei Gruppen nach Instrumenten aufgesplittet, denn der A-Teil und der B-Teil sind unterschiedlich instrumentiert, und es spielen nicht alle gleichzeitig. Den Kindern wird dazu erklärt, dass es in der Barockmusik üblich ist, mit verschiedenen Gruppen abwechselnd mit verschiedenen Instrumenten und in unterschiedlichen Lautstärken zu spielen.

	A-Teil	B-Teil
Gruppe 1	Schelleninstrumente Rassel	Röhrentrommel
Gruppe 2	Pauke Triangel (2x)	Triangel (2x)
Gruppe 3	Handtrommel	Klanghölzer

Material: AB 33 (Grafische Notation des Mitspielsatzes zum „Te Deum")

Die musikalische Epoche des Barock erstreckt sich etwa von 1600 bis 1750. Ihre berühmtesten Vertreter sind J. S. Bach, Georg Friedrich Händel und Antonio Vivaldi. Typisch für die Instrumentalmusik dieser Zeit sind mehrsätzige Kompositionen für Orchester, in denen sich zwei Instrumentengruppen – eine größere Gruppe (Tutti) und eine kleinere Solistengruppe (Concertino) – miteinander abwechseln bzw. „wettstreiten" (ital. concertare = wettstreiten). Das bekannteste Beispiel eines solchen „Concerto grosso", wie diese Konzertform genannt wird, sind die Brandenburgischen Konzerte von J. S. Bach.

Teil A wird zu Beginn zweimal gespielt. Beim ersten Mal agieren nur die Schelleninstrumente, die anderen kommen erst zur Wiederholung dazu. Teil B wird grundsätzlich wiederholt. Er ist der leisere der beiden Teile. Beim ersten Mal spielen Triangel und Röhrentrommel, beim zweiten Mal Triangel und Klanghölzer.
Die Aufnahme beginnt mit einem zweitaktigen Vorzähler, bei dem sich alle auf das Tempo einstimmen können. Die Wiedergabe sollte so laut eingestellt sein, dass die Instrumente nicht das Playback übertönen und dann das Metrum verlieren. Sicherlich muss ein paar Mal geprobt werden, bevor es klappt. Hinterher werden aber alle mit einem schönen Zusammenspiel von Orchester und Rhythmusgruppe sowie den dynamischen Kontrasten zwischen laut und leise belohnt.

Grafische Noten zum Mitspielen

Das Arbeitsblatt zeigt ein grafisches Notenbild, das aufgrund der Symbolik auch von Schülern der 1. Klasse gelesen werden kann. Zum Spielen ist es nicht unbedingt erforderlich. Es reicht, wenn der Ablauf an der Tafel steht und die Schüler wissen, dass eine Rhythmusfigur grundsätzlich achtmal pro Teil gespielt wird. Trotzdem kann es sinnvoll sein, den Schülern den grafischen Mitspielsatz auszuhändigen. Dadurch prägen sich Grundprinzipien der Notation ein, wie z. B. die von links nach rechts fortlaufende Lesart, die Taktstriche, das Wiederholungszeichen und die Gewohnheit, übereinander stehende Symbole gleichzeitig zu spielen. Nach Besprechen dieser Sachverhalte kann das Blatt in die Mappe (Portfolio) geheftet werden, es zeugt auch noch später von der Arbeit am Stück und ermöglicht das Wiederholen des Stücks zu einem späteren Zeitpunkt.

Te Deum – Mitspielsatz

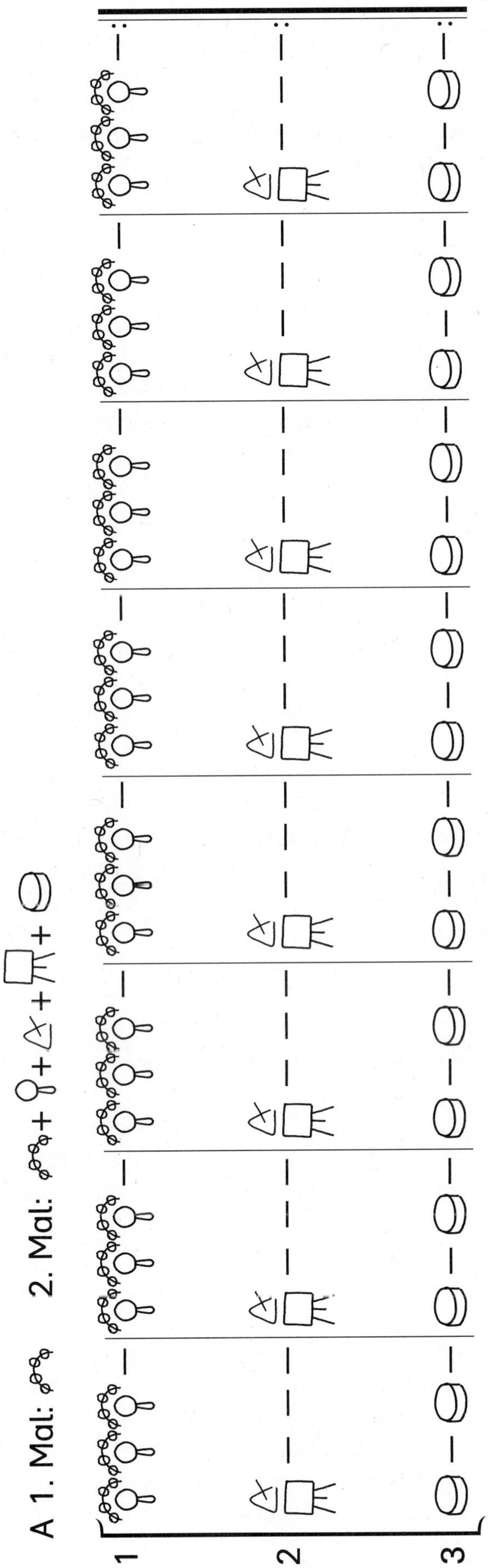

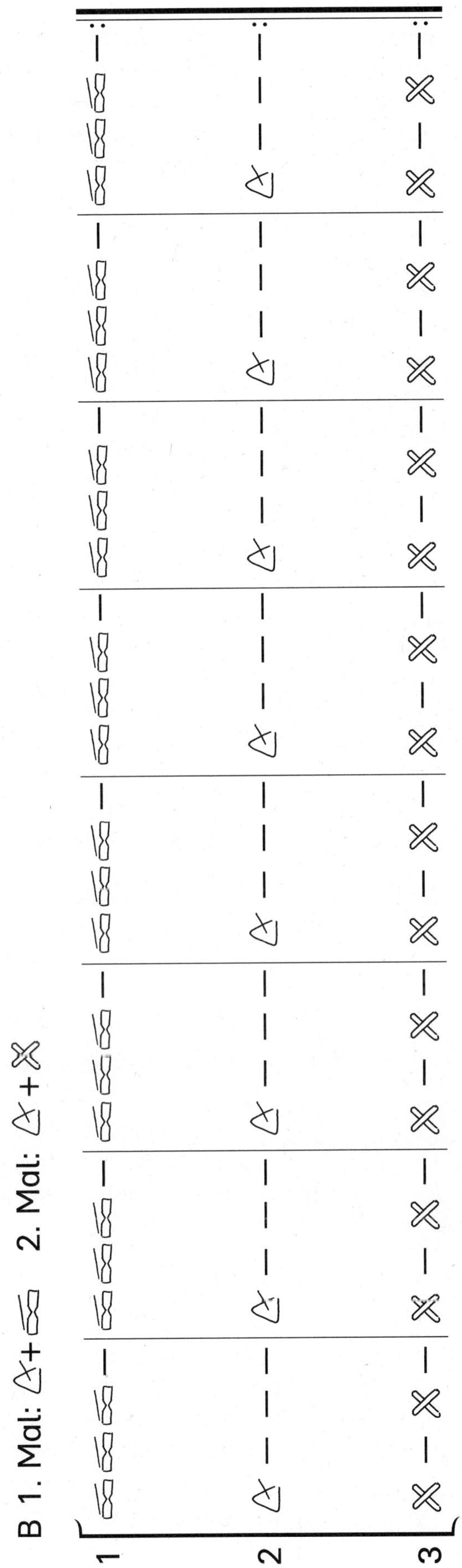

Ablauf:
A – A – B – B – A – B – B – A

Es klappert die Mühle

- Ein Lied singen
- Eine Beziehung zwischen Melodiegestalt und Bewegung herstellen
- Atemübungen
- Eine kleine Bastelarbeit

Anknüpfend an die Mühle wird der Kreis als musikalisches Formprinzip thematisiert und auch auf motorischer und sozialer Ebene erfahren. Wie die Mühle können sich auch Töne im Kreis bewegen – als melodische Kreisfigur. Die Analogie zwischen kreisender Bewegung und kreisender Melodie besteht in der gleichmäßigen Wiederholung, in der das Ende mit dem Anfang verschränkt erscheint.

Es klappert die Mühle

Warm-Up: Windmühlen
Die Kinder stehen im Kreis. Die Lehrerin setzt ein Papier- oder Plastik-Windrad am Stiel in Bewegung und fragt die Kinder, auf welche verschiedenen Arten sie die Bewegung der Mühle nachmachen können. Reihum zeigt jedes eine kreisende Bewegung mit dem Arm, dem Finger, der Hand, dem Bein, dem Fuß, der Schulter etc. die von den anderen übernommen wird.

Material: fertig gebasteltes Windrad (AB 35), AB 34

Seite 114

2/4

Die Lehrerin zeigt die Abbildungen der Windmühle und der Wassermühle (AB 34). Die Kinder erklären den Unterschied zwischen beiden und wozu es solche Mühlen gab. Gibt es heute auch noch Mühlen? Wie werden Mühlen heute angetrieben? Was für Mühlen kennt ihr noch?
Nun spricht die Lehrerin den Text der ersten Strophe zeilenweise vor, die Kinder sprechen nach. Dies wird einige Male wiederholt, wobei die Lehrerin die Lautstärke und das Tempo variiert. Auf deutliche Artikulation ist besonders beim Flüstern und im schnellen Tempo zu achten. Dann wird die Melodie durch zeilenweises Vor- und Nachsingen gelernt. In den Pausen nach „Klipp klapp" wird jeweils zweimal geklatscht.

Mühlen im Wind

(Nach einer Idee der Komponistin und Musikpädagogin Lilli Friedemann)

a) „Tut euch zu zweit zusammen. Einer ist die Mühle, die sich dreht, der andere der Wind. Die Mühle dreht sich natürlich nur, wenn der Wind bläst, sonst bleibt sie stehen. Der Wind bläst mal schwach und mal stark. Was macht die Mühle jeweils?"
Nachdem die Kinder das Spiel zu zweit kurz probiert haben, werden einzelne Mühlen mit ihrem Wind vorgeführt.

b) Dann wird die Klasse geteilt in Mühlen und Winde. Die Mühlen werden diesmal anders dargestellt: zwei Kinder fassen sich überkreuz an und drehen sich miteinander je nach Windstärke schneller oder langsamer. Die Winde blasen nun gemeinsam (auf f, sch, s; in wechselnder Lautstärke) zuerst leise, dann immer heftiger werdend und schließlich wieder leise. Wechsel.
Variante: Vier Kinder fassen sich überkreuz an und drehen sich als Mühle.

Musikmühlen

Die Lehrerin kündigt an, dass nun Musikmühlen „gebaut" werden sollen und stellt vier Klangstäbe wie Windmühlenflügel in rechten Winkeln auf (siehe nebenstehende Abbildung). Dann bittet sie vier Kinder nach vorn, die auf dieser Musikmühle mehrmals reihum je einen Ton anschlagen. Sie zeigt, wie man die Melodie der Musikmühle verändern kann, indem man die Töne gegeneinander vertauscht. Dann teilt sie die Schüler in Vierergruppen auf. Jede Gruppe bekommt vier beliebige Klangbausteine, vier Schlägel und die Aufgabe, sich ihre vier Tönen zu einer Mühlenmelodie zusammenzustellen. „Die Mühle soll sich gleichmäßig drehen. Übt es!" Das Vorführen erfolgt anschließend am besten so, dass jede Mühle sich viermal drehen darf und dann die nächste Mühle einsetzt.
Variante: Ein Kind ist der Wind. Es geht herum und pustet die Mühle (Gruppe) an, die sich als nächstes drehen soll. Die Mühle dreht sich viermal und bleibt dann wieder stehen. Derweil kann der Wind schon wieder andere Mühlen in Gang setzen, so dass bei dieser Variante auch Mühlen gleichzeitig erklingen. Gibt es Mühlen die besonders schön zusammen klingen? Wie klingt es, wenn eine Mühle sich langsam dreht und eine andere gleichzeitig schnell?

Instrumente: Klangbausteine in Klassenstärke

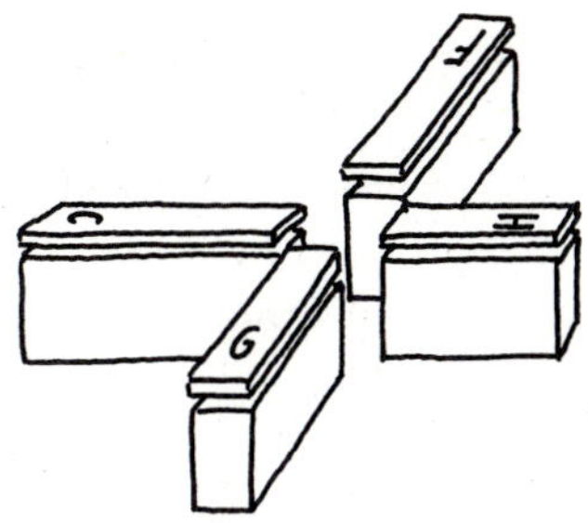

Töne im Kreis – Töne in der Reihe

Damit sich die Töne „drehen" können, ist es eigentlich nicht erforderlich, dass die Instrumente im Kreis stehen. Die Kreisbewegung der Töne ist ein rein musikalisches Phänomen und als solches unabhängig von der räumlichen Aufstellung. Um den Kindern dies deutlich zu machen, werden die Gruppen zunächst aufgefordert, ihre Instrumente nicht mehr als Mühle, sondern als Reihe nebeneinander zu stellen und dann ebenso gleichmäßig die Mühle zu spielen. Dann werden die Klangstäbe nach den Tonhöhen geordnet: „Stellt eure vier Klangstäbe so nebeneinander auf, dass der tiefste Ton links vor euch steht und der höchste rechts. Versucht dann, eure Mühle zu spielen."

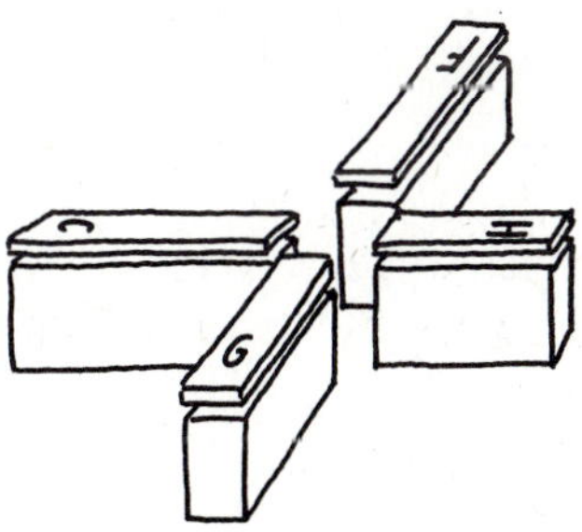

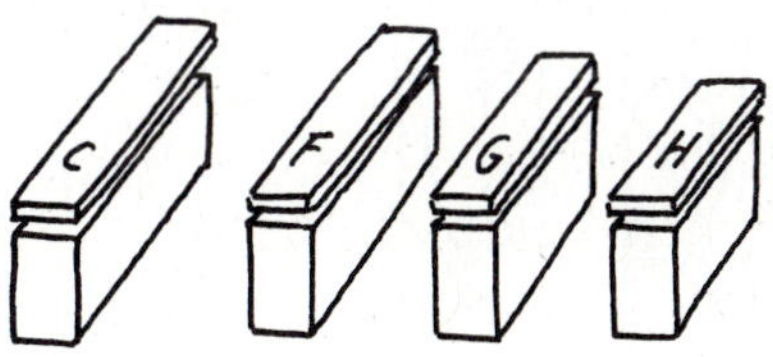

Klingende Papiermühlen

Die Kinder bauen sich mit Hilfe des AB 35 ein Papierwindrad. Die Lehrerin bittet die Kinder, ihre Windmühlen so anzupusten, dass sie sich ganz langsam drehen. Dann sollen sie sich ganz schnell drehen und schließlich wieder langsamer werden. Je zwei Kinder bekommen von der Lehrerin ein beliebiges Instrument. Ein Kind bewegt seine Windmühle, das andere sucht einen Klang auf dem Instrument, mit dem es die Mühlenbewegung begleiten will, es „gibt der Mühle eine Stimme".

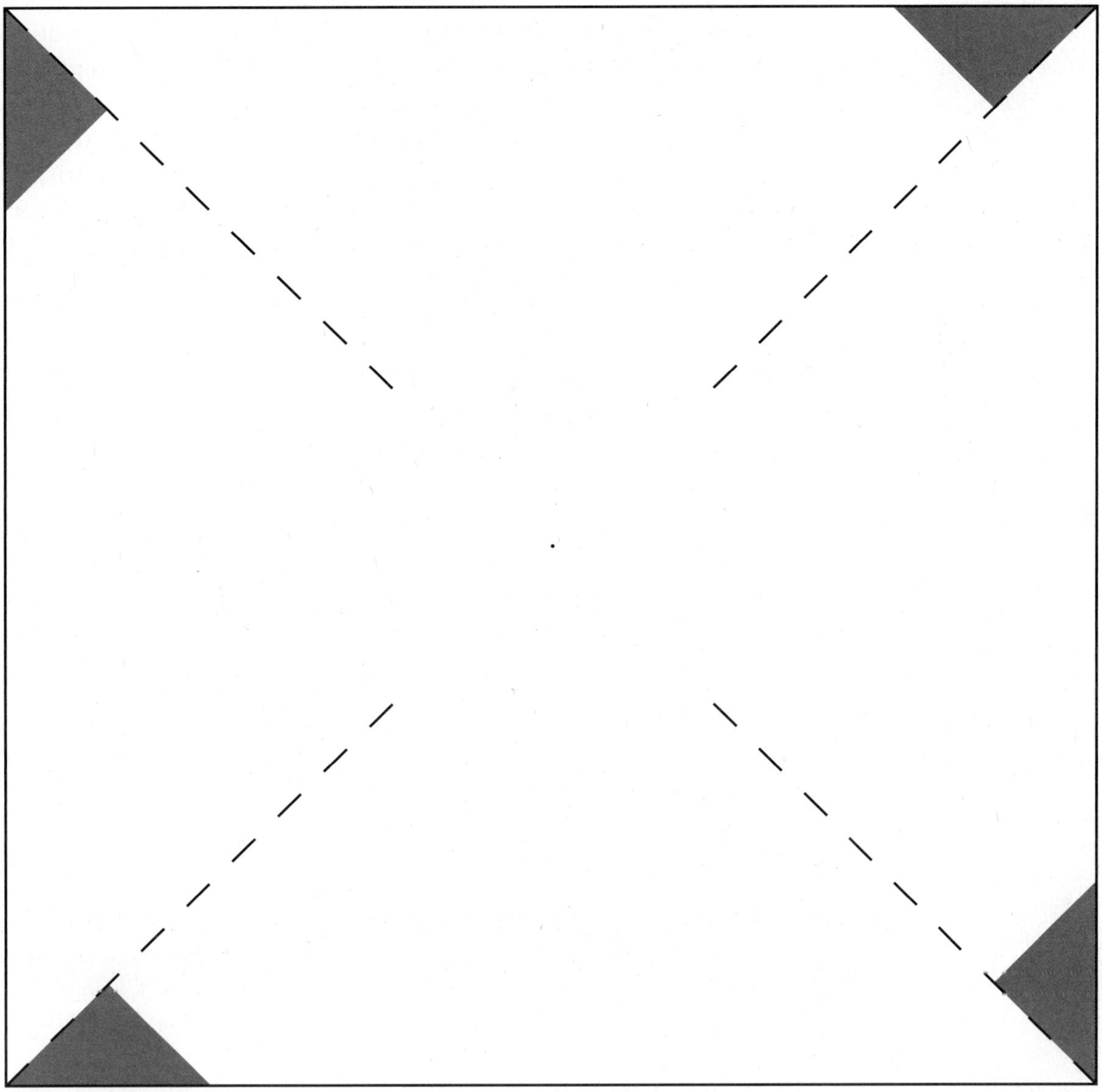

Material: Schere, Buntstifte, Klebsstoff, Reißzwecken, Holzstäbe

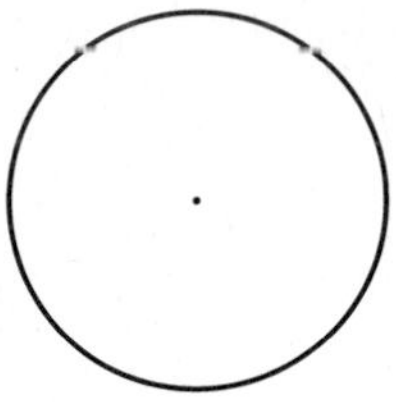

1. Schneide das Viereck aus und male die Vorder- und Rückseite bunt an.
2. Schneide nun das Viereck an den gestrichelten Linien ein.
3. Trage Klebstoff auf die markierten Ecken auf und biege sie zur Mitte.
4. Schneide den Kreis aus und klebe ihn auf die Mitte des Windrades.
5. Befestige das Windrad mit Hilfe einer Reißzwecke an einem Holzstab.

Hansl, tanz mit mir

- Singen und tanzen
- Instrumentalbegleitung
- Bewegungsausdruck

Anhand eines überlieferten Volkstanzes und eines Tanzspiels aus Afrika machen die Kinder in dieser Einheit verschiedenste Bewegungs- und Körpererfahrungen. Beim Volkstanz steht das Erlernen einer festen Tanzform im Vordergrund, während das Tanzspiel auffordert, die unterschiedlichsten Bewegungen auszuprobieren. Sowohl die eigene Körperwahrnehmung, als auch das genaue Beobachten von Bewegungsabläufen bei anderen und deren Nachahmung wird intensiv geschult und die Sozialkompetenz dadurch gefördert.

Liederarbeitung mit Bodypercussion

Seite 126

3/18 (L)

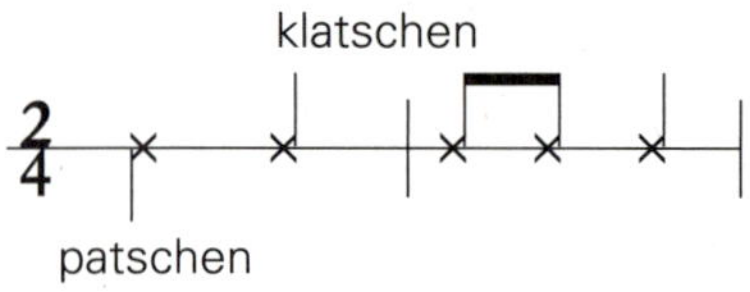

Als Einstieg in die Liederarbeitung und zur Rhythmusschulung spielt die Lehrerin den späteren Begleitrhythmus zunächst mit verschiedenen Körperinstrumenten vor, die Kinder spielen das Echo. Wenn der Rhythmus sicher gespielt werden kann, werden die drei letzten Klatscher zusammen in die Hände eines gegenüber stehenden Partners geklatscht. Nun spielen die Kinder diese Begleitung zur Instrumentalfassung der CD. Nach jeder Strophe erfolgt ein Partnerwechsel. Anschließend singt die Lehrerin zur rhythmischen Begleitung der Kinder die einzelnen Strophen vor, die Kinder singen allmählich mit.

Der Tanz

Die Kinder stellen sich partnerweise auf der Kreisbahn auf, das Gesicht einander zugewandt. Das Lied wird nochmals mit der rhythmischen Begleitung gesungen. Im Anschluss daran erfolgt die Erarbeitung des traditionellen Tanzes. Die Lehrkraft tanzt mit einem Kind in der Mitte im langsamen Tempo vor und da die Bewegungen sehr einfach nachzuvollziehen sind, können sich alle anderen Paare gleich anschließen:

T. 1/2: Bodypercussion wie einstudiert, mit den drei Schlussklatschern in die Hände des Partners.
T. 3: Die Kinder neigen sich etwas nach links und klatschen neben dem linken Ohr dreimal in die eigenen Hände.
T. 4: Die Kinder neigen sich etwas nach rechts und klatschen neben dem rechten Ohr dreimal in die eigenen Hände.
T. 5/6: wie T. 1/2
T. 7/8: Die Paare fassen sich an beiden Händen und tauschen mit einer halben Drehung im Uhrzeigersinn die Plätze (Nach der zweiten Strophe sind beide Kinder wieder an ihrem ursprünglichen Platz angelangt.)

Das Lied mit Instrumenten begleiten

Instrumente: Schellenring, Pauke, Xylofon

Die Instrumentalbegleitung wird mit Hilfe der Körperinstrumente erarbeitet. Als Vorbereitung für das Spiel auf dem Schellenkranz werden die Viertelnoten geklatscht, die Viertelpause wird in die Luft geschlagen. Die Paukenbegleitung wird auf das Stampfen der Füße übertragen. Der Bewegungsablauf für das Xylofon wird auf den Beinen geübt, indem das linke Bein den Ton c, das

rechte Bein den Ton g darstellt und die Tonfolge der Begleitung entsprechend gepatscht wird. Dann kann die Klasse in drei Gruppen aufgeteilt werden, wobei jede Gruppe eine Stimme mit Körperinstrumenten übernimmt. Die einzelnen Stimmen setzen nacheinander ein, zuerst die „Pauke", dann der „Schellenkranz" und zuletzt das „Xylofon". Ein Stimmentausch kann mehrmals erfolgen und schließlich wird die Begleitung auf Instrumente übertragen und zum Tanz gespielt.

Die Melodie dieses Liedes beruht auf der Melodie der „Ennstaler Polka", deren Ursprung in der Steiermark liegt. Der Tanz wurde nach der Überlieferung des Oberlehrers Rudolf Menzer aus Passau aufgezeichnet.

Als Endfassung kann mit den Kindern ein Ablauf des Stückes festgelegt und evtl. auch in einer Grafik festgehalten werden. Folgender Ablauf würde sich beispielsweise anbieten:
Instrumentales Vorspiel (die Begleitinstrumente setzen nacheinander ein), Lied mit Tanz, Zwischenspiel, Lied mit Tanz, Nachspiel.

Du bist mein Spiegel: Vorbereitende Übungen

Seite 32

(L) 1/18

Das Liederbuch DUETT hält noch einige andere Lieder bereit, zu denen einfache Tänze oder Tanzspiele entwickelt werden können. Eines ist das Lied „Du bist mein Spiegel". Zur CD-Aufnahme gehen die Kinder im Raum. Wenn die Lehrkraft die Musik stoppt, sucht sich jedes Kind einen Partner. Einer der beiden stellt einen Spiegel dar, der andere macht Bewegungen vor, die vom Spiegel nachgeahmt werden. Wichtig dabei ist, dass dies in Ruhe und ohne zu sprechen geschieht, da so die Wahrnehmung und Konzentration besser gefördert werden kann. Beim erneuten Ertönen der Musik gehen die Kinder weiter und suchen sich beim Musikstopp einen neuen Partner. Dieser Vorgang wird bis zum Ende des Liedes wiederholt. Beim wiederholten Ertönen des Liedes stehen sich die Partner gegenüber und bewegen sich spiegelbildlich, wobei nicht festgelegt werden sollte, wer führt und wer folgt. Die Bewegungen sollen möglichst fließend ineinander übergehen.

Das Tanzspiel

Als Alternative zur Idee im Liederbuch kann das Tanzspiel auch im Kreis durchgeführt werden. Dazu sind ein Innen- und ein Außenkreis nötig, die Partner stehen sich gegenüber.
Die Außenkreiskinder sind nun der Spiegel, die Innenkreiskinder die Tänzer. Während des Liedes tanzen die innen stehenden Kinder in der Kreismitte und beim Liedteil „Spieglein, Spieglein, zeige mir..." suchen sie sich ganz schnell einen neuen Spiegel und machen eine Bewegung vor. Der Spiegel ahmt sie nach, anschließend werden die Rollen und Plätze gleich getauscht.

Move it

- Bewegung zu Popmusik
- Eine einfache Schrittfolge lernen

Tanz und Bewegung gehören zu den elementaren Inhalten des Musikunterrichts. Dieser Tanz kann im Klassenzimmer ausgeführt werden, ohne dass umgeräumt werden muss. Die Bewegungen werden im Stehen auf einer Stelle ausgeführt. Das ist auch mit großen Gruppen in kleinen Klassenräumen machbar. Der Tanz eignet sich schon für die 1. Klasse, weil darin keine Arm-Fuß-Koordination benötigt wird und nur minimale rhythmische Anforderungen gestellt werden.

Move it – Beweg dich

2/5–6

„Move it" stammt von der Gruppe „Wolfi, Anja & die Tigerbande", die eine Zeit lang im „Tigerentenclub" im Kinderprogramm der ARD aufgetreten sind.
Die Schrittfolge von „Move it" ist sehr einfach und bedarf keiner Vorerfahrungen oder Vorübungen. Alle folgen einfach den Anweisungen des Rap-Sängers. Die Methode, Tanzanweisungen in die Musik zu integrieren, existiert in ähnlicher Form im nordamerikanischen „Square Dance", bei dem ein Ausrufer zur laufenden Musik die Bewegungen anweist.

Der Tanz

Der Tanz beginnt nach acht Takten Instrumentalmusik mit dem Einsatz des Gesangs. Für jede Bewegung gibt es einen ganzen Takt bzw. vier Schläge Zeit. Trotz der flotten Musik ist der Bewegungsablauf also nicht zu schnell. Um sich in den Tanz und das Tempo einzugewöhnen ist es sinnvoll, mit dem Teil zu beginnen, in dem die Tanzbewegungen gesprochen werden. Auf der CD befindet sich daher ein Hörbeispiel, bei dem der gesprochene Teil mehrmals hintereinander zu hören ist. Nach dem Einhören kann die Bewegung noch einmal ohne Musik geübt werden. Zum Vormachen der Bewegungen sollte man am besten mit dem Rücken zur Klasse stehen um den Spiegeleffekt zu vermeiden. Um ein Gefühl für die Länge eines Taktes (bzw. einer Bewegung) zu bekommen, kann es hilfreich sein, wenn die Lehrerin gelegentlich die Viertel mitzählt.
Danach wird zum vollständigen Stück getanzt. Der Bewegungsablauf wiederholt sich nach jedem Durchlauf aufs Neue und festigt sich somit beim Tanzen. Wer zwischendurch aus dem Takt gekommen ist, findet bei dem Teil mit den gesprochenen Bewegungsanweisungen wieder ins Schema hinein.

Macht einen Schritt nach rechts

und einen Schritt nach links.

Die Hände auf den Bauch

und dreht euch einmal rings herum.

Dann wieder rechts

und noch einmal links,

die Hände in die Luft

und jetzt auf der Stelle ’rum.

Mit Tüchern tanzen

- Sich mit Tüchern zu Musik bewegen
- Schulung der Wahrnehmung
- Stopptanz mit Variationen
- Grundschlag und Tempo
- Bewegungen erfinden und verbalisieren

Musik wird von den Kindern ganzheitlich erlebt. Deshalb sollte den Kindern so oft wie möglich die Gelegenheit gegeben werden, sich zur Musik zu bewegen. Dabei gilt es, sich gegenüber den Erfahrungen in der Pause oder im Sportunterricht abzugrenzen und für den Musikunterricht eigene Regeln und Rituale zu entwickeln. Diese Entwicklung braucht Zeit! Die Regeln müssen an jeden neuen Raum angepasst werden: den Klassenraum, einen großzügigen Mehrzweckraum oder die Wiese vor der Schule.
Jede Übung birgt eine Reihe von Erfahrungs- und Lernmöglichkeiten. Die Lehrerin wählt aus, worin der Schwerpunkt liegen soll: Raumempfinden, Beobachtungsfähigkeit, Rücksichtnahme, Kennenlernen unterschiedlicher Musik, Experimentieren mit Materialien und Bewegungen, Parameter der Musik wie Rhythmus oder Tempo etc. Die folgenden Beispiele sollen zeigen, wie ein bekanntes Spiel – hier der „Stopptanz" – abgewandelt und ergänzt werden kann.

Stopp-Tanz: Raumerfahrung, Rücksicht, Koordination

2/7 Der Bewegungsraum ist vorbereitet. Stühle und Tische – falls vorhanden – sind zur Seite gestellt.
Lehrerin: „Hört die Musik! Geht nach der Musik durch den Raum, ohne einen anderen anzustoßen. Sucht euch einen eigenen Weg. Wenn die Musik anhält, bleibt ihr stehen."
Wenn die Lehrerin die Musik stoppt, bleiben die Kinder wie „eingefroren" stehen.
Lehrerin: „Prima. Ihr habt gut reagiert. Keiner hat den anderen angestoßen. Jeder ist seinen eigenen Weg gegangen. Achtet jetzt darauf, dass ihr euch gut im Raum verteilt."
Die Übung wird mehrfach wiederholt, die unterschiedlichen Aspekte der Aufgabe werden jeweils verbalisiert: Nicht rempeln, auf die Musik hören, auf „Stopp" reagieren. Die Kinder tauschen sich über ihre Erfahrungen aus.

Grundschlag und Tempo

2/7–9 Lehrerin: „Die Musik hat einen Grundschlag, so wie ein gleichmäßiger Herzschlag. Hört genau hin und geht so, wie der Grundschlag ist. Bei „Stopp" friert ihr eure Bewegung ein!" (Ablauf wie oben.)
Lehrerin: „Geht durch den Raum, hört gut auf die Musik, der Grundschlag ändert sich. Passt eure Schritte der neuen Musik an!"
Die Kinder tauschen sich über ihre Erfahrungen aus und versuchen, die unterschiedlichen Tempi der Musikstücke und ihrer Bewegungen zu beschreiben.

Tanzende Tücher

Jedes Kind erhält ein Tuch (möglichst groß, aus leichtem Material, z. B. Seide) und findet einen Platz im Raum.
Lehrerin: „Lasst euer Tuch nach der Musik tanzen! Findet verschiedene Möglichkeiten, euch mit dem Tuch zu bewegen. Bei „Stopp" haltet ihr an!"

⊙ 2/7–9

Vormachen, nachmachen

Lehrerin: „Geht durch den Raum, um Stefanie herum. Bei „Stopp" schaut ihr zu Stefanie. Wenn die Musik weiter geht, lasst ihr eure Tücher so tanzen, wie Stefanie es vormacht."
Beim nächsten „Stopp" geht Stefanie zu einem anderen Kind, das dann in der Mitte auf seinen Einsatz wartet. Mehrere Durchgänge.

⊙ 2/7–9

Tanzende Tücher – Spiegeltanz

Lehrerin: „Geht durch den Raum, jeder für sich. Wenn die Musik anhält, stellt ihr euch einem Partner oder einer Partnerin gegenüber. Wenn die Musik weitergeht, macht ihr beide dieselben Bewegungen.

⊙ 2/7–9

Tanzende Tücher – Heimlicher Dirigent

Lehrerin: „Julian und Carla schließen die Augen (gehen vor die Tür). Ich zeige auf ein Kind. Das ist der heimliche Dirigent. Wenn die Musik beginnt, bewegen alle ihr Tuch so, wie der Dirigent es tut. Wenn die Musik anhält, „frieren" alle ihre Bewegungen ein, bis die Musik wieder losgeht und der Dirigent mit dem Tuch eine andere Bewegung macht. Julian und Carla müssen herausfinden, wer es ist."
Die Musik beginnt, Julian und Carla öffnen die Augen, beobachten den Tanz und nennen dreimal ihre Vermutungen. Anschließend dürfen sie die nächsten Ratenden aussuchen.

Tüchertanz-Varianten zeigen und verbalisieren

Lehrerin: „Ihr habt viele Möglichkeiten ausprobiert, wie man das Tuch tanzen lassen kann. Was meint ihr, wie viele sind es? Vier? Sechs? Zehn?"
Vermutungen werden angestellt und verschiedene Varianten gezeigt und benannt und gegebenenfalls an die Tafel geschrieben.
Das AB 37 kann für die oben beschriebenen Übungen als Anregung dienen, welche Bewegungen mit den Tüchern möglich sind. Nach Möglichkeit sollten die Kinder aber selbstständig und ohne Bildvorlagen verschiedene Bewegungsformen finden und benennen. Im Anschluss daran kann das AB ausgegeben werden, die Kinder überprüfen, ob die abgebildeten Bewegungen schon vorgekommen sind. Falls nicht, werden die neuen Bewegungen ausprobiert.

Material: AB 37

Aufführung

In einer nächsten Stunde können die Varianten zu einem Tüchertanz – bewusst oder durch Imitation – zusammengefügt und vor der Parallelklasse vorgeführt werden.
Variante: Möglich ist auch, die Bildkarten auf AB 37 zu einer eigenen Choreografie zusammenzustellen und diese aufzukleben. Hier bietet sich ein Anknüpfungspunkt an das Kapitel „Stäbchentanz": Auch mit den Tücher-Bildkarten kann (wenn sie in entsprechender Anzahl kopiert sind) ein Bewegungs-Rondo entwickelt werden.

A B A C A usw.

Tüchertanz-Memory

Ähnlich wie im Kapitel „Kartoffel-Party" kann auch mit Hilfe der eingeübten Bewegungen und der Bildkarten ein Memory-Spiel improvisiert werden. Acht Kinder werden als „Memory-Karten" ausgewählt und ziehen je eine Bildkarte mit einer Tücher-Bewegung. „Merkt euch die Bewegung, die auf der Karte abgebildet ist, gut."

Die Karten werden nun gut durchmischt und umgedreht an die Tafel gehängt, die Memory-Kinder stellen sich nebeneinander auf. Die übrigen Kinder treten in zwei Rate-Gruppen gegeneinander an. Eine Gruppe zieht eine der an der Tafel hängenden Karten und tippt eines der Memory-Kinder an. Das Memory-Kind führt nun „seine" gemerkte Tücher-Bewegung aus. Stimmen Karte und Bewegung überein? Wenn ja, hat die Gruppe diesen Punkt gewonnen, das Memory-Kind verlässt das Spielfeld und darf nun ebenfalls mitraten. Stimmen Karte und Bewegung nicht überein, wird die Karte wieder umgedreht an ihren Platz gehängt und die nächste Gruppe ist an der Reihe.

Wie ich mit dem Tuch tanzen kann

Improvisieren mit Instrumenten

- Handtrommel und Klanghölzer ausprobieren
- Improvisieren nach vorgegebenen und eigenen Regeln
- Instrumentales Zusammenspiel
- Grafische Notation

Musikinstrumente üben einen starken Aufforderungscharakter aus. Jedes Kind möchte am liebsten sofort auf dem bereit gestellten Instrument spielen und seine Klangmöglichkeiten ausprobieren. Diesen Impuls gilt es aufzugreifen, aber auch in „geordnete" Bahnen zu lenken, damit aus spontanen Geräuschen geplante Klangereignisse werden, also Musik. Mit einfachen Regeln (Spielanweisungen) kann auch eine ganze Klasse schnell gemeinsam ins Spiel kommen. Dabei werden musikalische Parameter (Tempo, Lautstärke, Klangfarbe etc.) praktisch erfahren, sie können verbalisiert und später mit Fachtermini belegt werden.

Vorbereitung

Instrumente: Klanghölzer und Handtrommeln in Gruppenstärke

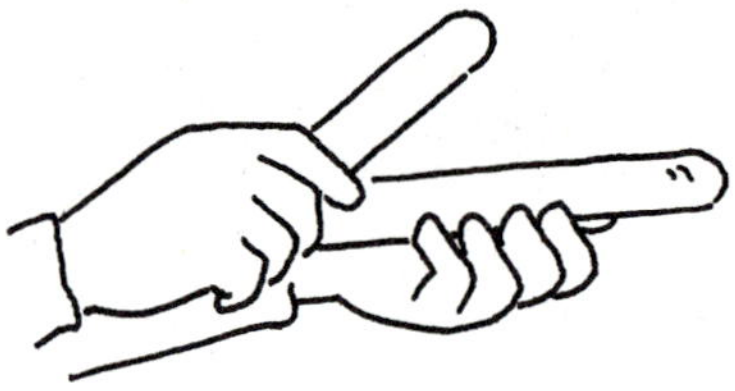

Die Instrumente liegen im Halbkreis am Boden. Die Kinder setzen sich mit etwas Abstand hinter die Instrumente (auf den Boden oder auf Stühle). So können sie sowohl die Lehrerin als auch ihre Mitschüler sehen. Die Lehrerin demonstriert die Handhabung der Instrumente (s. Abb.) und fordert die Kinder auf, eine Minute lang auf ihren Instrumenten zu spielen. Sie gibt Beginn und Ende mit vereinbarten Zeichen vor. Während der Übungsphase korrigiert sie gegebenenfalls die Haltung der Instrumente.

Variante: „Probiert aus, wie unterschiedlich das Instrument klingen kann." Klanghölzer klingen am besten, wenn das Holz, auf das geschlagen wird, nicht umklammert wird, sondern nur leicht auf Handballen und Fingerspitzen liegt. Die Handtrommel klingt besonders gut, wenn sie am Rahmen gehalten wird. Je nach Intensität oder Schlagtechnik – mit dem Schlägel oder mit der Hand – klingt sie unterschiedlich. Nun werden weitere Spiel-Regeln verabredet.

Lauter werden – leiser werden

Lehrerin: „Ich bin euer Dirigent. Mit meinem Körper zeige ich, ob ihr lauter oder leiser spielen sollt. Wenn ich mich ganz klein mache, spielt ihr leise, wenn ich mich strecke und groß mache, spielt ihr laut." Die Zeichen für den gemeinsamen Beginn und Schluss werden vereinbart, dann spielen die Schüler zum Dirigat der Lehrerin. Nun übernehmen Schüler die Dirigentenrolle.

Dirigieren mit dem Schirm

Lehrerin: „Nun dirigiert euch der Schirm. Wenn er aufgespannt ist, spielt ihr laut, wenn er sich schließt, werdet ihr leiser. Wenn er auf dem Boden liegt, hört ihr auf zu spielen." Die Lehrerin dirigiert die Lautstärke mit dem Schirm, dann übernimmt ein Schüler die Dirigentenrolle.

Handzeichen

Lehrerin: „Nun zeige ich mit den Händen die Lautstärke an. Sie wird auf Handzeichen verändert." Sie zeigt mit beiden Händen in der Luft das Crescendo- und Decrescendo-Zeichen (lauter werden / leiser werden). Beim Pianissimo (ganz leise) berühren sich Daumen und Zeigefinger beinahe. Beim Fortissimo (ganz laut) streckt sie die Arme weit auseinander. Die Veränderungen der Lautstärke geschehen in unterschiedlichem Tempo, so dass die Instrumentalisten sehr gut aufpassen und schnell reagieren müssen.

Klänge tupfen

Lehrerin: „Wenn ich in die Luft tupfe, als würde ich einen kleinen Ball werfen, müsst ihr schnell reagieren und euer Instrument anschlagen." Die Lehrerin baut kleine Überraschungsmomente ein: längere Pausen, das „Werfen" in unterschiedlichen Höhen, Abwechseln der Hände etc. Auch die Lautstärke kann je nach Heftigkeit des „Wurfs" differieren.

Uhr

Lehrerin: „Mit dieser Hand (zeigt auf ihre rechte Hand) zeige ich langsam einen Kreis, das ist meine Uhr, die Zeit, in der ihr spielen dürft. Mit dieser Hand (die linke) zeige ich mit den Fingern die Anzahl der Töne, die ihr spielen dürft: 1, 2, 3, 4 oder 5. Ihr könnt entscheiden, wann ihr spielen wollt: am Anfang, in der Mitte, oder ihr hebt euch die Schläge bis zum Ende der Zeiteinheit auf." Diese Übung wird mehrfach wiederholt.

Ball

Lehrerin: „Ich werfe den Ball hoch. Wenn ich ihn fange, müsst ihr euer Instrument anschlagen." Diese Variante wird ausprobiert, danach das Dirigat von einzelnen Kindern – auch zu zweit – übernommen.

Spiel im Sambatakt

Lehrerin: „Jetzt müsst ihr den Grundschlag beachten. Ich gebe einen Takt vor. Achtet genau auf mein Zeichen für den Schluss!" Im Gegensatz zu den anderen Varianten gibt es jetzt ein Metrum für das gemeinsame Spiel, das die Lehrerin auf verschiedene Weise vorgeben kann:

a) mit der Hand die 1 und 3 jedes Takts betonen,

b) mit dem Taktieren des 4/4 Takts.

Auch das Spielen zum Hörbeispiel 10 (CD 2) ist möglich (Samba). Hier wird der Takt von den Schlagzeugsticks eingezählt.

⦿ 2/10–11

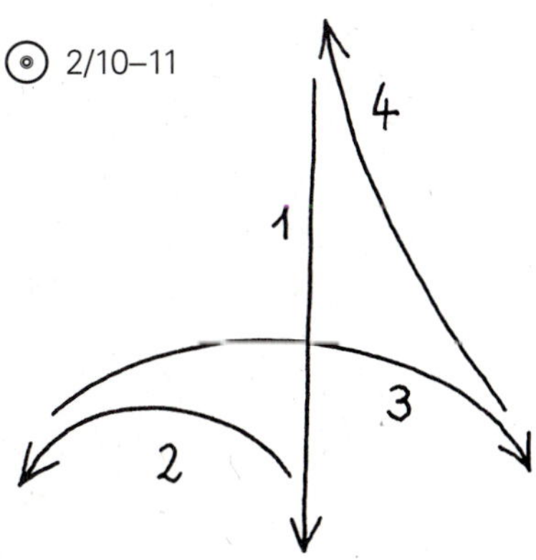

Ein Stück zusammenstellen

Material: AB 38

Gemeinsam wird jetzt eine Reihenfolge für das Trommelstück (Klanghölzerstück) festgelegt. Dazu werden die Bildkarten (AB 38) vergrößert und evtl. auf Pappe geklebt oder laminiert. Sie werden an der Tafel in eine Reihenfolge gebracht. Das ist die Komposition. Für einen zweiten Durchgang wird die Reihenfolge verändert. Das Dirigieren kann jetzt auch von einer Schülerin oder einem Schüler übernommen werden, oder die einzelnen Abschnitte werden unterschiedlichen Kindern zugeordnet. (Julian: Schirm, Melanie: Ball etc.)

Aufführung

Jetzt geht es an die Aufführung. Das Instrumentalstück bekommt einen Namen („Trommelkonzert", „Montagsmusik" o. ä.), das imaginäre Publikum – oder die Nachbarklasse – wird begrüßt und die Klasse mit ihrem Stück vorgestellt. Und dann geht's los.

Variationen

Im Laufe der Zeit erfinden die Kinder neue Varianten für den „Dirigenten" und entwerfen Zeichen, grafische Notationen, z. B. Federballschläger und Federball (wenn der Ball den Schläger trifft, erklingt ein Schlag), Tücher, Reifen, Bänder (die Bewegungen dirigieren die Musiker).
Die Regeln lassen sich auch auf das Spiel mit anderen Perkussions-Instrumenten, Stabspielen oder klingenden Haushaltsgegenständen übertragen und erweitern. Es kann auch auf Ideen aus den Kapiteln „Mit Tüchern tanzen" und „Stab-Spiele" zurückgegriffen werden.

Bildkarten zum Dirigieren

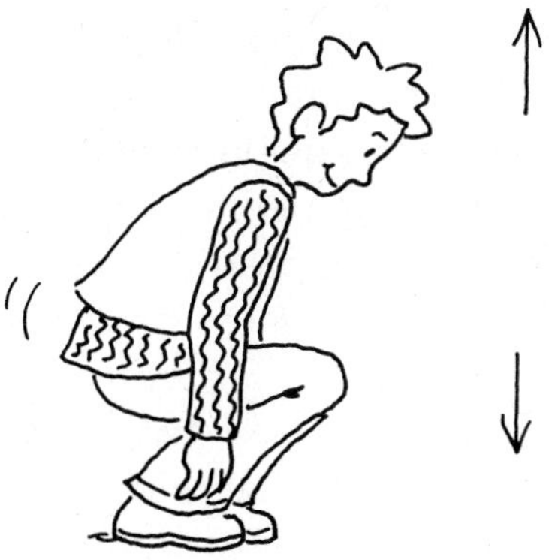

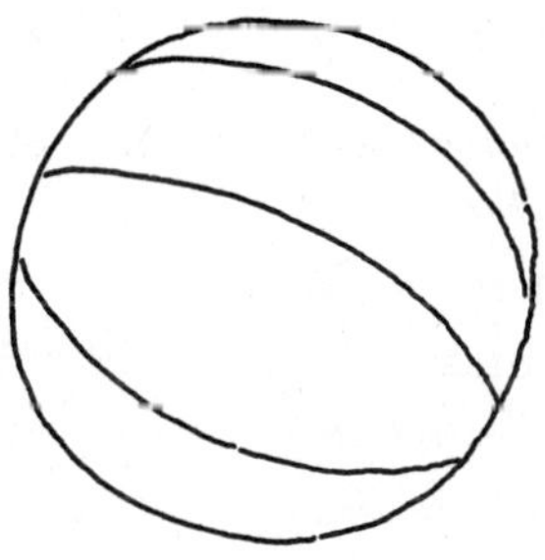

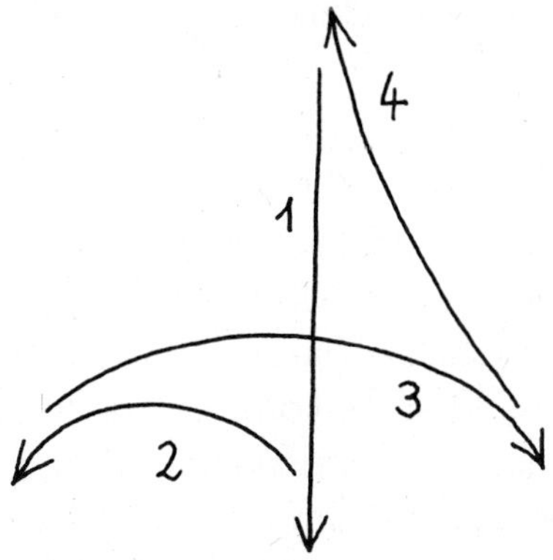

Stab-Spiele

- Stabspiele ausprobieren
- Schlägelhaltung erlernen
- Spiel nach tanzenden Bändern
- Rhythmus-Echo
- Dreiklangs-improvisationen

Möglichst früh sollten die Kinder auch mit Stabspielen vertraut gemacht werden. Dabei geht es vornehmlich um das Entdecken der Klangeigenschaften und die Freude am Zusammenspiel. Beim spielerischen Ausprobieren des Instruments können Schlägelhaltung, Treffsicherheit, Schlagtechnik, aber auch gestalterische Elemente und Spielen nach grafischen Notationen oder Bewegungen erfahren und geübt werden. Kinder „dirigieren" mit tanzenden Bändern das instrumentale Spiel oder werden durch instrumentale Improvisationen zu Bewegungen angeregt. Im zweiten Teil des Kapitels – für eine zweite Klasse – wird mit den Tönen des Dreiklangs improvisiert. Eingebettet in eine Geschichte werden eigene Melodiebausteine erfunden und zu einer Kette zusammengefügt.

Instrumente: Glockenspiele, Metallofone, Xylofone, Klangbausteine

Aufbau und Spiel-Regeln

Vor jedem Kind steht ein Instrument mit dem passenden Schlägel. Glockenspiele klingen am besten mit einem Holzkopfschlägel, für die übrigen Instrumente sind Filzkopfschlägel am besten geeignet. An einem größeren Instrument können zwei oder drei Kinder sitzen.

Zu Beginn jeder Sequenz werden Spiel-Regeln verabredet:

- Zeichen für den Beginn und das Unterbrechen von Spielaktionen,
- sorgfältiges Behandeln der Schlägel und Instrumente,
- Sitzhaltung und Armhaltung,
- Stille-Pausen.

Die Lehrerin demonstriert die richtige Schlägelhaltung. Die Kinder korrigieren ihre Haltung und spielen eine Minute lang mit bewusster Haltung. Die Augen sollen dabei das Spiel verfolgen, die Töne dürfen nicht aus der Halterung springen. Der Tonstab wird mit dem Schlägel nur kurz angetippt, und die Bewegungsvorstellung sollte eher ein „vom Tonstab Wegschnellen" anstatt ein „auf den Tonstab Draufschlagen" sein.

Spielen nach Bewegungen und Zeichen

Hier können Inhalte und Erfahrungen aus dem Unterrichtsvorschlag „Improvisieren auf Instrumenten" (S. 106) übertragen werden. Die gleichen Spielvorschläge lassen sich auch auf Stabspielen umsetzen.

Spielen nach dem tanzenden Band

Zwei, drei oder vier Kinder finden sich zusammen. Ein Kind dirigiert den oder die Spieler mit einem „tanzenden" Band (siehe nebenstehende Bastelanleitung). Es bewegt das am Rundholz befestigte Kreppband und bestimmt so die Spielweise des Musikanten. Pausen einfügen! In einer früheren Musikstunde wurden die Möglichkeiten der Bewegung mit einem Band oder Tuch ausprobiert (siehe „Tanzen mit Tüchern"). Hierbei gibt es kein „richtig" oder „falsch", sondern es kommt darauf an, mit dem Partner musikalisch zu interagieren, sich zu verständigen. Dabei ergeben sich individuelle Absprachen, die denen anderer Gruppen ähneln können.

Eine Rolle Krepppapier wird in etwa 5–6 cm breite Streifen geschnitten. Je ein Streifen wird am Ende eines Rundholzes (aus dem Bastelgeschäft) mit Klebstoff befestigt. Gut trocknen lassen! Das Abrollen und Aufrollen sollte zunächst geübt werden. Die Kreppbänder können zwar leichter reißen als teure Gymnastikbänder aus dem Sportbereich, sind jedoch viel handlicher und kürzer. Auch die Anfertigung macht Spaß und führt zur Rücksichtnahme beim Umgang mit den Bändern.

Band	**Instrumentalspiel**
sanfte Bewegungen	leises Spiel (piano)
heftige Bewegungen	lautes Spiel (forte)
ruckartige Bewegungen	abgehackt (staccato)
hin- und herschwingen	wischen über alle Töne, hin und her (glissando)
Bewegung anhalten	Pause

Variante: Die Aufgabe wird umgekehrt. Das Kind oder die Kinder müssen ihre Bänder nach dem Instrumentalspiel bewegen.
Nachdem die Kinder ausprobiert haben, welche Möglichkeiten es gibt, den oder die Spieler mit dem Band zu dirigieren, werden diese Varianten verbalisiert. Die Lehrerin notiert die Nennungen an der Tafel (s. o.). Wichtig ist, dass die Kinder ihre Fähigkeit entwickeln, Begriffe zu finden. Erst später werden die Fachbegriffe denen der Kinder zugeordnet.

Dreiklänge – Aufbau der Instrumente

Material: AB 39

Das AB 39 wird verteilt und die Kinder nehmen nach Möglichkeit selbständig den „Umbau" ihrer Instrumente vor. Danach befinden sich auf den Stabspielen nur noch alle Töne des C-Dur Dreiklangs: c, e und g. Alle anderen Töne liegen so hinter dem Instrument, dass sie nach dem Spiel – ohne zu suchen, vorsichtig, mit zwei Händen – wieder eingefügt werden können.
Alternativ erhalten die Töne c, e und g je einen – leicht zu entfernenden – Klebepunkt oder die Klangbausteine c, e und g liegen vor dem Kind. Für jedes Kind liegt der passende Schlägel (s. o.) beim Instrument. Etwa eine Minute lang erproben alle Kinder gemeinsam ihre Instrumente. Die folgenden Übungen können als Fortführung des Kapitels „Glocken" für eine zweite Klasse eingesetzt werden.

Rhythmen nachspielen

◎ 2/12

Die Lehrerin klatscht verschiedene Rhythmen, die im Echoverfahren von den Kindern imitiert werden. (Alternativ spielt die Lehrerin die Beispiele von der CD vor.) In einem ersten Schritt klatschen die Kinder die Rhythmen nach, im zweiten Schritt werden sie auf den Instrumenten gespielt. Da alle Töne des Dreiklangs zueinander passen, ist es gleichgültig, welcher der drei Töne gespielt wird. Im Zusammenklang erinnern die Töne an den Klang von Glocken.

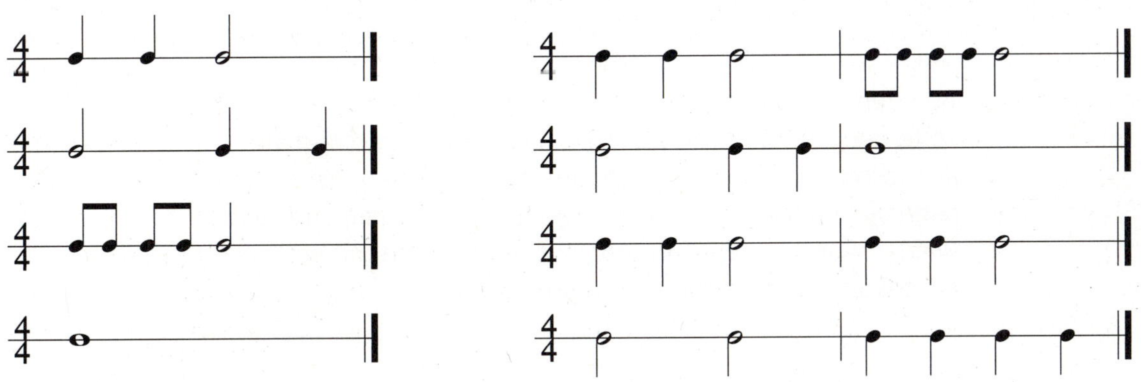

Gemeinsames Spielen im 4/4-Takt

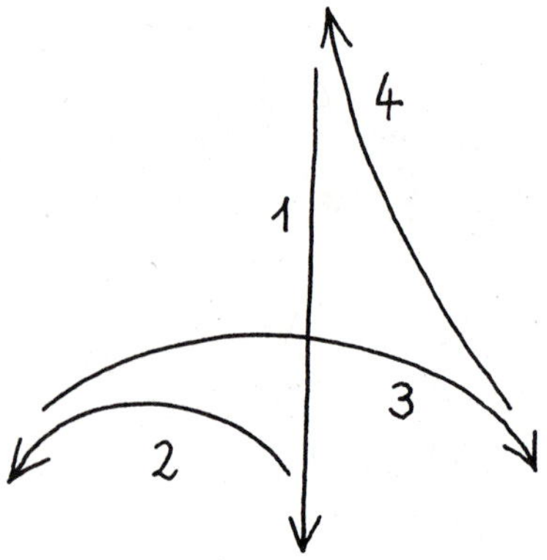

Nun wird das Spielen nach Dirigat geübt. Die Lehrerin sitzt so, dass sie von allen Kindern gesehen wird und diese trotzdem ohne viel Mühe hin und wieder auf das Instrument sehen können. Die Lehrerin gibt mit der rechten Hand einen 4/4-Takt vor, danach mit der linken das Zeichen zum Einsatz.
Auf den Dreiklangstönen wird nun im Metrum des vorgegebenen 4/4-Takts gespielt. Anfangs spielen die Kinder meist die vorgegebenen Viertel, sie werden jedoch ermuntert, die Rhythmen zu variieren. Dazu wird noch einmal die vorangegangene Rhythmusübung eingeschoben. Lange Töne, kurze Töne und Pausen werden beachtet.

Eine neue Schulglocke wird gesucht

⊙ 2/13 Zur Einführung der folgenden Übung kann die Lehrerin die folgende oder eine ähnliche Geschichte erzählen. „Die Hasenkinder in der Hasenschule haben sich eine neue Schulglocke gewünscht. Bisher gab es immer ein unangenehmes Schnarren, um die Pause einzuläuten. Heute ist eine neue Schulglocke angekommen. Der Hausmeister hat das Paket ausgepackt und darin liegen die Töne c, e und g. Aha, ein Dreiklang! Aber in welcher Reihenfolge sollen die Töne gespielt werden?" Die Lehrerin „liest" vor: „Die Reihenfolge der Töne und den Rhythmus könnt ihr euch selber zusammenstellen. Ihr habt zwei 4er Takte Zeit. Viel Spaß beim Ausprobieren. Hier sind zwei 4er Takte:" (klatscht) / 1 2 3 4 / 1 2 3 4 /.
„Ihr seid die Hasenkinder, die sich ihre Schulglockentöne selber zusammenstellen können. Probiert's einmal aus. Setzt euch mit eurem Partner zusammen und spielt euch eure Vorschläge vor. Wenn ihr euren Vorschlag gefunden habt, müsst ihr ihn euch merken."

Die Schulglockenmelodie wird komponiert

Die Kinder probieren simultan, eine bestimmte Tonfolge zu finden, sie zu wiederholen und sich zu merken. Dabei können sie sich – je nach Vorerfahrung – Hilfsmittel heranziehen (Plättchen legen, Striche zeichnen, Noten zeichnen ...). Sie spielen ihre Melodie ihrem Partner vor und hören dessen Spielvorschlag.
Nach 3–5 Minuten werden einige Ergebnisse vorgespielt. Wenn es zu viele Schulglockenkomponisten gibt, entscheidet der Zufall (abzählen, Flasche drehen o. ä.).
Gibt es mehrere schöne Glockenmelodien? Dann klingelt die Glocke in der Hasenschule jeden Tag anders.

⊙ 2/14 Aus den erarbeiteten Glockenmelodien kann nun eine Dreiklangs-Melodienkette gebildet werden (CD 2/14). Die Lehrerin schlägt vor: „Lasst uns einmal alle Vorschläge wie eine Kette aneinander reihen. Ich gebe zwei 4er Takte vor, dann beginnst du mit deiner Schulglockenmelodie und wiederholst sie immer wieder. Auf mein Zeichen beginnt der nächste mit seinen zwei Takten u.s.w. Achtet auf mein Zeichen zum Aufhören."

Das Mädchen auf diesem Bild spielt einen Dreiklang.
Welche Töne gehören dazu? Nimm alle anderen Tonstäbe heraus und lege sie vorsichtig hinter dein Instrument.

Vogelmusik

- Vogelstimmen in der Musik wiedererkennen
- Die Struktur eines Stücks sprachlich wiedergeben
- Ein thematisches Bild malen
- Vogelstimmen mit Instrumenten umsetzen

Vogelstimmen zeigen hier beispielhaft den Zusammenhang zwischen Klängen der Natur und Instrumentalmusik sowie der Melodiebildung bei Volksliedern.
Als rhythmisch-melodisches Material sollen Vogelrufe im Folgenden eigene musikalische Gestaltungsversuche der Schüler anregen.

Die Vögel wollten Hochzeit halten

Seite 142

Warm-up: Vogelgezwitscher
Die Lehrerin kündigt ein Lied an, in dem ein Vogelruf versteckt ist, und singt die ersten fünf Töne des Liedes auf den Silben „tüditüdidü" vor, die Schüler singen nach. Reihum singt nun jeder das Motiv mit eigenen Silben („tiritirili", „ziküziküti" etc.) vor. Die anderen singen auf gleiche Weise nach.

Die Lehrerin fragt nun, ob jemand das Lied kennt? Auf welchen Silben bzw. Wörtern erklingt der Vogelruf in dem Lied? Beim ersten gemeinsamen Singen des Liedes liest die Lehrerin jede Strophe zuerst vor, und die Kinder finden heraus, ob der entsprechende Vogel auf der Seite im Liederbuch (Kapitel „Tierisch musikalisch") abgebildet ist.

Vogelrufe identifizieren und merken

2/15–19

Material: AB 40

Die Lehrerin spielt den Kuckucksruf von der CD vor. Die Schüler sagen, welchen Vogel sie hören und was noch zu hören ist (Umgebungsgeräusche, andere Vögel). Nacheinander werden die anderen Vogelrufe (Blaumeise, Wiedehopf, Nachtschwalbe, Amsel) vorgespielt, wobei die Schüler jeweils versuchen, sie nachzuahmen. Warum lässt sich der Gesang der Amsel kaum nachahmen?
Die Schüler sehen sich die Bilder der Vögel an (AB 40) und hören noch einmal die Rufe dazu. Anschließend werden die Beispiele durcheinander vorgespielt und von den Schülern den Abbildungen zugeordnet.

Wer hört die Vögel?

2/20

Olivier Messiaen: Catalogue d'Oiseaux, Book 1, Nr. 2 (Anfang)

Die Lehrerin erzählt: „Jetzt hören wir ein Musikstück von dem französischen Komponisten Olivier Messiaen. Viele Jahre lang hat er die unterschiedlichsten Vögel belauscht, um aus ihrem Gesang Musikstücke zu komponieren. Hört einmal, ob ihr in diesem Stück Vogelrufe erkennen könnt." (Es lassen sich in diesem Ausschnitt aus einem Klavierstück zwei Ebenen ausmachen: Die eine wird durch ruhige Akkorde in tiefer Lage gebildet. Sie bleibt das Stück hindurch rhythmisch gleich. Für die andere Ebene sind aufgeregte rhythmisch vielgestaltige Passagen in höherer Lage – die Vogelrufe – kennzeichnend. Beide Ebenen wechseln einander ab, wobei die erste wie ein dunkler Hintergrund wirkt.)

In dem anschließenden Gespräch können folgende Fragen thematisiert werden: Ist es ein Vogel, der ruft, oder sind es mehrere? Wie stellt ihr euch die Vögel vor? Sind sie eher groß oder eher klein? Sind sie bunt oder einfarbig? Gibt es nur Vögel in der Musik oder kommt noch etwas vor, das kein Vogelruf ist?
Beim erneuten Hören gibt die Lehrerin einen Hörauftrag: „Hebt die Hand, wenn ihr einen Vogel singen hört und nehmt sie herunter, wenn ihr etwas anderes hört." Anschließend wird darüber gesprochen, was die dunklen Klänge sein könnten. Vielleicht ein dunkler, stiller Wald, in dem die Vögel singen?

Eine Vogelmusik wird gemalt

Nun gibt die Lehrerin folgenden Impuls für die Malaufgabe: „Wir wissen nicht, wie die Vögel, die der Komponist für dieses Musikstück belauscht hat, in Wirklichkeit aussehen. Aber durch die Musik können wir uns die Vögel in unserer Phantasie vorstellen. Ihr hattet ja schon einige Ideen dazu, wie sie aussehen könnten. Überlegt weiter, ob sie große oder kleine Schnäbel haben, ob sie dicht beieinander hocken oder weit auseinander sitzen, ob sie kräftige Farben haben oder blasse, hell oder dunkel sind. Jeder von euch hat seine eigene Vorstellung. Malt ein Bild, auf dem eure Vögel zu sehen sind."

Vogelrufe auf Stabspielen erfinden

Die Instrumente sind im Halbkreis angeordnet. An jedem Instrument befinden sich zwei Kinder, die sich abwechseln. Aufgabe für die Kinder an den Stabspielen: „Ihr sollt euch nun jeder einen eigenen Vogelruf ausdenken. Wer einen Ruf gefunden hat, der ihm gefällt, malt ihn auf, damit er ihn nicht vergisst." Hierzu kann das AB 41 verwendet werden.
Während an den Stabspielen selbständig probiert wird, überlegt sich der Rest der Klasse mit der Lehrerin in einer anderen Ecke des Raums, ausgehend von typischen Waldgeräuschen (Blätterrauschen, Knarren der Bäume, Rascheln, Summen von Insekten, Knacken von Ästen etc.), eine leise Waldmusik (vgl. dazu Kapitel Waldmusik). Es können Rasseln, Klanghölzer, Guiro etc. eingesetzt werden. Nicht alle Geräusche können oder müssen mit Instrumenten dargestellt werden, mit der Stimme lässt sich vieles leichter umsetzen. Aber wenn Stimmen beteiligt sind, müssen die Instrumente noch leiser gespielt werden. Wer sein Geräusch entwickelt hat, malt es auf (AB 41 unten), damit er es nicht vergisst.
Anschließend bilden die Waldklänge den leisen Hintergrund für die Vogelrufe. Es gibt verschiedene Möglichkeiten für die Regelung der Reihenfolge, in der die Vogelrufe zu hören sind.
Variante 1: Jeder darf seinen Vogelruf zweimal spielen – mit einer Pause dazwischen – dann ist der Nächste dran. Die Reihenfolge wird vorher festgelegt bzw. ergibt sich aus der Sitzordnung.
Variante 2: Wie Variante 1, aber jeder darf seinen Ruf dreimal spielen, wobei der Nächste aber schon nach dem zweiten Mal einsetzt. D. h. die Rufe überschneiden sich und erklingen teilweise gleichzeitig.
Variante 3: Ein Kind regelt als Dirigent die Reihenfolge der Einsätze.

i

Olivier Messiaen wurde 1908 in Avignon geboren und gilt als einer der wichtigsten Komponisten des 20. Jahrhunderts. Er studierte am Pariser Conservatoire, wo er später auch lehrte. Zu seinen berühmtesten Schülern gehört Karlheinz Stockhausen. In den Fünfzigerjahren begann Messiaen, sich mit Vogelstimmen zu beschäftigen. Er notierte sie in der freien Natur, um sie dann in seine Kompositionen einzubeziehen, u. a. in den 13-sätzigen Zyklus „Catalogue d'oiseaux" für Klavier. Auch die anderen Geräusche der Natur sowie ihre Farben und Düfte hat Messiaen in dieser Komposition darzustellen versucht.
Olivier Messiaen starb 1992 in Paris.

Material: Tuschkasten, Pinsel, A3-Papier für jedes Kind, AB 41

Instrumente: fünf bis sieben Stabspiele (Xylofone, Metallofone und Glockenspiele), außerdem Rasseln, Klanghölzer, Guiro

Welche Vögel singen hier?

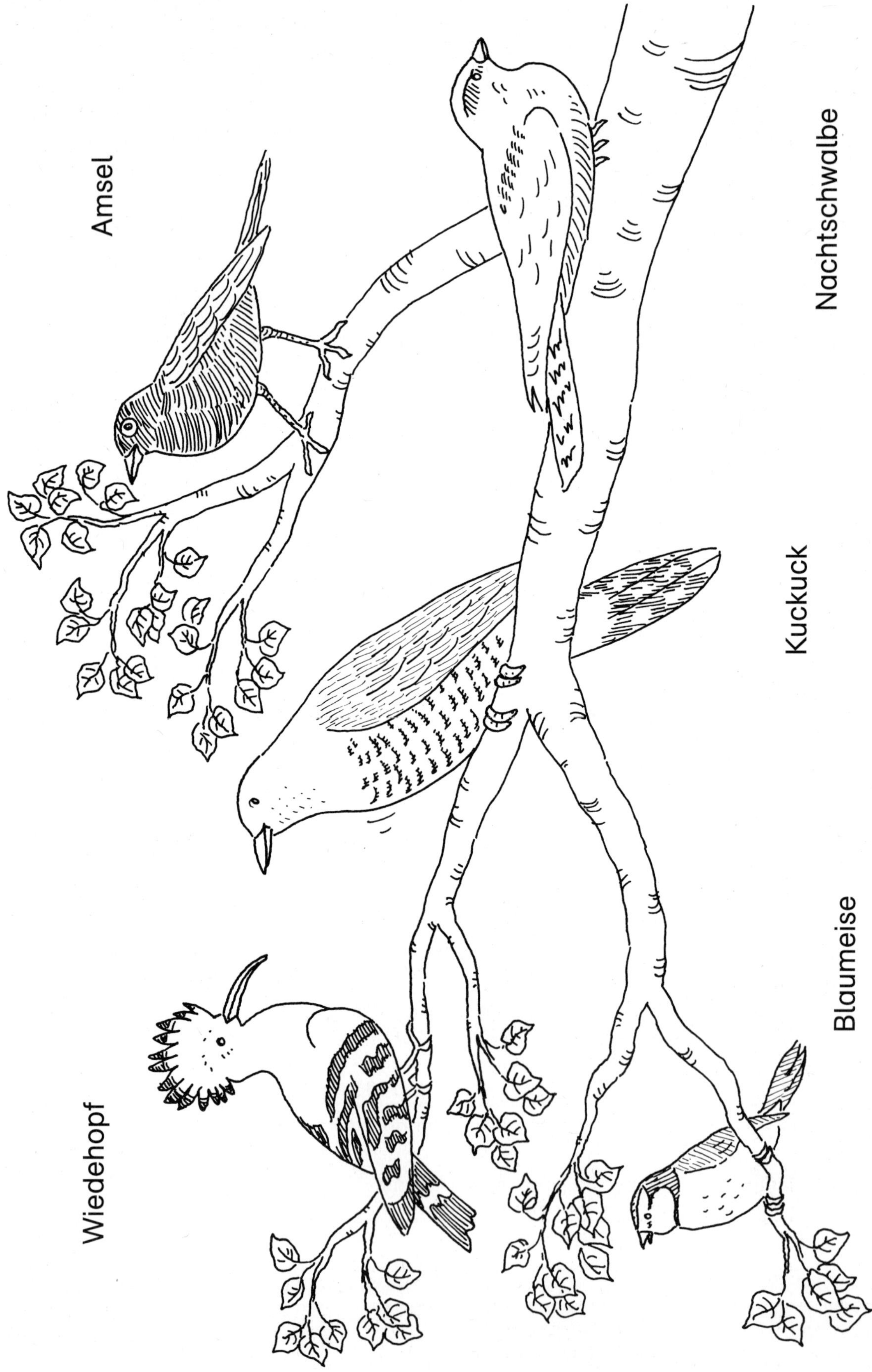

Vogelruf und Waldmusik

Der Frühlings-Instrumentenmensch

- Orff-Instrumente spielerisch kennen lernen
- Instrumente experimentell erproben
- Aus Instrumentenmotiven ein Bild entwerfen

Das Orff-Instrumentarium begleitet den Musikunterricht der Grundschule von der ersten bis zur letzten Klasse, deshalb ist es notwendig, den Namen und das Aussehen der einzelnen Instrumente kennen zu lernen sowie ihren Gebrauch auf unterschiedlichen Ebenen zu erproben. Hier wird ein Transferbogen gespannt von der Abbildung über Handhabung, experimentelle Erprobung und wieder zurück zur Abbildungsform. Außerdem wird die Arbeit mit Bildsymbolen vorbereitet.

Material: AB 42 als Papierbild (für die Tafel) und auf Folie (für den OHP), Bildmotive einzelner Orff-Instrumente (von AB 43 vergrößert), verschiedene Orff-Instrumente (entsprechend den Abbildungen)

Instrumente kennen lernen

Die Schüler bilden einen Sitzkreis. An der Tafel hängt eine Kopie des Bildes „Der Frühling" von Giuseppe Arcimboldo. Es wird vorerst nicht weiter beachtet und erst im weiteren Verlauf der Stunde thematisiert. Zunächst soll es unbewusst wirken.

In der Mitte liegen folgende Instrumente: Pauke, Rasseln (Maracas), Guiro, Triangel, Bongos, Holzblocktrommel, Klanghölzer (Claves), Zimbel, Becken, Handtrommel, Röhrentrommel, Glockenspiel, Xylofon. Es sollte für jedes zweite Kind ein Instrument vorhanden sein. Sind nicht alle genannten Instrumente verfügbar, können sich auch drei Kinder eines teilen.

Nun wird das Spiel „Ich sehe was, das du nicht siehst" gespielt. Die Lehrerin schaut sich ein Instrument genau an, ohne es jedoch zu verraten. Sie wählt ein Kind als „Ratefuchs" aus, das das Instrument erraten soll. Die Lehrerin gibt nun einen ersten Hinweis: „Ich sehe ein Instrument, das du nicht siehst, und das hat (z. B. einen runden Körper)." Wird falsch geraten, gibt es einen weiteren Hinweis und der nächste „Ratefuchs" kommt an die Reihe. Wer es errät, darf dann selbst ein Instrument auswählen und andere raten lassen. Wenn ein Instrument erraten ist, sagt die Lehrerin den Namen und heftet das Bildsymbol (aus AB 43 vergrößert) an die Tafel.

Giuseppe Arcimboldo (1527–1593) stammte aus einer wohlhabenden Mailänder Familie. Er arbeitete u. a. als Porträtmaler am Habsburger Hof. Wie viele andere Renaissance-Künstler arbeitete er auch an der Entwicklung von allen möglichen Kunstformen und Erfindungen, ersann u. a. hydraulische Maschinen und Musiknoten. Berühmt wurde er durch den Gemälde-Zyklus „Jahreszeiten", in dem er zu jeder Jahreszeit passende Abbildungen von Blumen und Gemüsesorten zu Porträts vereinigte. Auf dem Öl-Bild „Der Frühling" von 1563 bilden verschiedene Frühlingsblumen ein Gesicht im Profil.

Instrumente erproben

Nun kommt die praktische Erprobung. Es wird ein Ruhezeichen verabredet, bei dem es sofort still ist (z. B. Arme heben). Jedes Schülerpaar bekommt den Auftrag, eine Minute lang sein Instrument zu erkunden, ihm Klänge zu entlocken und es dann der Klasse vorzuführen. In dieser Phase wird es etwas lauter zugehen, deswegen sollte auf die Einhaltung von Zeitvorgabe und Ruhezeichen geachtet werden.

Nach den Präsentationen gibt jeder Spieler sein Instrument an den Partner weiter. Reihum werden die Namen der Instrumente genannt. Es folgt ein gemeinsames Spiel. Auf Zeichen der Lehrerin versuchen alle ganz leise Klänge zu spielen, auf ein weiteres Zeichen hin wird ganz laut gespielt. Nun gibt es Handzeichen mit fließendem Wechsel zwischen leise und laut (Hand des Dirigenten unten = leise, Hand oben = laut). Je nach Zeit kann das auch von Schülern übernommen werden.

Einen Instrumentenmenschen basteln

Die Aufmerksamkeit wird jetzt auf das Bild von Giuseppe Arcimboldo gelenkt. Damit die Einzelheiten des Bildes erkannt werden, wird es zusätzlich per OHP an die Wand projiziert. Durch genaues Hinschauen soll erkannt werden, woraus sich das Bild zusammensetzt. Die Kinder stellen bald fest, dass es sich um eine geschickte Collage aus Blumen und Gemüse handelt.
Etwas Ähnliches soll nun mit den eben eingesetzten Instrumenten geschehen. Dazu werden Gruppen von drei bis vier Schülern gebildet. Jede Gruppe bekommt ein leeres DIN A3-Blatt (oder Zeichenkarton), Schere, Klebstoff und das auf A3 vergrößerte AB 43. Aus den Instrumenten soll ein „Instrumentenmensch" nach dem Vorbild von Arcimboldos Gemälde gebastelt werden. Die Instrumentenbilder werden zunächst ausgeschnitten und in eine vorläufige Form gelegt. Ist alles am rechten Platz, wird mit Klebstoff fixiert und nach Belieben koloriert. Die fertigen Instrumentenmenschen können im Klassenraum ausgestellt werden und halten die Instrumente (und auch deren Namen und Spielmöglichkeiten) für alle präsent.

Material: Für jede Gruppe das AB 43 (auf DIN A3 vergrößert), DIN A3 Zeichenkarton (oder Tapete), Schere, Klebstoff, Farbstifte.

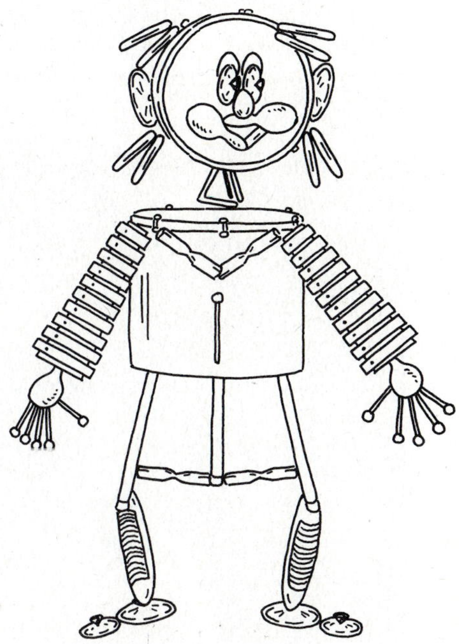

Hören und Erkennen

Hier wird die Hörwahrnehmung und die Fähigkeit zum analytischen Hören trainiert.
Im Hörbeispiel 2/21 erklingen verschiedene Musikstücke, in denen vier der kennen gelernten Instrumente deutlich zu hören sind: Xylofon, Triangel, Klanghölzer und Rassel.

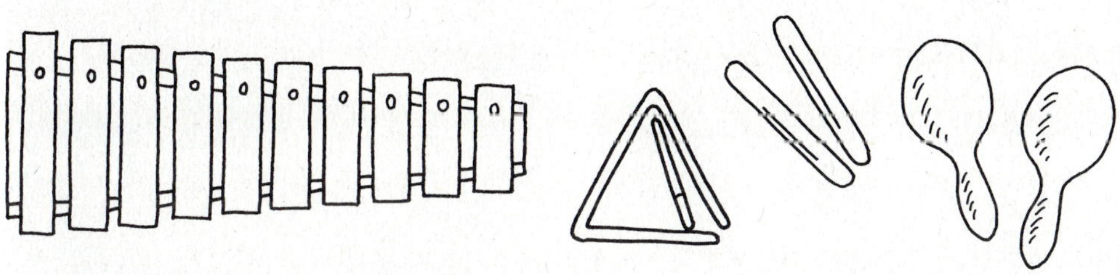

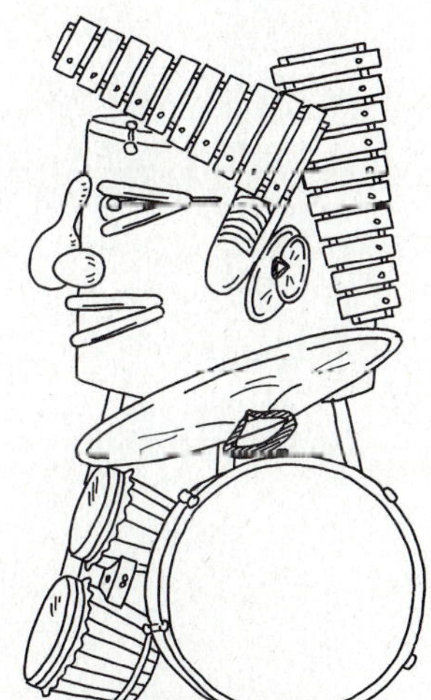

In dieser Reihenfolge heftet die Lehrerin Bilder der Instrumente umgedreht an die Tafel (ausgeschnitten aus AB 43) und legt die Instrumente bereit. Auch jedes Kind hat diese Abbildungen. Ein Kind wählt nun eins der Instrumente aus und schlägt es an, während die anderen sich mit geschlossenen Augen den Klang einprägen. Das Hörbeispiel wird gestartet und läuft ganz durch. Wer das eben angeschlagene Instrument erkennt, hält das entsprechende Bild hoch. Die Lehrerin gibt nun bekannt, es sei z. B. das dritte Instrument gewesen, und spielt die CD noch einmal ab. Beim dritten Instrument wird gestoppt und das entsprechende Tafelbild umgedreht und der Name des Instruments gesagt. Jeder Schüler kann nun feststellen, ob er richtig gehört oder sich getäuscht hat. So wird auch mit den anderen Instrumenten verfahren.

2/21

Instrumente: Xylofon, Triangel, Klänghölzer und Rassel

Am Schluss sollte die Erkenntnis stehen, dass selbst gleiche Instrumente sehr unterschiedlich klingen können und dass sich der Klang bei der Wiedergabe über Lautsprecher abermals verändert. Es ist also wichtig, bei Musikaufnahmen genau hinzuhören.

Material: Bilder der vier Instrumente (aus AB 43)

Giuseppe Arcimboldo „Der Frühling"

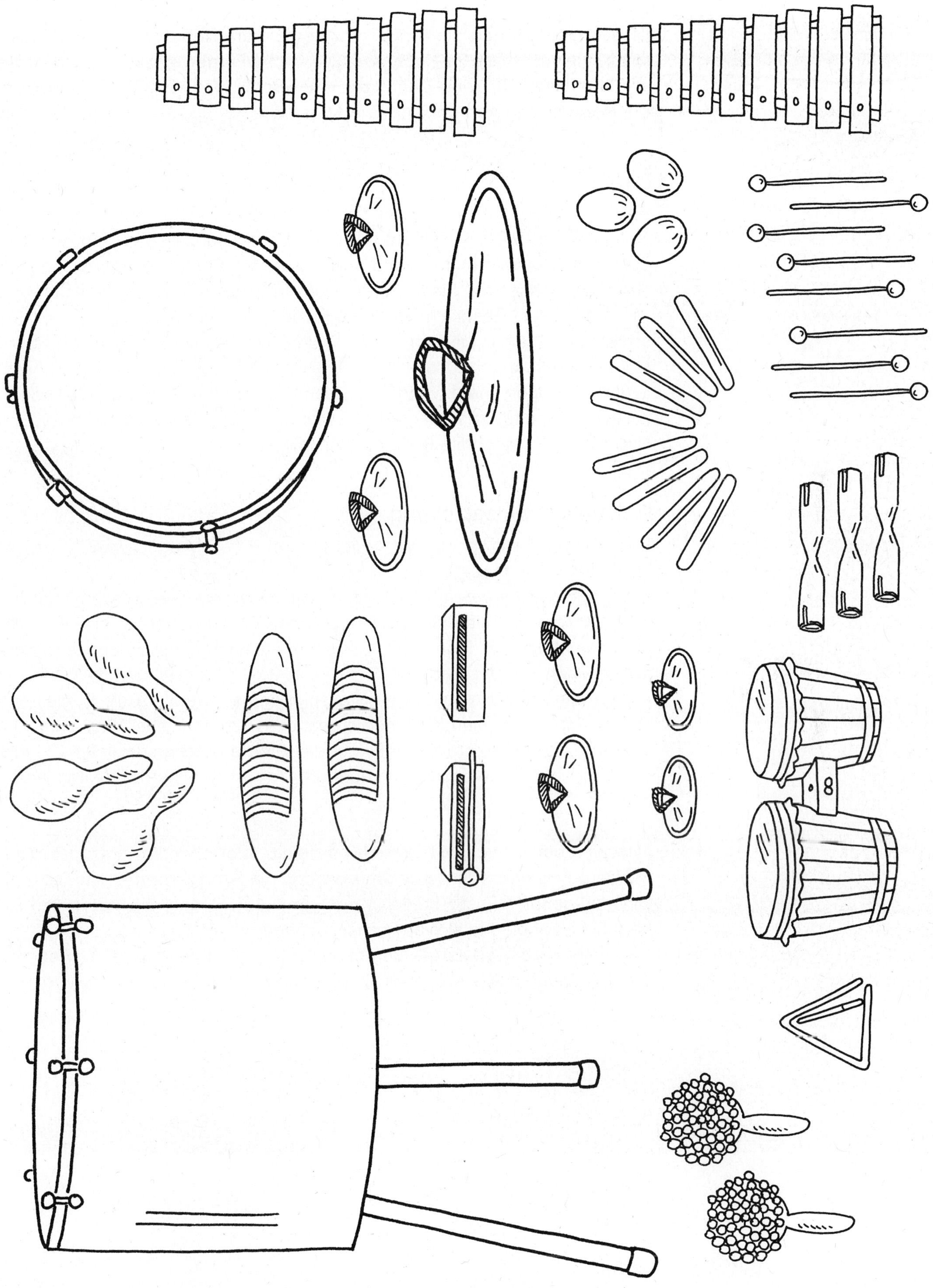
8

Peter Watteschwanz – Der Osterhase

- **Ein Osterlied singen**
- **Eine Fingerpuppe basteln**
- **Das Lied auf Stabspielen in elementarer Form begleiten**

Dieses Lied können die Kinder vor den Osterferien lernen und es dann mit in die schulfreie Zeit nehmen. Die kleine Fingerpuppe wird sie daran erinnern. Der Popsong-Charakter von „Peter Watteschwanz" knüpft an die Hörerfahrung an und motiviert zusätzlich.

Einstieg

3/28 (L)

Seite 141

Material: Ostersüßigkeiten

An einem Tag in der Vor-Osterzeit findet die Lehrerin im Klassenzimmer einige Ostersüßigkeiten, die vielleicht mit Hilfe der Klassenkasse besorgt wurden. Sie werden verteilt und es wird gemeinsam überlegt, wo sie herkommen. Natürlich werden die Kinder sofort den Osterhasen ins Spiel bringen und es wird sich ein Gespräch über verschiedene Osterbräuche entwickeln. Anschließend wird das Lied von „Peter Watteschwanz" gesungen. In der ersten Klasse wird man sich zunächst mit einer Strophe begnügen. Die Möglichkeit, in dieser Strophe immer wieder den Namen eines Kindes aus der Klasse einzusetzen, bereitet erfahrungsgemäß viel Spaß. Der Text wird durch Vor- und Nachsingen in Abschnitten auswendig gelernt.

Instrumental-Begleitung

Instrumente: ein Stabspiel für jedes zweite Kind

Begleitet wird nur der Refrain („Hier kommt Peter Watteschwanz ... das ist klar"). Folgende methodische Schritte haben sich bewährt:
Die Begleittöne werden in Buchstabenschrift an die Tafel geschrieben und im Rhythmus mit allen Kindern laut gesprochen. Bald werden einige Kinder die Reihenfolge der Töne schon auswendig kennen und können sie mit geschlossenen Augen sprechen.
An die Tafel wird ein stilisiertes Stabspiel gemalt, bei dem die Begleittöne farbig oder durch einen Kreis hervorgehoben werden (siehe Abbildung). Die Lehrerin „spielt" nun mit dem Finger das Glockenspiel an der Tafel. Die Kinder machen die Bewegungen in der Luft mit und sprechen die Notennamen dazu.

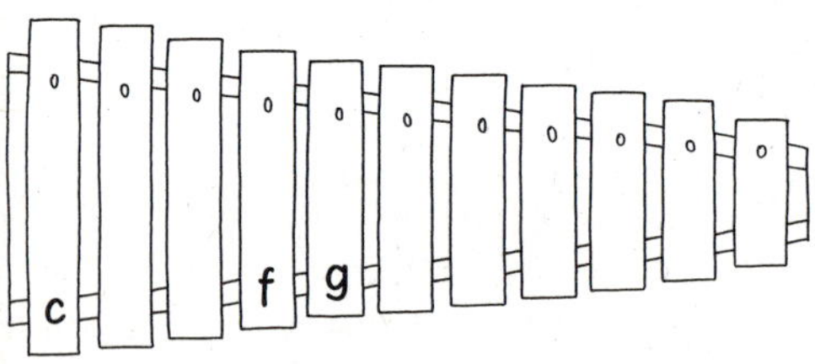

Nun wird auf richtigen Stabspielen gespielt, aber ebenfalls noch „stumm" mit dem Finger. Erst anschließend werden die Schlägel verteilt und es wird klingend geübt. Günstig ist es, wenn immer zwei Kinder ein Instrument zur Verfügung haben und sich abwechseln können.
Wenn alle Kinder die Begleitung beherrschen, wird die Klasse in zwei oder mehr Gruppen aufgeteilt. Jede Gruppe darf einmal die Begleitung übernehmen, während der Rest der Klasse singt.

Eine Hasen-Fingerpuppe basteln

Zum Basteln brauchst du eine Schere, Klebstoff und Watte.

Schneide die Figur aus und knicke sie so, dass die beiden Hasen genau aufeinander liegen. Dann kannst du das graue Feld herausschneiden. Bestreiche nun die Klebefläche, Kopf und Ohren mit Klebstoff und klebe die Figur zusammen. Danach kannst du auf beiden Seiten des Schwänzchens noch etwas Watte befestigen. Natürlich wird „Peter Watteschwanz" auch bunt angemalt. Stecke deinen Zeigefinger in die Puppe und lass sie zu dem Lied tanzen.

Katzentatzen, Mäuseschritte

- Singen und tanzen
- Bewegungsimprovisation
- Rhythmusübung
- Notenlesen

Die charakteristischen, geschmeidigen Bewegungen von Katzen sind dazu geeignet, die Bewegungsfantasie der Kinder anzuregen und ihnen Freude an der Bewegung zu vermitteln. In dem Katzenduett von Ravel wird das Miauen der Katzen nachgeahmt und ihre Bewegungscharakteristik auf musikalischer Ebene eingefangen. Ganz anders als die gedehnten, gelassenen Bewegungen der Katze sind die raschen, hastigen Bewegungen der Maus. Dieser Gegensatz wird hier als Ansatzpunkt für die Unterscheidung zwischen großen und kleinen Schritten, d. h. langen und kurzen Notenwerten (Vierteln, Achteln) genommen.

Bewegungsimprovisation

Material: AB 45

Seite 152, Seite 150

4/5–6 (L) und 2/22

Das Bild „Kater Murr" von A. Paul Weber (AB 45) wird angeschaut und mit Gewohnheiten von Katzen in Verbindung gebracht. Hier kann das Lied „Miau, miau, hörst du mich schreien" (mit dem beschriebenen Tanz) gesungen werden, oder alternativ der „Katzentatzentanz" von Fredrik Vahle (passt auch am Ende der Einheit). Nun leitet die Lehrerin zu folgender Bewegungsimprovisation über.

„Habt ihr schon einmal beobachtet, wie sich Katzen bewegen? Könnt ihr das nachmachen?" Die Kinder bewegen sich als Katzen (voraussichtlich) auf allen Vieren durch den Raum. Die Lehrerin berichtet, was für Bewegungen sie bei den Kindern gesehen hat und lässt einige vormachen. Dann sehen sich die Kinder das AB 45 an und überlegen, ob bei den Bildern noch andere, neue Bewegungen vorkommen: Jedes Kind darf eine der abgebildeten Bewegungen vormachen, die anderen machen sie nach.

Maurice Ravel (1875–1937) ist einer der Hauptvertreter des französischen Impressionismus, einer Stilrichtung, die sich in der Musik durch reich differenzierte Klangfarben und neuartige, schwebende Harmonik auszeichnet. Sein „Bolero" gilt als größter Orchestererfolg des 20. Jahrhunderts und machte ihn weltberühmt. Ravel komponierte Lieder, Orchester-, Kammermusik- und Klavierwerke sowie einige Opern, darunter das 1925 entstandene Zauber- und Märchenspiel „L'Enfant et les Sortilèges", in der ein Kind die Hauptrolle spielt. Die Oper entstand nach einem Libretto der Schriftstellerin Colette.

Die Lehrerin spielt das Katzenduett von der CD vor und bittet die Kinder, sich als Katzen zu der Musik zu bewegen. Anschließend äußern sich die Kinder zu den Fragen: War es leicht sich als Katze zu dieser Musik zu bewegen? Warum? Wie viele Katzen kommen in der Musik vor? Waren es wirkliche Katzen, die da gesungen haben? Gab es außer dem Sänger und der Sängerin auch noch Instrumente?

„Bewegt euch nun zu zweit zur Musik, indem ihr alle Bewegungen zusammen macht. Überlegt euch, was ihr zum Schluss machen wollt, wenn die Musik so laut wird."

Wenn die Kinder Lust haben, können nach diesem Durchgang einzelne ihr Tanzduett den anderen vorführen.

Katz und Maus

Instrumente: Trommeln, Klanghölzer, Rasseln, Guiros

Bei diesem Spiel bewegen sich die Kinder abwechselnd als Katze und als Maus. Das Trippeln, Schnuppern, Knabbern der Maus wird vorab ausprobiert, ebenso das gemächliche Schleichen und Anschmiegen der Katze (diesmal auf zwei Beinen). Alle gehen gemeinsam mit dem folgenden Bewegungsvers durch den Raum, schleichen zuerst als Katzen, trippeln dann als Mäuse, reiben sich nach Katzenart aneinander, erstarren und huschen weg.

Katzentatzen → Katzen schleichen durch den Raum

Mäuseschritte, Mäuseschritte → Mäuse trippeln

Schnurrkatze, Schnurrkatze → Katzen reiben sich aneinander

Ach du Schreck! Nichts wie weg! → Mäuse erstarren und huschen weg

Dann übernimmt die Lehrerin mit der Trommel die Bewegungsanleitung: „Jetzt spiele ich die Katzentatzen und Mäuseschritte auf der Trommel und ihr hört, wann ihr als Katzen schleicht, wann ihr Mäuse seid, und wann ihr stillstehen, horchen und wegflitzen müsst." Die Lehrerin spielt die vier Verszeilen auf der Trommel, ändert aber die Reihenfolge und wiederholt Zeilen an anderer Stelle. Die Schüler reagieren. Zwei bis drei Wiederholungen mit jeweils neuen Überraschungen werden probiert.
Wenn alle wieder im Kreis sitzen, werden die Instrumente an die Schüler verteilt. Kinder mit gleichen Instrumenten sitzen nebeneinander und haben die Aufgabe, jeweils eine Verszeile zu übernehmen. Die Trommeln stellen die „Katzentatzen" dar, die Klanghölzer die „Mäuseschritte", die Guiros das Anschmiegen der Katzen („Schnurrkatze") und die Rasseln die letzte Zeile. Ein Glissando (aufwärts oder abwärts gleitende rasche Tonbewegung) auf dem Glockenspiel bildet den Schluss. Alle spielen leise, wie es dem Dargestellten entspricht. Nach jedem Durchgang rücken die Schüler drei Plätze weiter. Wenn die Rhythmen sicher beherrscht werden, kann ein Schüler als Dirigent die Reihenfolge bestimmen, in der die Instrumente spielen sollen.

Noten lesen

Material: AB 46, Schere, Klebstoff

Die Lehrerin erklärt, dass man Musik aufschreiben kann, um sie sich zu merken. Allerdings nicht mit Buchstaben, sondern mit Noten. Die Noten, die in dieser Stunde gelernt werden sollen, haben einen Kopf und einen Hals, der nach oben wächst. Manche Noten werden an den Hälsen zusammengebunden.
Sie schreibt die zwei ersten Rhythmuszeilen als Noten an die Tafel und die Schüler ordnen sie den Verszeilen zu und begründen ihre Entscheidung (Silbenanzahl, Abstände). Beide Rhythmen werden auf den Wortsilben gesprochen, wobei die Lehrerin entlang den Noten auf die Tafel klopft. Das Klopfen wird noch einige Male auch durch Schüler wiederholt. Dann werden die beiden anderen Rhythmuszeilen an die Tafel geschrieben und geklopft.
Das AB 46 wird verteilt, die Schüler schneiden die Notenzeilen aus und kleben sie in die Kästen mit den entsprechenden Bildern. Dann schneiden sie die Kästen aus und haben nun Rhythmuskarten, mit denen sie in Partnerarbeit ein eigenes Rhythmusstück legen können, das sie anschließend den anderen vorspielen.

Wir bewegen uns wie eine Katze

Katzentatzen, Mäuseschritte

AB 46

Katzentatzen

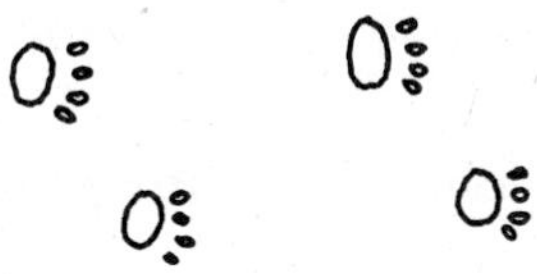

Mäuseschritte, Mäuseschritte

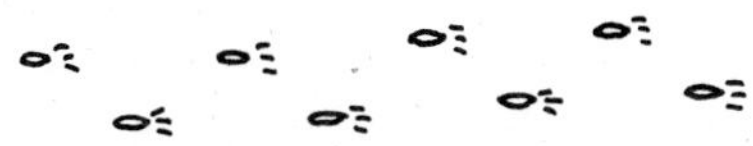

Schnurrkatze, Schnurrkatze

Ach du Schreck!
Nichts wie weg!

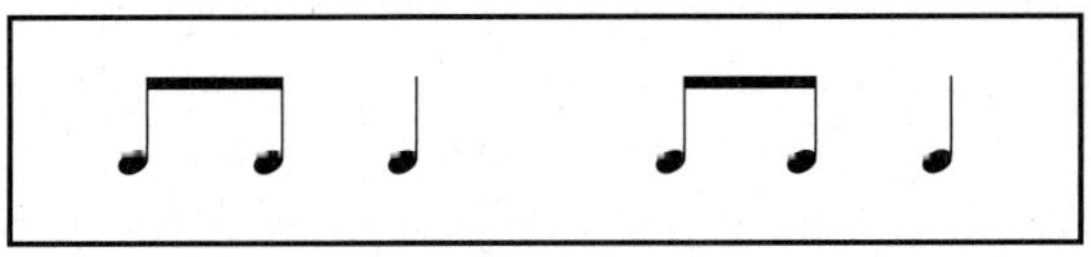

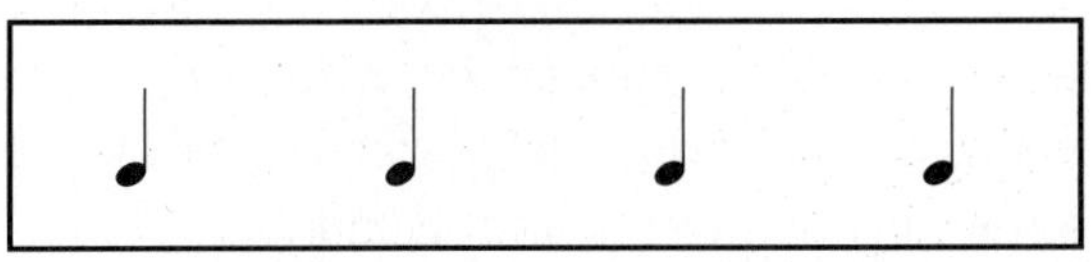

Der Tiger-Hit

- Ein Lied singen und mit Körperinstrumenten begleiten
- Ein Rollenspiel improvisieren
- Instrumentalbegleitung

Wenn es draußen wieder wärmer wird, gibt das Wetter Anlass, von den ganz warmen Gegenden der Erde zu träumen, z. B. vom Urwald. Viele Tiere, die dort leben, sind den Kindern durch Film und Fernsehen schon bekannt. Dazu gehört auch der Tiger. Hier dient die Figur des kindlichen Tigers als Identifikationsfigur, denn er ist auch noch klein, wie die Kinder in der Klasse, und erlebt viele Abenteuer. Mit dieser Figur als Aufhänger wird es möglich, auf ganzheitliche Weise ein Lied zu erleben, d. h. mit szenischem Spiel, Urwaldrhythmen (Bodypercussion und Röhrentrommel) sowie einer Instrumentalbegleitung durch Xylofon oder Playback – fast wie bei einem richtigen Hit.

Liederarbeitung mit Bodypercussion

Seite 156

4/11–12 (L)

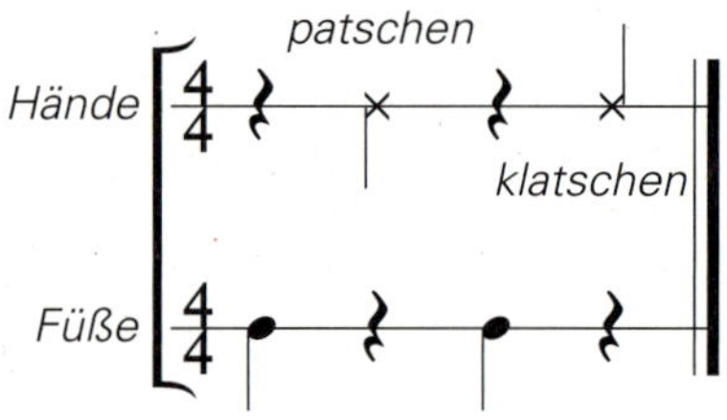

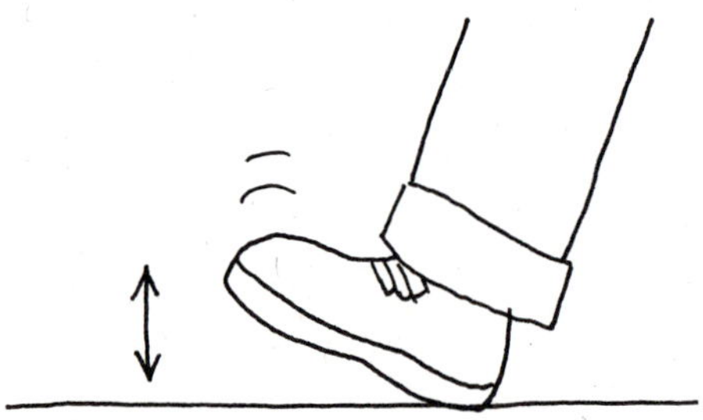

Die Lehrerin beginnt im Sitzen mit einem einfachen Körperrhythmus: Mit dem Fuß auf den Boden treten (nicht stampfen) – Schenkelklopfen – Fußtreten – Händeklatschen.

(Variante 1: Fußtreten – Schenkelklopfen – Fußtreten – Schenkelklopfen.
Variante 2: Nur die Hände sind beteiligt. Abwechselnd wird geklatscht und gepatscht. Für Kinder mit sehr wenig Vorerfahrung und motorischen Schwierigkeiten empfiehlt es sich, ausschließlich zu patschen.)

Die Schüler imitieren diesen Beat. Zur Bodypercussion singt die Lehrerin die erste Phrase des Lieds („Im Urwald scheint die Sonne…"), die Schüler singen nach, möglichst ohne den Körper-Beat zu verlassen. Auf diese Weise wird der ganze erste Vers erarbeitet.

Zum Refrain stoppt der Rhythmus. Hier wird mit einer Klanggeste begleitet. Bei „Uaah, uah-hey" neigt sich der Oberkörper nach unten, um beim „Hey, hey, hey" wieder hoch aufgerichtet zu sein. Die Finger zittern dabei hin und her. Wenn der Oberkörper aufgerichtet ist, sind auch die Arme ganz oben und klatschen zu „Hey, hey, hey" dreimal in die Hände. Die Bewegung wird zweimal ausgeführt.

Rollenspiel

Die folgenden Strophen werden zunächst ohne Bodypercussion durch abschnittweises Vor- und Nachsingen gelernt. Die Spielhandlung eignet sich dafür, von den Kindern szenisch umgesetzt zu werden. Gleichzeitig prägt sich dadurch der Text besser ein.

Für die zweite Strophe werden deshalb zwei Schüler bestimmt, die Tiger und Löwe darstellen. Während alle anderen den zweiten Vers in kleinen Etappen singen, spielen die beiden simultan dazu die Handlung. Requisiten werden improvisiert; die Tafel kann z. B. als Baum dienen. In den anderen Strophen wird ähnlich verfahren: Für die dritte Strophe werden zwei bis drei Tierfänger gebraucht, als Käfig muss ein Tisch herhalten. In der vierten Strophe kommt ein „Plattenboss" hinzu, der den „Tiger" huckepack wegträgt, und in der fünften viel jubelndes Publikum. Beim Refrain singt der Tiger-Darsteller immer mit, denn schließlich geht es im Text um seinen Gesang.

Begleitung

Die Klasse wird nun in drei Gruppen geteilt: Sänger, Schauspieler und Musiker. Bei den Musikern gibt es mehrere Partien zu besetzen: Mindestens zwei, die den Körperrhythmus spielen, den zu Anfang alle ausgeführt hatten. Ein Spieler bekommt eine Röhrentrommel, auf der die nebenstehende Figur immer fort gespielt wird.
Ein weiterer Schüler wird mit dem Spielen des Bass-Xylofons beauftragt. Dazu bekommt er die unten abgebildeten Noten als Spielblatt. Der Spieler braucht sich nur nach den Buchstaben zu richten. Die Noten dienen in erster Linie dazu, die Symbole frühzeitig im Gedächtnis zu verankern, damit sie später präsent sind. Es sind vielleicht ein oder zwei Versuche notwendig, bis der Spieler alle Töne gefunden hat und das Zusammenspiel mit den Perkussionisten sattelfest ist. Als rhythmische Orientierung dient das Auftreten mit dem Fuß, das immer zusammen mit dem Anschlag vom Stabspiel erfolgt.

Instrumente: Röhrentrommel, Bass-Xylofon, Notenblatt

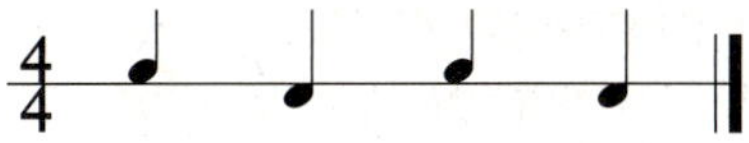

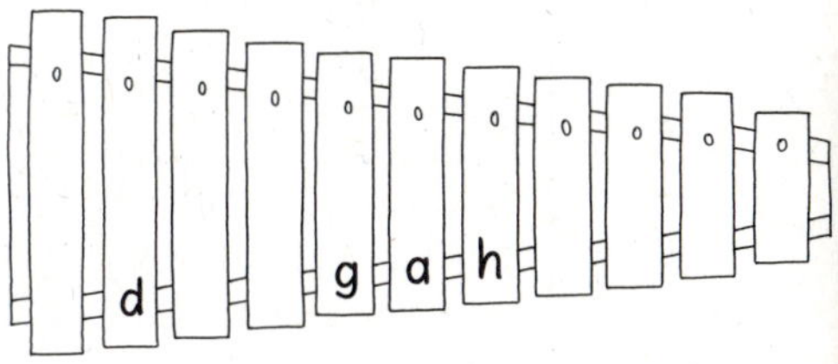

Playback-Aufführung

Als weitere Variante für eine Aufführung kann das Stück mit Rollenspiel und Klanggesten zum Playback gesungen bzw. aufgeführt werden. Das hat schon fast den Klangcharakter eines „Hits", denn die werden im Fernsehen auch zum Playback gesungen. Eventuell kann die Begleitung auch zum Playback dazu gespielt werden.

⊙ 4/12 (L)

Peter und der Wolf

- Tiere pantomimisch darstellen
- Eine Tiergeschichte vertonen
- Instrumente hören und erkennen
- Figuren und Instrumente einander zuordnen

Das berühmte Stück von Sergej Prokofjew dient hier als Einführung ins Hörverstehen und soll an Orchestermusik heranführen. Die mit der Musik verwobene Kindergeschichte erleichtert dabei den Zugang. Durch die Erkenntnis, dass die Tiere im Stück primär anhand ihrer Bewegung dargestellt werden und weniger durch die Wiedergabe ihrer realen Lautäußerungen, lernen die Kinder eine Form der Abstraktion kennen. In Klangspielen wird dabei die Fantasie angeregt. Außerdem werden einige wichtige Orchesterinstrumente kennen gelernt, eine Grundlage für die Weiterarbeit in den höheren Klassenstufen.

Einführung – Tiere pantomimisch darstellen

Material: Vergrößerte Darstellermotive von AB 47

Alle sitzen im Kreis. Die Lehrerin zeigt Zeichnungen von Vogel, Ente, Katze, Wolf und einem fröhlichen Jungen (AB 47). Die Schüler werden gebeten, sich eine der Figuren auszusuchen und sie mit Gesten und Bewegungen dem Nachbarn vorzuspielen, der sie erraten soll. Wer möchte seine Figur der ganzen Klasse als Rätsel vorführen? Jeweils ein Kind zeigt seine Pantomime und die anderen erraten das dargestellte Tier. Im Gespräch wird herausgefunden, woran die jeweilige Figur erkannt wurde. Ausschlaggebend sind die typischen Bewegungen: Der Vogel flattert, die Ente watschelt, die Katze schleicht, der Wolf fletscht drohend die Zähne und Peter geht beschwingt und mit fröhlichem Gesichtsausdruck den Weg entlang.

Tierische Klangspiele

Instrumente: Für je drei Schüler ein beliebiges Instrument

Die Lehrerin verteilt die Instrumente so, dass vor jedem dritten Kind eines liegt. Das Kind mit dem Instrument sowie seine beiden Nachbarn bilden nun ein Team. Zu dritt sollen sie sich eine der Figuren aussuchen und sie darstellen – einer durch Bewegungen, der zweite mit Stimme und Körperinstrumenten und der dritte unterstützt mit seinem Instrument. Stellt eine Gruppe fest, dass sich ihr Instrument nicht für die ausgewählte Figur eignet, muss eine andere Figur gewählt werden. Nach kurzer Experimentierphase (2-3 Minuten) führt jede Gruppe ihre Figur vor und alle anderen raten. Es wird kurz reflektiert, woran die jeweilige Figur zu erkennen war. Wenn der Bewegungsaspekt dabei übersehen wird, sollte ihn die Lehrerin thematisieren. Vielleicht hat ein böses Knurren der Stimme, unterstützt von einem bedrohlichen Trommelwirbel geholfen, den hungrig anschleichenden Wolf in Szene zu setzen. Beim Vogel war es vielleicht ein nervöses Pfeifen untermalt von Lotosflöte oder hohen Xylofon-Klängen.

Peter und der Wolf vertonen

Alle Figuren, die wir bis jetzt kennen gelernt haben, sind Teil einer Geschichte, die jetzt vertont werden soll. Die Lehrerin liest vier Szenen aus „Peter und der Wolf" (Szenen 1-3 und 5) und lässt dabei Pausen, in denen die Dreier-Gruppen die entsprechenden Szenen mit ihren eben einstudierten Mitteln darstellen.

1. Szene
Eines Morgens öffnete **Peter** die Gartentür und trat hinaus. Auf einem Ast eines großen Baumes saß Peters Freund, ein kleiner **Vogel**. „Wie still es ist!" zwitscherte der **Vogel** voller Fröhlichkeit. Da kam die **Ente** angewatschelt. Sie freute sich, dass Peter die Gartentür offengelassen hatte und beschloss, in dem tiefen Teich auf der Wiese schwimmen zu gehen.

2. Szene
Als der kleine **Vogel** die **Ente** sah, flog er hinunter, setzte sich neben sie ins Gras und plusterte sich auf: „Was bist du für ein Vogel, wenn du nicht fliegen kannst?" sagte er. **(Vogel)** Und die Ente erwiderte: „Was bist du für ein Vogel, wenn du nicht schwimmen kannst?", und stieg ins Wasser. **(Ente)** Sie stritten miteinander. Die Ente schwamm auf dem Teich und der kleine Vogel hüpfte am Ufer auf und ab. **(Vogel u. Ente)**

3. Szene
Auf einmal bemerkte **Peter** etwas. Er sah, wie die **Katze** durch das Gras schlich. Die Katze dachte: „Mmh, der Vogel streitet sich herum. Ich werde ihn schon fangen", und schlich sich auf samtenen Pfoten heran. **(Katze)** „Gib Acht!", schrie **Peter**, und der **Vogel** flog hinauf auf den Baum. Die **Ente** quakte die **Katze** böse an, aber von der Mitte des Sees aus. Die **Katze** ging um den Baum herum und dachte: „Lohnt es sich, so hoch hinaufzuklettern? Wenn ich da oben ankomme, ist der Vogel weggeflogen." **(Katze)**

5. Szene
Kaum war Peter fort, da kam aus dem Wald der große, graue **Wolf**. Im Nu kletterte die **Katze** auf den Baum. Die **Ente** quakte und in ihrer Aufregung sprang sie aus dem Wasser heraus. Aber so sehr die Ente auch zu laufen versuchte, sie konnte dem Wolf nicht entkommen. **(Ente u. Wolf)** Er kam näher und näher, näher, näher, erreichte sie und dann packte er sie und verschlang sie mit einem Mal. **(Ente u. Wolf)**
Und so sah es nun aus. Die **Katze** saß auf dem einen Ast. Und der **Vogel** auf dem anderen Ast, nicht zu nahe bei der Katze. Und der **Wolf** lief immer um den Baum herum und starrte sie mit gierigen Augen an.

Hier wird die Geschichte vorerst unterbrochen. Fortsetzung folgt.

Die Instrumente kennen lernen

Nun hören wir die Geschichte in der Vertonung von Sergej Prokofjew. Die Lehrerin zeigt dazu die Bilder von Peter, dem Vogel, der Ente, der Katze und dem Wolf. Von CD werden die ersten Tracks gehört, in denen die Darsteller und ihre zugehörigen Instrumente eingeführt werden. Nach jedem Instrument stoppt die Lehrerin die Musik und heftet zur genannten Figur ein Bild des entsprechenden Instruments an die Tafel und nennt den Instrumentennamen (Siehe S. 142).

Material: AB 47 in Klassenstärke, in der Mitte geteilt in einen Personen- und einen Instrumenten-Teil

⊙ 2/23–32

Sergej Prokofjew wurde 1891 in der ukrainischen Provinz geboren und begann bereits als Junge seine Studien am Petersburger Konservatorium. Er gab als Pianist Konzerte in Europa und den USA, bevor er schließlich auch als Komponist Anerkennung fand. Neben u.a. acht Opern und sieben Sinfonien komponierte Prokofjew auch immer wieder für Kinder, so z.B. sein musikalisches Märchen „Peter und der Wolf", entstanden 1936. Sergej Prokofjew starb 1953 in Moskau.

Bevor das eigentliche Stück abgespielt wird, gibt die Lehrerin an jedes zweite Kind die AB-Hälfte „Instrumente" aus, danach an die übrigen Kinder die AB-Hälfte „Darsteller". Jeder Schüler schneidet die Abbildungen seines Blattes aus – die einen die Instrumente, die anderen die Darsteller. Wenn nun die Musik erklingt, hält jeder an der passenden Stelle das entsprechende Bild hoch. Die Lehrerin hält zur Kontrolle jeweils beide Bilder hoch. Die Lehrerin stoppt die CD, es wird überprüft, ob die richtigen Bilder gezeigt wurden. So kann auch das Arbeitstempo dem Stand der Lerngruppe angepasst werden. Da nicht jeder Schüler gleich am Anfang den Klang des Instruments wiedererkennt, kann die Lehrerin Hilfen geben.
Gehört werden die bereits bekannten Szenen 1, 2, 3 und 5 und zusätzlich Szene 6, in der der Wolf von Peter und dem Vogel gefangen wird. Obwohl die Geschichte noch weitergeht, ist das Fangen des Wolfs ein durchaus schlüssiges Ende. Das vollständige Stück ist etwa 10 Minuten länger und beinhaltet noch drei weitere Szenen mit ihren jeweiligen Instrumenten und Darstellern (Großvater, Jäger und Gewehrschüsse – Fagott, Pauken).
Die Kurzfassung reicht aus, um das zu Grunde liegende kompositorische Prinzip zu verstehen und fünf wichtige Orchester-Instrumente kennen zu lernen. In späteren Klassenstufen wird „Peter und der Wolf" erneut aufgegriffen und bietet dann Anlass zur vertiefenden Betrachtung und dem näheren Kennenlernen der hier vorgestellten Instrumente und zur Einführung weiterer Instrumente.

Instrumente und Figuren zuordnen

Material: AB 47 (Reste von oben)

Nachdem das Stück gehört wurde, teilt die Lehrerin erneut Kopien aus, so dass jeder Schüler jetzt auch die andere Hälfte des gesamten AB 47 besitzt. Die neu ausgeteilten Bilder werden ebenfalls ausgeschnitten und zusammen mit den bereits vorhandenen paarweise auf ein leeres Blatt aufgeklebt. Die Flöte wird zusammen mit dem Vogel aufgeklebt, die Katze zusammen mit der Klarinette usw. Handelt es sich um eine zweite Klasse, werden auch die Instrumentennamen ausgeschnitten und an die richtige Stelle geklebt.

Peter und der Wolf

Die Darsteller

Der Vogel

Die Ente

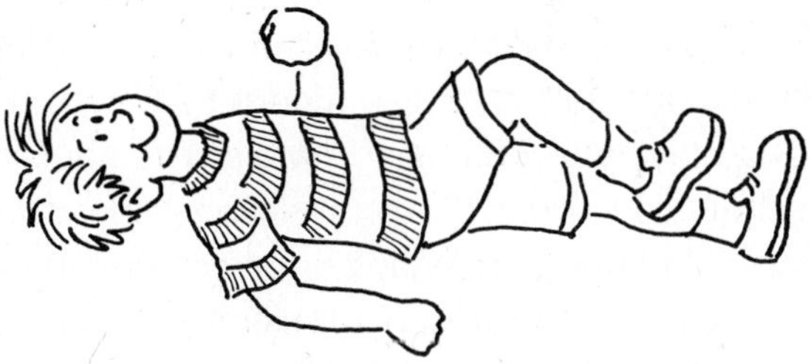

Die Katze

Peter

Der Wolf

Die Instrumente

Flöte

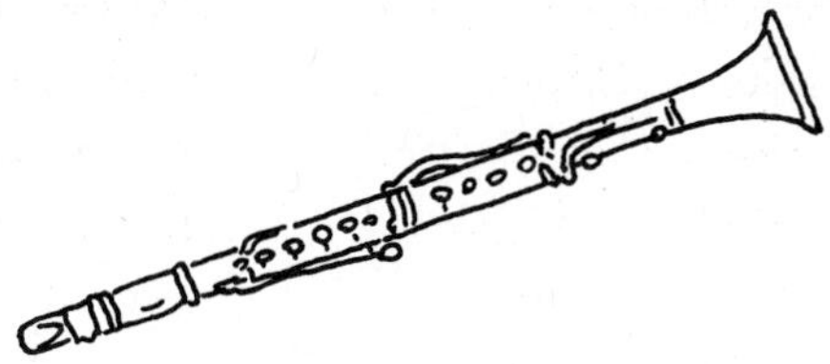

Oboe

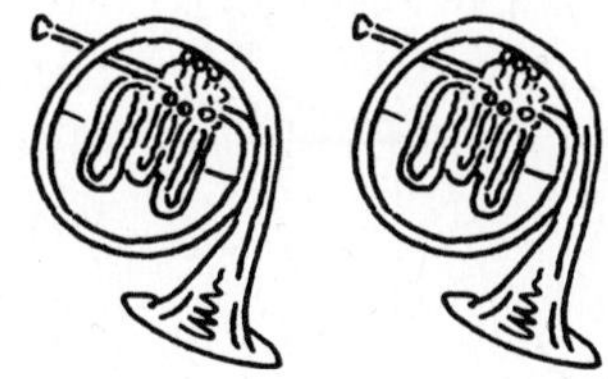

Hörner

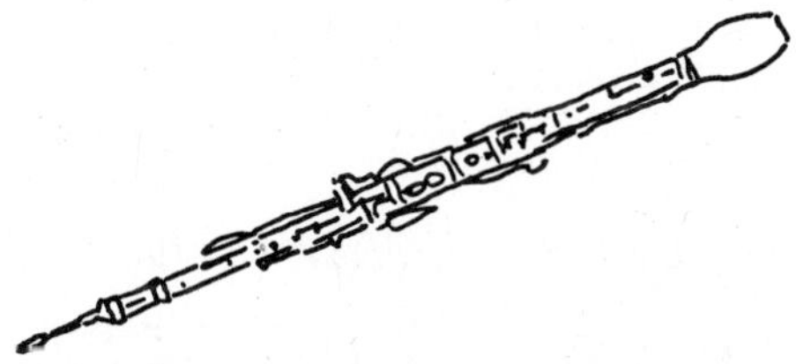

Streicher

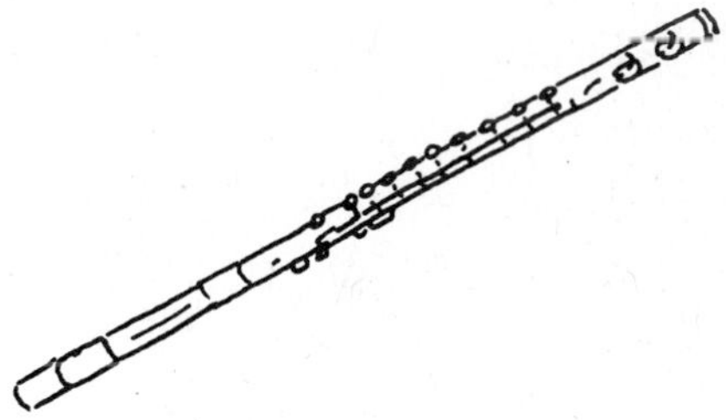

Klarinette

Sommer-
Theaterstück

- Ein Singspiel aufführen
- Bewegungsimprovisation
- Klangliche Umsetzung von Märchenelementen

Der Kolobok
Singspiel nach einem russischen Märchen

Dieses kleine Theaterstück kann zum Abschluss des Schuljahres der ersten oder zweiten Klasse gespielt werden. Es eignet sich als Spiel innerhalb der Klasse oder als Aufführung vor Publikum und bietet Gelegenheit, die Klassengemeinschaft durch die gemeinsame Arbeit an einem Projekt zu stärken. Das in ihm enthaltene Kettenlied erarbeitet sich aufgrund des Wiederholungsprinzips praktisch von selbst und kann von allen Zuschauern mitgesungen werden.

Das Stück

Zu dem russischen Märchen „Der Kolobok“ (ein Kolobok ist ein russischer Pfannkuchen) wird aus dem Vorlesen der Lehrerin heraus ein szenisches Kreisspiel entwickelt. Die Grundform ist der Kreis, der zum Halbkreis geöffnet wird, wenn vor Publikum gespielt wird. Die Kinder stellen pantomimisch Tiere, Gegenstände und Landschaften dar, sie improvisieren auf Instrumenten und singen und sprechen die Rollentexte (einzeln oder chorisch). Die Kinder gehen vom Kreis bzw. Halbkreis aus in ihre Rollen (Kreismitte) und kehren nach Durchführung ihrer Rollendarstellung wieder in den Kreis zurück.
Jedes Kind wird mit bestimmten Rollen und Aufgaben betraut. Wenn möglich, sollte bei der Aufführung ein Kind die Rolle des Erzählers übernehmen. Die Darsteller von Großmutter, Großvater, Hase, Wolf, Bär, Fuchs agieren solistisch und haben Text. Die übrigen Kinder übernehmen pantomimische Aufgaben. Sie stellen Backofen, Fensterbank, Wiesenblumen, Waldbäume, Höhle und Fliegenpilze dar. An den einzelnen Darstellungen sind jeweils nur einige Kinder beteiligt, so dass in jeder Szene genügend Kinder für den Kreis da sind. Die jeweiligen Kreiskinder sprechen und singen gemeinsam die Rolle des Kolobok. Dieser wird durch einen Ball dargestellt, den die Kinder herumrollen (s. u.). Für eine Klasse mit 25 Kindern könnte sich zum Beispiel folgende Aufteilung ergeben: Sechs Kinder spielen Großmutter, Großvater, Hase, Wolf, Bär und Fuchs. Sechs Kinder übernehmen die Darstellung von Backofen, Höhle und Fensterbank, acht weitere die von Bäumen, Blumen und Fliegenpilzen. Vier Kinder sorgen für die Klänge (s. u.). Die Kinder, die bei den jeweiligen Szenen im Kreis stehen bleiben, sind für die Darbietung des Kolobok zuständig.
Die Reihungsform der Geschichte erlaubt es, ihren Verlauf nach Bedarf zu verlängern oder zu verkürzen. Es können z. B. weitere Tiere hinzukommen oder die verschiedenen Orte, zu denen der Kolobok gelangt, verändert werden.

Die Ausstattung

Abgesehen von einem Ball als Verkörperung des Kolobok kann ganz auf Requisiten und Kostüme verzichtet werden. Prinzipiell ist jeder Ball dafür geeignet. Ein mittelgroßer und vielleicht als Pfannkuchen bemalter Wasserball hätte den Vorteil, gut sichtbar zu sein. Außerdem könnte man mit ihm für ein glaubwürdiges „Verschwinden“ des Kolobok am Ende sorgen, indem die Luft herausgelassen wird. Der Ball wird zwischen den Kindern hin und her gerollt.

Dort, wo er beim jeweiligen Szenenwechsel hinrollt, entstehen – dargestellt von den Kindern – die entsprechenden landschaftlichen Elemente (Wiese, Wald, Höhle etc.). Sie werden mit Instrumenten klanglich untermalt.
Sollen zur Ausschmückung einer Aufführung Kostüme und Requisiten einbezogen werden (z. B. zur Kennzeichnung der Tiere oder Requisiten für die Bäume, Blumen etc.), dürfen es nur Dinge sein, die von den Kindern schnell an- und abgelegt werden können.

Die Einstudierung

Im Verlauf der Erarbeitung erzählt die Lehrerin immer wieder die Geschichte und unterbricht dabei, um Raum für Darstellungsübungen der Kinder zu geben. Auf diese Art werden alle Kinder mit den Rollen der Geschichte vertraut. Durch die wiederholte Erzählung prägen sich die Rollentexte ein, so dass im Prinzip jedes Kind jede Rolle übernehmen kann.
Die Tiere sollten in aufrechter, zweibeiniger Haltung dargestellt werden. Es ist wichtig, für jedes Tier charakteristische Bewegungen zu finden, um sie gut unterscheiden zu können. Zur Übung könnte zwischendurch auch ein Ratespiel gespielt werden, bei dem ein Kind hintereinander zwei verschiedene Tiere darstellt, und die anderen versuchen herauszufinden, welche Tiere gemeint waren. Weitere Übungen dazu: Ein Kind macht Bewegungen vor, die von den anderen nachgeahmt werden. Oder: Es werden zwei Gruppen gebildet, die jeweils ein anderes Tier darstellen. Auf ein vereinbartes Signal – zum Beispiel zum Klang eines Musikinstrumentes – bewegt sich die eine Gruppe, beim nächsten Signal die andere. Wenn es noch eine weitere Gruppe als Zuschauer gibt, könnte diese anschließend über ihre Eindrücke berichten.
Die Gegenstände werden jeweils von mehreren Kindern zusammen gebildet. Zum Beispiel könnten sich zur Darstellung des Backofens vier Kinder in zwei Reihen gegenüber stellen und die Hände zu einem Giebeldach aneinander legen, während zwei weitere Kinder die Tür bilden. Wenn den Kindern Gelegenheit gegeben wird, in Gruppenarbeit Möglichkeiten auszuprobieren, können anschließend die besten Ideen ausgesucht und weiter ausgebaut werden.
Jeder Ort (Wiese, Wald, Höhle, Fliegenpilz) sollte über die pantomimische Darstellung hinaus auch mit einigen Klängen charakterisiert werden. Für diese Klangimprovisationen kann die Lehrerin die Instrumente vorgeben (s. u.). Es stellen dann z. B. drei bis fünf Kinder die Landschaft mit den Instrumenten klanglich dar. Die anderen dürfen Verbesserungsvorschläge machen. Wenn es der Zeitplan erlaubt, ist es natürlich auch möglich, ausführlicher und unter der praktischen Beteiligung aller Kindern an der musikalischen Darstellung zu arbeiten.
Das Lied des Kolobok wird von der ganzen Klasse durch Vor- und Nachsingen erarbeitet. Es prägt sich schnell ein. Durch seine „Kettenstruktur" kann es sich allen von der Lehrerin vorgenommenen Ergänzungen und Veränderungen des Stücks anpassen.

Das Lied des Kolobok

T: überliefert
M: Constanze Rora

2/34

Die Szenen

1. Szene (Großvater und Großmutter, Backofen, Kolobok, Fensterbank): Wortwechsel. Großmutter fegt, formt einen imaginären Kolobok, schiebt ihn in den Backofen, holt ihn heraus – diesmal als Ball – und legt ihn auf die Fensterbank.

2. Szene (Kolobok): Der Kolobok fällt von der Fensterbank und rollt umher, von den Kreiskindern immer neu angestoßen.

3. Szene (Kolobok, Blumen, Klänge): Die Blumen stellen sich um den Kolobok herum auf. Es ist ein Glockenspiel zu hören.

4. Szene (Blumen, Hase, Kolobok): Der Hase hoppelt heran. Er schnuppert an den Blumen, knabbert etwas an einem Blatt und sieht schließlich den Kolobok. Wortwechsel, Lied. Dann stößt der Hase den Kolobok an, so dass er wieder in die Reichweite der Kreiskinder kommt.

5. Szene: Während die Blumen und der Hase sich wieder in den Kreis setzen und der Kolobok herumgerollt wird, fährt der Erzähler fort.

6. Szene (Kolobok, Bäume, Klänge): Die Bäume stellen sich als Wald um den Kolobok herum auf. Guiro, Rasseln und Klanghölzer sind zu hören.

7. Szene (Bäume, Wolf, Kolobok): Der Wolf tritt auf. Er wittert eine Spur und läuft im Zickzack zwischen den Bäumen umher. Schließlich entdeckt er den Kolobok. Wortwechsel, Lied. Dann stößt der Wolf den Kolobok an.

8. Szene: Die Bäume und der Wolf kehren in den Kreis zurück, der Erzähler fährt fort.

9. Szene (Kolobok, Höhle, Klänge): Die Höhle baut sich auf, der Kolobok rollt heran. Trommel und Pauke sind zu hören.

10. Szene (Höhle, Bär, Kolobok): Der Bär ist gerade aufgestanden, er leckt sich das Fell. Wortwechsel, Lied. Der Bär rollt den Kolobok wieder aus der Kreismitte.

11. Szene (Kolobok, Fliegenpilz, Klänge): Der Fliegenpilz betritt die Kreismitte, eine Lotosflöte ist zu hören. Der Kolobok rollt heran.

12. Szene (Fliegenpilz, Fuchs, Kolobok): Der Fuchs schleicht von Baum zu Baum und schaut neugierig umher. Wortwechsel, Lied (2x). Wenn der Kolobok zum dritten Mal zu singen beginnt, ergreift der Fuchs den Ball und lässt die Luft heraus oder lässt ihn verschwinden, z. B. in einem Sack.

Der Kolobok

2/33

Es war einmal ein Großvater und eine Großmutter. Eines Tages sagte der Großvater: „Großmutter, back mir einen Kolobok!" „Wie soll ich dir einen Kolobok backen", sagte die Großmutter, „wir haben kein Mehl." „Feg den Speicher und kratz die Lade aus", sagte der Großvater, „dann hast du Mehl." Die Großmutter fegte den Speicher und kratzte die Lade aus und bekam so zwei Handvoll Mehl zusammen. Mit Rahm und Butter formte sie daraus einen großen Kolobok und schob ihn in den Backofen. Als er fertig gebacken war, holte sie ihn aus dem Ofen heraus und legte ihn zum Abkühlen ans Fenster.

Da lag nun der große Kolobok. Aber plötzlich, hast du's nicht gesehen, sprang er vom Fensterbrett hinunter auf das Blumenbeet und rollte davon. Er rollte vom Blumenbeet zum Gartentor, vom Gartentor auf die Straße und rollte und rollte und kam schließlich auf eine Wiese. Dort begegnete ihm der Hase, der rief: „Kolobok, Kolobok, ich will dich fressen." Aber der Kolobok sagte: „Halt, friss mich nicht. Ich will dir auch ein Liedchen singen." Und er begann zu singen:

2/34

„Auf dem Speicher gefegt, aus der Lade gekratzt,
bin mit Rahm ich angerührt, und mit Butter gemacht.
Am Fenster gekühlt, bin ich Großvater entwischt,
bin ich Großmutter entwischt,
und es wird mir leicht, auch dir, Hase, zu entflieh'n."

Der Kolobok rollte davon und der Hase sah ihn nicht mehr.

2/35

Der Kolobok rollte in den Wald hinein, da begegnete ihm der Wolf und rief: „Kolobok, halt an, ich will dich fressen." Aber der Kolobok sagte: „Halt, friss mich nicht, ich werde dir ein Lied vorsingen." Und er begann zu singen:

„Auf dem Speicher gefegt, aus der Lade gekratzt,
bin mit Rahm ich angerührt, und mit Butter gemacht.
Am Fenster gekühlt, bin ich Großvater entwischt,
bin ich Großmutter entwischt,
bin dem Hasen ich entwischt,
und es wird mir leicht, auch dir, Wolf, zu entflieh'n."

Damit rollte der Kolobok davon und der Wolf sah ihn nicht mehr.
Der Kolobok rollte immer tiefer in den Wald hinein und gelangte schließlich zu einer Höhle. Aus der kam ein großer Bär hervor und brummte: „Mmh, Kolobok, warte mal, ich will dich fressen." Aber der Kolobok rief: „Nein, Bär, du frisst mich nicht. Ich werde dir nämlich ein Liedchen singen." Und er begann:

2/36

„Auf dem Speicher gefegt, aus der Lade gekratzt,
bin mit Rahm ich angerührt, und mit Butter gemacht.
Am Fenster gekühlt, bin ich Großvater entwischt,
bin ich Großmutter entwischt,
bin dem Hasen ich entwischt,
bin dem Wolf ich entwischt,
und es wird mir leicht, auch dir, Bär, zu entflieh'n."

Und ehe der Bär ein zweites Mal brummen konnte, war der Kolobok schon davon gerollt und der Bär sah ihn nicht mehr.
Nun war der Kolobok schon etwas außer Atem. Er wollte es sich gerade neben einem schönen großen Fliegenpilz gemütlich machen, da kam der Fuchs hinter einem Baum hervor. „Wie schön du bist, Kolobok", rief er. „Ich habe schon so manchen Kolobok gesehen, aber so ein prächtiger ist mir noch nicht begegnet. Wie bist du hier in diesen Wald gekommen?" Der Kolobok sagte: „Ich kann dir mein Liedchen vorsingen, dann weißt du es." Und er begann zu singen:

2/37

„Auf dem Speicher gefegt, aus der Lade gekratzt,
bin mit Rahm ich angerührt, und mit Butter gemacht.
Am Fenster gekühlt, bin ich Großvater entwischt,
bin ich Großmutter entwischt,
bin dem Hasen ich entwischt,
bin dem Wolf ich entwischt,
bin dem Bär ich entwischt,
und es wird mir leicht, auch dir, Fuchs, zu entflieh'n."

„Das ist ein sehr schönes Lied", sagte der Fuchs. „Aber leider bin ich schon alt und höre nicht mehr so gut, komm doch näher an mein Ohr heran und sing es noch einmal, damit ich es besser hören kann." Der Kolobok rollte zum Ohr des Fuchses und sang sein Lied noch einmal:

„Auf dem Speicher gefegt, aus der Lade gekratzt, 2/38
bin mit Rahm ich angerührt, und mit Butter gemacht.
Am Fenster gekühlt, bin ich Großvater entwischt,
bin ich Großmutter entwischt,
bin dem Hasen ich entwischt,
bin dem Wolf ich entwischt,
bin dem Bär ich entwischt,
und es wird mir leicht, auch dir, Fuchs, zu entflieh'n."

„Dein Liedchen ist wirklich wunderschön", sagte der Fuchs, als der Kolobok geendet hatte. „Aber könntest du nicht noch näher herankommen. Ich habe es immer noch nicht ganz gehört. Setz dich doch auf meine Zunge." Und der Kolobok setzte sich auf die Zunge des Fuchses und begann wieder mit seinem Lied. Aber kaum hatte er die ersten Töne gesungen, machte der Fuchs „schwupp" und schluckte ihn hinunter.

Balonum – Das Lied vom Luftballon

- Ein Lied in mehreren Sprachen singen
- Zum Lied tanzen
- Bewusstes Atmen und Stimmpflege
- Fremde Sprachen und Länder
- Eine Luftballonreise unternehmen

Luftballons üben auf Kinder – immer noch – eine große Anziehungskraft aus. Ihre Farbigkeit, Leichtigkeit und Verletzbarkeit regen an, mit ihnen zu spielen und sich in sie zu verwandeln. Das Luftballon-Lied wird zum Aufhänger für Spiel, Wahrnehmungsförderung, Bewegung und Singen in mehreren Sprachen.

Ballon-Spiel und Ballon-Tanz

Die Lehrerin bittet ein Kind zu sich und lädt es zu einem kleinen Spiel ein. Sie flüstert ihm ins Ohr: „Du bist ein Luftballon. Mach dich ganz klein." Dann legt sie ihre beiden Fäuste übereinander an den Rücken des Kindes und beginnt, den „Ballon" aufzublasen. Langsam richtet sich das Kind auf. Dann werden die Arme „aufgeblasen". Die zuschauenden Kinder verstehen das Spiel sofort. Nun bewegt die Lehrerin den „Ballon" vorsichtig hin und her und tanzt mit ihm. Dabei singt sie das Lied vom Luftballon oder es erklingt von der CD.

Der Tanz ist zu Ende, die Lehrerin zieht mit einem lauten „Plopp" (mit dem Zeigefinger die gespannte Lippe „ploppen" lassen) den „Stöpsel" aus dem Ballon. Nun strömt die Luft heraus und der „Ballon" sinkt in sich zusammen.

Nachdem die Lehrerin das Ballonspiel ein oder zwei weitere Male demonstriert hat, lädt sie die Kinder ein, dieses Spiel mit einem Partner im Wechsel zu spielen. Dieses Ballonspiel ist ein vergnügliches Interaktionsspiel, bei dem beide Partner vorsichtig und mit Einfühlungsvermögen miteinander umgehen müssen.

Das Ballon-Lied singen

Seite 171

4/25–26 (L)

Warm-up: Luft auspusten – Luft einströmen lassen

Dies ist eine Übung – auch für zwischendurch – zum Wachwerden, zur bewussten Wahrnehmung des eigenen Körpers und zur Vorbereitung aufs Singen.

Eigentlich brauchen wir beim Atmen nur aufs richtige Ausatmen zu achten. Das Einatmen (Luft einströmen lassen) erledigt der Körper von selbst. Die Vorstellung, ein Luftballon zu sein, unterstützt diesen Vorgang.

Die Kinder sitzen auf dem Boden oder auf Stühlen. Als „Luftballons" lassen sie die Luft aus sich heraus (pff, ssss), beugen sich vor – bis wirklich alle Luft herausgelassen worden ist. Es dauert einen Moment, bis die Luft in den „Luftballon" hineinkommt. Dabei richten sich die „Ballons" auf und unterstützen durch die bewusste Körperdehnung die Einatmung (zwei- bis dreimal wiederholen). Die anleitende Stimme der Lehrerin lenkt diese Übung, später geschieht sie im eigenen Wechsel des Ein- und Ausatmens.

Variante: Die Luft in kleinen Stößen (fff, sss) auspusten, dabei mit den Händen auf dem Körper die Muskelanspannung spüren.

Das Lied hat eine einfache Melodie und wird von den Kindern schnell erfasst. Die Achtel in der zweiten Zeile brauchen jedoch besondere Beachtung und Hervorhebung (Vorsingen, Nachsingen, mit Handzeichen unterstützen, Rhythmus klatschen).
Weil das Lied so einfach ist, kann hierbei besonders gut auf die richtige Intonation (saubere Töne, Treffsicherheit) und Aussprache geachtet werden. Veränderungen der Lautstärke (kräftig singen, leise singen) oder der Tonart (einen Ton höher oder tiefer beginnen) macht Wiederholungen interessanter. Zum Schluss wird zum Playback gesungen.

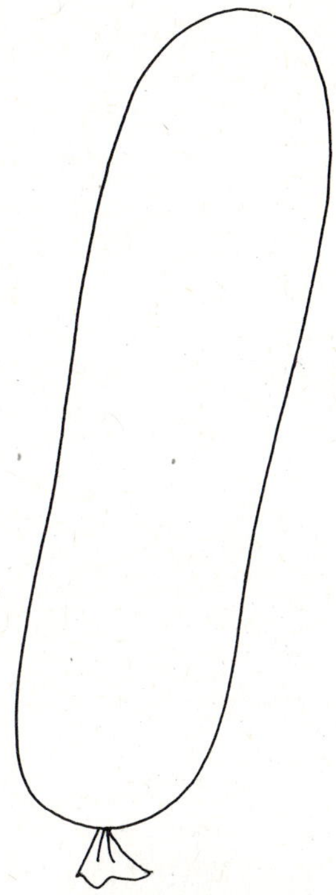

Türkisch oder Deutsch? Englisch oder Französisch?

Wenn die Kinder das Lied zuerst auf Türkisch hören, stellen sie Vermutungen über die Sprache an. Gibt es türkische Kinder in der Klasse, ist die Frage nach der Sprache natürlich schnell beantwortet. Ein Gespräch über verschiedene Sprachen, über Reisen in andere Länder und Begegnungen mit Menschen anderer Herkunft wird angeregt. Die sprachlichen Kompetenzen der Kinder werden angesprochen und die Neugier auf andere Sprachen wird geweckt. Das Lied kann auf Deutsch, Türkisch, Englisch oder Französisch gesungen werden.

Englisch
Balloon, Balloon, beautiful balloon.
Red and blue and yellow balloon.
Come, I want to dance with you.
Come, I want to dance with you.

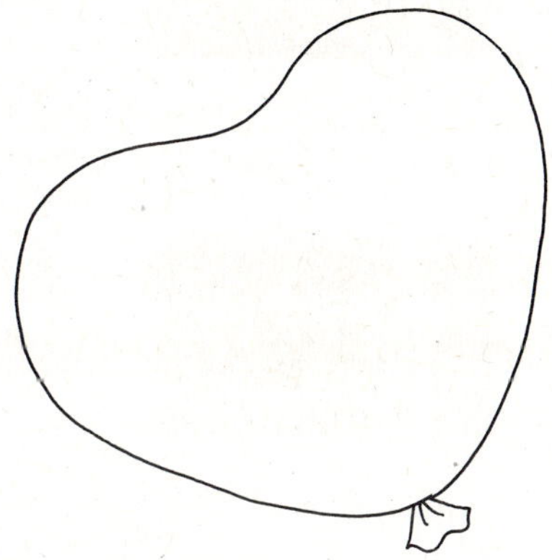

Französisch
Beau ballon, beau ballon, mon joli ballon.
Rouge, bleu, jaune, mon joli ballon.
Viens, je veux danser en rond.
Viens, je veux danser en rond.

(Text: Marlies Krause)

Ein Vergleich einzelner Wörter miteinander zeigt die vorhandene oder fehlende Verwandtschaft.

Deutsch	Türkisch	Englisch	Französisch
Luftballon	balon	balloon	ballon
mein Luftballon	balonum	my balloon	mon ballon
schön	güzel	beautiful	beau, joli
rot	kırmızı	red	rouge
blau	mavi	blue	bleu
gelb	sarı	yellow	jaune
tanzen	oynamak	dance	danser

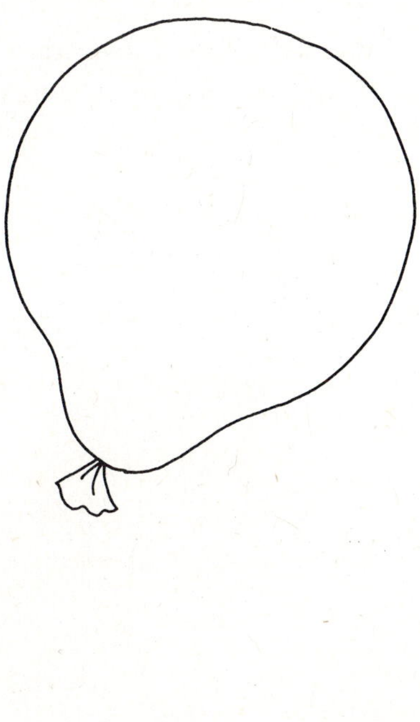

Eine Reise mit dem Luftballon: Spiel und Bewegung

Angeregt durch die Berichte der Kinder, erzählt die Lehrerin von drei Luftballons, die sich auf die Reise begeben: einem roten, einem blauen und einem gelben Luftballon. In der Mitte des Kreises spielen drei Kinder die fliegenden Luftballons, die durch die Luft tanzen. Die Kinder im Kreis werden zum Wind (schnelle Handbewegungen, starkes Ausatmen), der sie herumwirbelt, zum Regen (mit den Fingerkuppen auf den Boden / Stuhl / ein Instrument klopfen), der sie nass macht, zu Sonnenstrahlen (mit den Fingern „flirren", „Ahhh" sagen), die sie trocknen.
Sie kommen in verschiedene Länder und treffen unterschiedliche Menschen, manche sprechen andere Sprachen. Sind sie auf der Suche nach jemandem? Fliegen sie zu Sportplätzen? Zu Schulhöfen? Die Lehrerin erzählt die Geschichte so, dass es immer wieder Aktionen gibt, die dargestellt werden können, und versucht, Details aus den Berichten der Kinder mit aufzunehmen. Geräusche oder Lieder aus dem Unterricht können eingebaut und so in einen neuen Zusammenhang gebracht werden. Ein Spiel, das mit neuen Spielern und neuen Ideen wiederholt oder für andere aufgeführt werden kann.

Variante 1: Die Geschichte kann auch ohne spielerische Darstellung mit den Kindern gemeinsam als Wandergeschichte weiter entwickelt werden. Die Lehrerin beginnt: „Es waren einmal drei Luftballons, ein roter, ein blauer und ein grüner Luftballon. Sie flogen weit, sehr weit. Plötzlich ..." Wer mag, erzählt die Geschichte weiter – bis sie zum nächsten Kind wandert.

Variante 2 (Fantasiereise): Die Lehrerin erzählt – nach entsprechender beruhigender Vorbereitung – von der Reise der Ballons, während die Kinder die Augen geschlossen halten, und lässt die Bilder mit anschaulichen Beschreibungen in den Köpfen der Kinder entstehen. Am Ende der „Reise" recken und strecken sich die Kinder, bevor sie die Augen öffnen und sich über ihre Bilder austauschen.

Bunte Luftballon-Reisebilder

Material: AB 48, Zeichenblätter, Scheren, Klebstoff

Jedes Kind bekommt ein Zeichenblatt und eine Kopie des AB 48 mit der Bitte, die Ballons auszuschneiden, auf das Blatt zu kleben und anzumalen. Nun soll das Blatt farbig vervollständigt werden. Fliegen die Ballons über dem Meer? Über einer Stadt? Über einem Sportplatz? Über einer Schule? Über grünen Feldern?
Im Anschluss werden die Bilder in der Klasse ausgestellt und führen vielleicht zu neuen Ideen bei der nächsten musikalischen Luftballon-Reise.

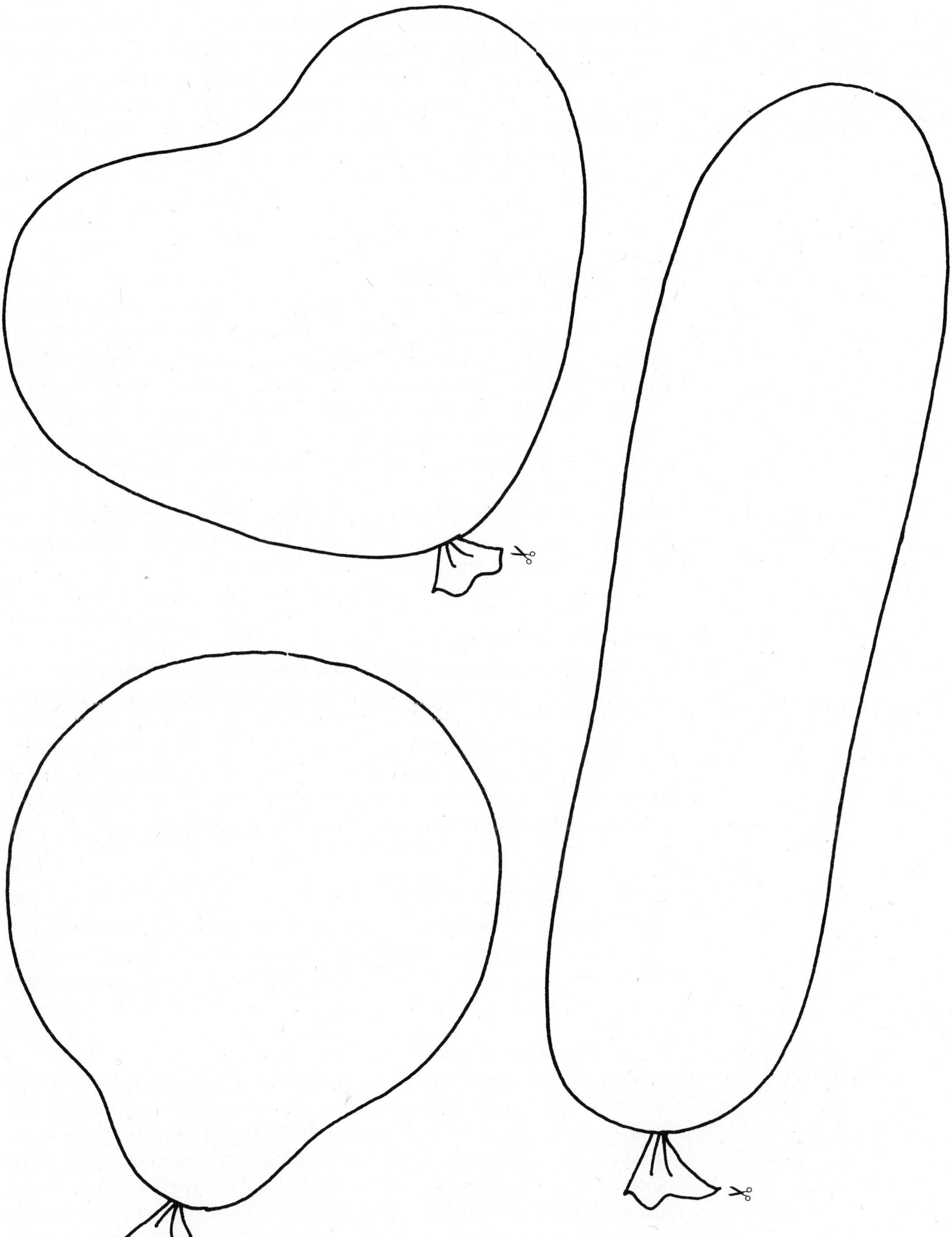

Ten little Indians

- Ein englischsprachiges Lied singen
- Zahlen lernen
- Fingerspiele
- Eine Fingerpuppe basteln

Mit diesem kleinen Lied kann man eine Menge machen: Spielerisch lassen sich die englischen Zahlen von eins bis zehn lernen. Man kann Indianer zählen, aber auch „Africans", „Japanese" oder Kinder aus vielen anderen Ländern. Fingerspiele zum Lied helfen beim Lernen der Zahlen, trainieren die motorische Koordination und bringen darüber hinaus beim Singen viel Spaß. Die selbst gebastelte Fingerpuppe macht weitere Fingerspielvarianten möglich. Das Lied ist in Amerika sehr beliebt, Text und Melodie sind aber nicht authentisch „indianisch".

Das Lied kennen lernen

Seite 168

2/39

Das Lied „Ten little Indians" wird von CD gehört. Beide Strophen des Liedes verwenden dieselben Wörter, unterscheiden sich aber trotzdem ein bisschen. Möglicherweise muss das Lied mehrmals gehört werden, bis sich herausstellt, dass die gleichen Wörter in umgekehrter Reihenfolge auftauchen. Die Lehrerin erklärt, dass es sich um ein englisches Lied handelt, in dem die Zahlen von eins bis zehn vorkommen. In der ersten Strophe wurde vorwärts, in der zweiten rückwärts gezählt. Unter Zuhilfenahme der Finger spricht sie die englischen Zahlwörter vor, die Kinder imitieren: „One, two ... ten." Nun singt die Lehrerin das Lied langsam in Abschnitten vor und zeigt dabei mit den Fingern die Zahlen an. Die Kinder singen und zählen mit den Fingern mit: „One little, two little, three little Indians, ..."

Fingerpuppenspiel

Mit Hilfe der Vorlage (Seite 155) bastelt jedes Kind zwei Fingerpuppen. Sie können nach Belieben bemalt werden. Die eine Puppe kommt auf einen Finger der linken Hand, die andere auf einen Finger der rechten Hand. Nun wird gezählt. Die Finger mit einer Puppe sollen dann ausgestreckt werden, wenn die entsprechende Zahl erklingt. Kinder verwenden unterschiedliche „Systeme" beim Abzählen mit Fingern. Nicht immer ist der Daumen die 1 oder die 6, darauf sollte die Lehrerin beim Korrigieren achten.

Fingerpuppen und Musik

Jedes Kind steckt eine Indianerpuppe auf einen beliebigen Finger und stellt für sich fest, welcher englischen Zahl dieser Finger entspricht (z. B. „six"). Die Hand wird nun unter dem Tisch versteckt. Wenn jetzt das Lied gesungen wird, erhebt sie sich genau bei der entsprechenden Zahl. Schwieriger wird es, wenn auf zwei Händen Fingerpuppen stecken, denn jetzt muss noch besser aufgepasst werden. Als weitere Steigerung kommt die zweite Strophe dazu. Beide Hände müssen nun in der ersten wie der zweiten Strophe an der richtigen Stelle erhoben werden. Wer jetzt noch weitermachen will, kann Fingergymnastik ins Spiel bringen. Nicht mehr die Hand wird gehoben, sondern der Finger mit der Puppe wird an der entsprechenden Stelle im Lied ausgestreckt. Das sollte auf jeden Fall trocken geübt werden, denn die Finger sind gar nicht so gelenkig, wie man glaubt. Fast unmöglich ist es es beim Ringfinger. Da muss schon die andere Hand helfen den Finger herauszustrecken. Wer schafft das wohl?

Abzählen, singen und melden

Wir zählen von vorn an durch. Das erste Kind beginnt mit „one", das nächste folgt mit „two" usw. Jeder merkt sich seine Zahl. Je nach Klassengröße sind die Zahlen zwei- bis dreifach besetzt. Wieder wird gesungen, dabei streckt jedes Kind seinen Arm nach oben („melden"), wenn „seine" Zahl dran ist. Da die Zahlen jetzt in nachbarschaftlicher Reihe verteilt sind, sieht es aus wie eine Welle aus hebenden und sinkenden Armen. Variante: Aufstehen und wieder hinsetzen bei Nennung der entsprechenden Zahl.

Eine kleine Figuren-Bastelei

- Die Fingerpuppe wird ausgeschnitten und kann nach Belieben angemalt werden.
- Zwischen Vorder- und Rückseite wird die Puppe geknickt, ebenso die Klebefläche an der Seite.
- Auf die Klebefläche wird Klebstoff aufgetragen.
- Die Klebefläche wird mit der anderen Seite zusammengeklebt – fertig.

Material: Für jedes Kind zwei Vorlagen für die Fingerpuppe, Scheren, Buntstifte, Klebstoff

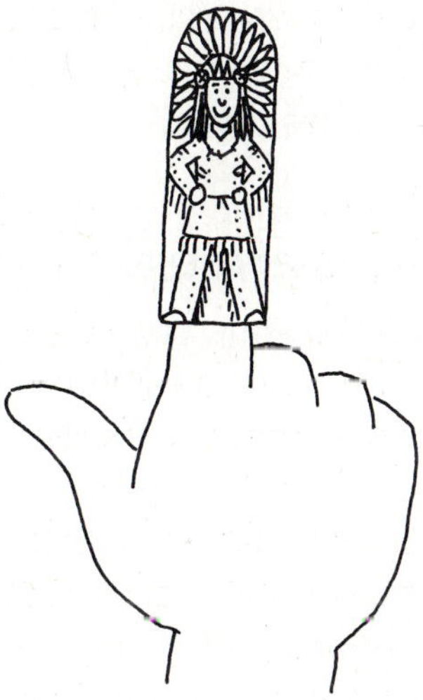

Wassermusik

- Ein Lied singen und mit Bewegungen begleiten
- Wassergeräuscherätsel
- Klangzeichen
- Vertonung eines Gedichts mit Wassergeräuschen
- Wasserpflanzentanz

Das Thema Wasser bietet hier Anlass für (Re-)Produktions-, Bewegungs- und Klangspiele sowie Übungen zur Hörwahrnehmung. Ausgehend von einem Lied wird der Bogen gespannt über ein Gedicht bis hin zu klassischer Musik. Die Kinder erfahren, wie sich aus einem „zerfließenden Ganzen" (der Vielfalt möglicher Wassergeräusche und dem Strom der Musik von Saint-Saëns) Einzelelemente herauslösen und reproduzieren bzw. wiedererkennen lassen. Eine geeignete Geschichte zum Vorlesen am Anfang oder Schluss der Einheit ist das Märchen „Der Wassertropfen" von Hans Christian Andersen.

Regenlied

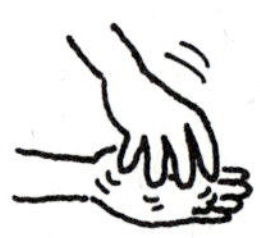

Warm-up: Regen auf der Haut
Die Kinder stellen sich vor im Regen zu stehen und trommeln leicht mit den Fingern auf den Kopf. Dann halten sie auch das Gesicht, einen Arm, die Hand etc. in den Regen, d. h. trommeln leicht mit den Fingern darauf.

Seite 177

2/40–41

Die Kinder berichten von ihren Regenerlebnissen. Sie tragen ihr Wissen darüber zusammen, wo die Regentropfen herkommen und wo sie hingehen. Dann wird das „Regenlied" mit den im Liederbuch abgebildeten Bewegungen gesungen.

Wasserrätsel

Material: Wasserschüssel, Becher, Schwammtuch (jeweils 2x)

Die Lehrerin stellt Wasserschüssel, Becher und Schwammtuch so auf einen Stuhl, dass die Schüler diese Dinge nicht sehen können. Die gleichen Dinge stehen noch einmal für alle sichtbar auf einem Stuhl bei den Schülern. Die Lehrerin erzeugt Geräusche mit dem Wasser unter Zuhilfenahme der Gegenstände: gießen, plätschern, tropfen, schmatzen, schnipsen, blubbern, platschen usw. (Vor der Stunde überlegen und ausprobieren! AB 49 kann als Anregung dienen.) Die Schüler hören das jeweilige Geräusch, und wer zu wissen meint, wie es erzeugt wurde, ahmt es mit den sichtbaren Gegenständen nach. Die anderen beurteilen, ob es so klingt wie das von der Lehrerin erzeugte Geräusch. Weil nicht alle Kinder beim Raten an die Reihe kommen können, dürfen alle Kinder nacheinander am Schluss eins der Geräusche wiederholen.

Klangzeichen

Material: AB 49

Nun wird das AB 49 verteilt. Die Kinder sollen sich selbständig Klangzeichen zu den unterschiedlichen Geräuschen überlegen. Anschließend werden verschiedene Lösungsmöglichkeiten angeschaut und von den Kindern erläutert. Bei dieser Aufgabe gibt es keine richtigen oder falschen Lösungen. Allerdings sollten die Zeichen für deutlich unterscheidbare Geräusche auch ebenso deutlich zu unterscheiden sein.

Variante: Ein Kind zeigt seine Zeichen, ein anderes versucht, danach zu spielen. Wurde so gespielt, wie es gedacht war?

Musikalisches Wassergedicht

Das Gedicht auf AB 50 wird zusammen gesprochen (evtl. mehrmals). Möglich ist ein begleitendes Fingerspiel, wie auf dem Arbeitsblatt dargestellt. Gemeinsam wird überlegt, wie man das Gedicht allein mit Wassergeräuschen erzählen kann. Es kommt hier nicht auf eine naturalistische Darstellung der geschilderten Vorgänge an, sondern es geht darum, eine Reihenfolge von vier bis sechs deutlich unterscheidbaren Klängen zu verabreden und zeitgleich mit den anderen Gruppen zu produzieren. (Alternative: Die Klänge werden auf die Gruppen verteilt und dann zum richtigen Zeitpunkt produziert.) Da die Wasserklänge das Gedicht ohne Text erzählen, sorgt im ersten Durchgang die Lehrerin als Dirigentin für die zeitliche Einteilung. Bei den nächsten Durchgängen kann diese Aufgabe von einem Kind übernommen werden. Geht es auch ohne Dirigenten?

Material:
Gruppentische/Stuhlgruppen mit Wasserschüssel, Becher, Schwammtuch pro Tisch/Gruppe, AB 50

Tanz der Wasserpflanzen – Ein Bewegungsspiel

Gespräch über die verschiedenen Gewässerformen, die es gibt. Was für ein Gewässer hatte wohl der Komponist im Sinn, als er das folgende Stück komponierte?
Vermutlich kommen die Kinder nicht von selbst auf das Aquarium, aber sie hören vielleicht, dass es sich nicht um ein aufgewühltes Meer oder um einen reißenden Fluss handelt, und können das auch mit Eigenschaften der Musik (ruhig, langsam, vielleicht traurig...) begründen. Im Gespräch über die Musik sollte auf die Stellen aufmerksam gemacht werden, an denen es so klingt, als würde etwas im Wasser langsam herabsinken (absteigende, ruhige Arpeggien (= gebrochene Akkorde) des Klaviers, 3x).

Für das Bewegungsspiel verteilen sich die Kinder im Raum. Sie stellen sich vor, Wasserpflanzen zu sein, die sich losgerissen haben und nun durch das Wasser trudeln. Ihre Stängel und Blätter werden durch das Wasser bewegt und nach oben getragen. Immer an den Stellen, an denen sich die Töne des Klaviers abwärts bewegen, sinken die Pflanzen ganz langsam auf den Grund. Wenn die Musik weitergeht, erheben sie sich wieder und schwimmen ein Stück weiter. Zum Schluss liegen alle am Boden und ruhen sich ein wenig aus.

2/42

Der französische Komponist Camille Saint-Saëns wurde 1835 in Paris geboren. Er arbeitete als Organist an verschiedenen Kirchen und verschaffte sich einen Namen als Komponist. Sein bekanntestes Werk ist der „Karneval der Tiere". Das Stück entstand 1886 und stellt in humorvoller Weise die unterschiedlichen Tiere eines Zoos dar. Neben dem Humor spricht aber auch Satire aus dem Stück, denn Saint-Saëns zitiert und karikiert hier einige berühmte musikalische Themen aus Werken seiner Kollegen. Der Komponist starb 1921 in Algier.

Wassermusik und Wasserzeichen

Mit Wasser können viele verschiedene Geräusche erzeugt werden. Höre dir diese vier Möglichkeiten an und male in die leeren Kästchen auf, wie sie klingen.

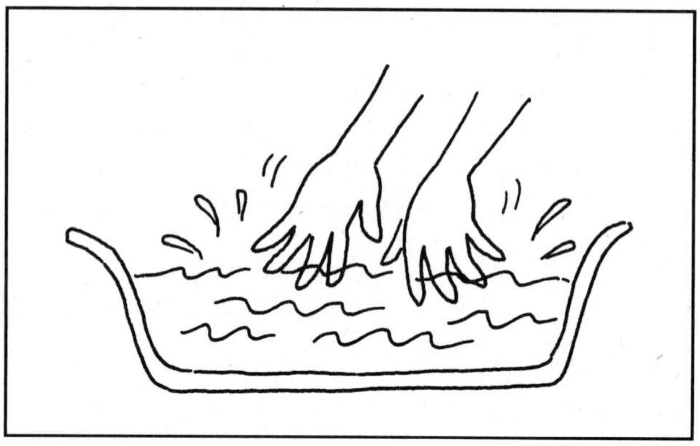

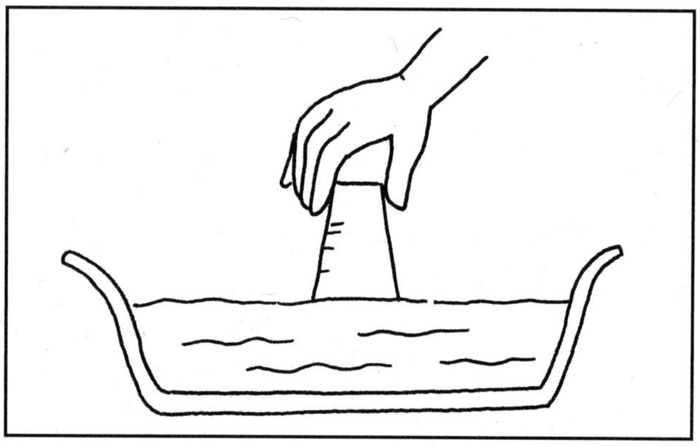

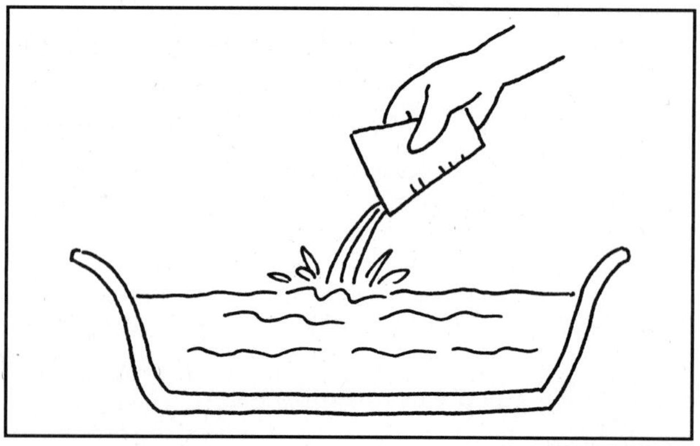

Der Tropfen

Der Tropfen

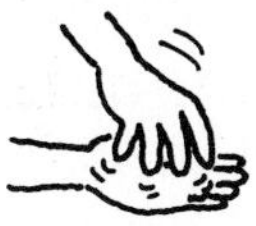

fiel und

fiel

und

fiel,

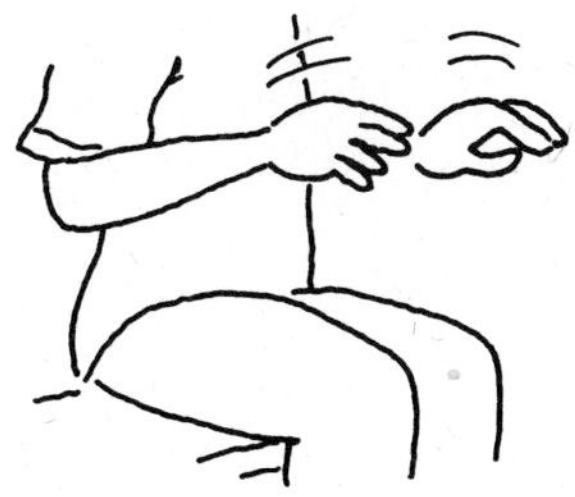

nein, nicht in den Dreck,

sondern auf meinen Hut.

Da kam die Sonne

und leckte ihn weg.

Nun gut.

Das tat sie in Ruhe

und ungestört,

doch ich hab sie heimlich

schmatzen gehört.

aus: Fredrik Vahle, Der Himmel fiel aus allen Wolken,
© Weinheim und Basel: Beltz & Gelberg 1994, S. 107.

„Der Kreisel" von Georges Bizet

- Mit Kreiseln spielen
- Die Kreiselbewegung verklanglichen und nachahmen
- Hören und Verstehen
- Bewegungen zum Musikstück ausführen

Der Kreisel als Spielzeug ist auch heute noch jedem Kind bekannt, angefangen vom guten alten Brummkreisel bis hin zu einem „High-Tech-Spielzeug" wie dem Magnetkreisel. In der warmen Jahreszeit macht es großen Spaß, mit dem Kreisel im Freien zu spielen. Das programmatische Stück von Bizet eröffnet die Möglichkeit, Parallelen zwischen realer Erscheinung und musikalischer Umsetzung zu ziehen. Das Anknüpfen an die eigene Erfahrungswelt schafft die Grundlage für analytisches Hören und eigene musikalische Betätigungen.

Das Kreiselspiel

Material: Jedes Kind bringt einen Kreisel mit

Zu Beginn sollte der typische Bewegungsablauf eines Kreiselspieles beobachtet und verbalisiert werden. Dazu werden die mitgebrachten Kreisel vorgeführt und der entsprechende Bewegungsablauf genau beschrieben. Der Aufforderungscharakter eines Kreisels zur Kommentierung und damit zur Verbalisierung seiner Bewegungen ist sehr hoch und sollte im Gespräch genutzt werden. Gemeinsam wird versucht, das „Kreiseln" zu beschreiben. Der typische Bewegungsablauf des Kreiselspieles lässt sich in drei Abschnitte gliedern:

1. Der Kreisel wird in Schwung gesetzt. Dieses geschieht bei den meisten Kreiseln durch eine schnelle kurze Bewegung. Einige werden durch einen um die Achse gewickelten Faden in Gang gesetzt, andere durch eine ruckartige Bewegung von Daumen, Zeige- und Mittelfinger.
2. Der Kreisel dreht sich um die eigene Achse.
3. Der Kreisel verliert an Schwung und kippt um.

Es ist wichtig, diese drei Teile des Kreiselspieles mit den Kindern zusammen zu verbalisieren, damit sie diese im Musikstück Bizets wieder erkennen können.

Wir werden zu Kreiseln

Wenn der Ablauf der Kreiselbewegung allen Kindern klar ist, wird er in Körperbewegung umgesetzt. Hierbei ist der Spaß am Kreiseln und vor allen Dingen am Umkippen natürlich groß, so dass man viel Platz braucht (und vielleicht auch eine weiche Unterlage). Durch den Transfer von der Beobachtung in die körperliche Erfahrung vertieft sich die Wahrnehmung der Kreiselbewegung und hilft bei der eigenen Klanggestaltung sowie bei der späteren Höranalyse.

Das Kreisel-Klangspiel

Material: Bildkarten von AB 51 vergrößern

Instrumente: Klein-Instrumente in Klassenstärke

Jetzt werden die drei Bewegungsteile des Kreiselspieles nach Vorschlägen der Kinder verklanglicht. Dazu wird die Klasse in zweimal drei (also insgesamt sechs) Gruppen geteilt. Das entspricht einer Doppelbesetzung pro Bewegungsteil. Jede Gruppe erhält ein vergrößertes Bild der Kreiselbewegung (s. AB 51, siehe auch nebenstehende Abbildung), die sie in Klänge umsetzen soll. Zwei Gruppen erhalten das Bild 1, zwei Gruppen das Bild 2 und weitere zwei Gruppen das Bild 3. Aus dem bereitgestellten Schul-Instrumentarium suchen sich die Kinder passende Instrumente heraus und probieren verschiedene Möglichkeiten aus, z. B.

- In-Schwung-Setzen (Bild 1): lauter Schlag auf eine Trommel, ein Becken oder eine Triangel.

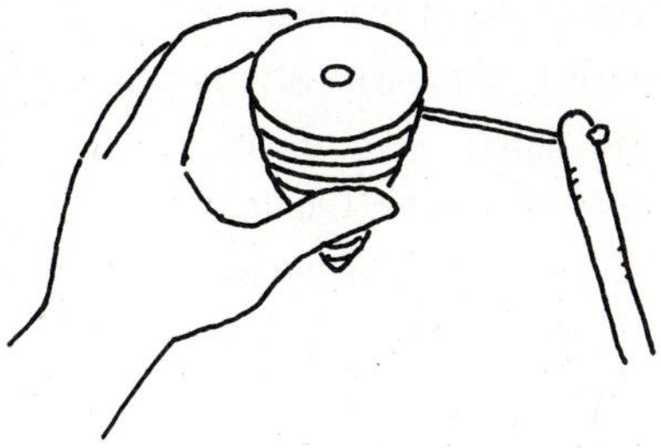

- Drehbewegung (Bild 2): Reiben zweier Becken aneinander, Glissandoklänge auf verschiedenen Stabspielen, Schütteln verschiedener Rasseln, Murmeln in einer Handtrommel kreisen lassen.

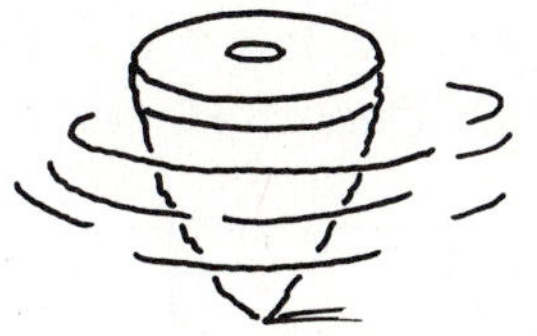

- Langsamerwerden und Umkippen (Bild 3): ähnliche Instrumente wie für die Drehbewegung, die immer langsamer und leiser gespielt werden, bis sie zuletzt ganz verklingen.

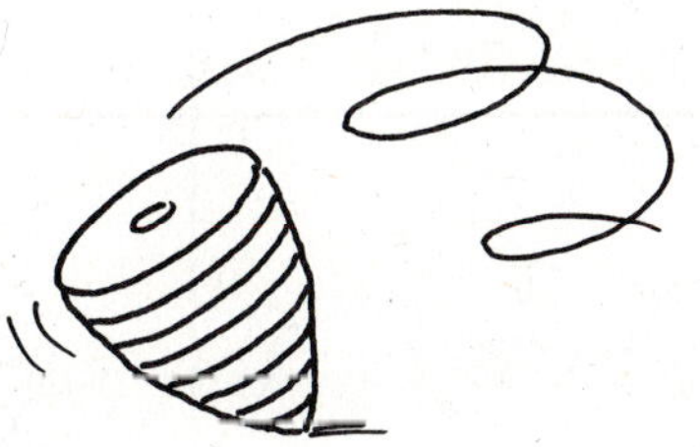

Das Musikstück hören und verstehen

Material: AB 51

2/43

Das gewählte Musikbeispiel „Der Kreisel" ist ein Teil der Orchestersuite „Jeux D'Enfants" von Georges Bizet und stammt aus dem Jahr 1871. Das Stück wird durch laute Orchesterschläge erkennbar in zwei längere und einen sehr kurzen Abschnitt gegliedert. Die ersten beiden Formteile sind identisch und geben den typischen Bewegungsablauf eines Kreisels wieder. Der einleitende Orchesterschlag verleiht dem Kreisel zunächst den notwendigen Schwung. Die sofort darauf einsetzende, schnelle Streicherbewegung symbolisiert zusammen mit den Staccatos der Querflöten das schnelle Drehen des Kreisels. Eingeleitet durch die Oboe verebbt die Streicherbewegung – der Kreisel wird langsamer. Dann klingt das Orchester in einem Akkord aus – der Kreisel kippt. Kurz darauf beginnen die Streicher ein erneutes Kreiselspiel.
Nach der ausführlichen Hinführung ist es den Kindern in der Regel möglich, auch ohne konkrete Vorgabe, das zugrunde liegende Programm zum Musikstück zu erkennen. Es ist trotzdem immer wieder spannend, die Musik kommentarlos vorzuspielen und auf Äußerungen der Schüler zu warten.
Erst anschließend sollten der genaue Ablauf und die Formteile des Stücks durch gezielte Höraufträge beim mehrmaligen Hören bewusst gemacht werden.

Der französische Komponist Alexandre César Léopold Bizet wurde am 25.10.1838 in Paris geboren. Den Vornamen Georges legte er sich später als Künstlernamen zu. Er schrieb zahlreiche Sinfonien, Opern und gehört zusammen mit Charles Gounod, César Franck und Camille Saint-Saëns zu den wichtigsten Wegbereitern des französischen Kunstliedes. Nach anfänglichen Misserfolgen erlangte er mit der Oper „Carmen" 1875 Weltruhm. Er starb noch im selben Jahr in Bouvigal, Frankreich.

Aufgaben:

- Wie oft wird der Kreisel in Schwung gebracht?
- Klatscht in die Hände, wenn der Kreisel in Schwung gebracht wird.
- Hebt den Arm an der Stelle, an welcher der Kreisel langsamer wird und umkippt.
- Wenn ihr die Oboe hört, tut so, als ob ihr sie spielt.
- An welcher Stelle wird der Kreisel wieder aufgerichtet? Hebt beide Arme!
- Was könnte der Schlussteil bedeuten?

Mit Hilfe des Arbeitsblatts können die gewonnenen Erkenntnisse festgehalten und überprüft werden. Die Kinder schneiden die Bilder aus und legen sie griffbereit und gut sichtbar auf den Tisch. Die Musik erklingt und die Kinder sortieren dabei die Bilder in der richtigen Reihenfolge in die dafür vorgesehenen Felder ein. Beim erneuten Hören der Musik können sie ihre Zuordnung überprüfen. Danach kleben sie die Bilder auf.

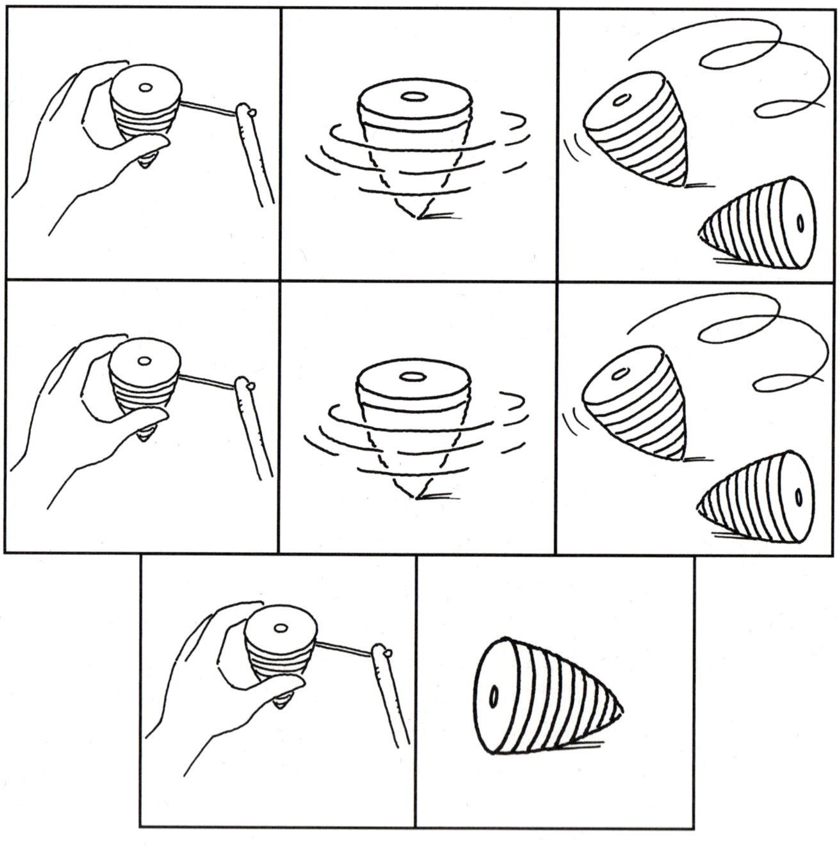

Kreisel-Bastelei

Einen Kreisel kann man auch selbst basteln. Benötigt wird ein Bleistift-Stummel und eine Lakritz-Schnecke. Der angespitzte Stift wird einfach durch das Zentrum der Schnecke gesteckt – fertig ist der Kreisel. Der Stift sollte aber nur so lang sein, dass er gerade eben aus der Schnecke herausschaut. Wer nicht mit Lebensmitteln basteln möchte, der kann auch mit bunt angemalten Pappscheiben experimentieren.

Georges Bizet – Der Kreisel

Schneide die Bilder unten aus. Sie zeigen, was die Musik spielt. Lege die Bilder in der richtigen Reihenfolge in die leeren Kästen.

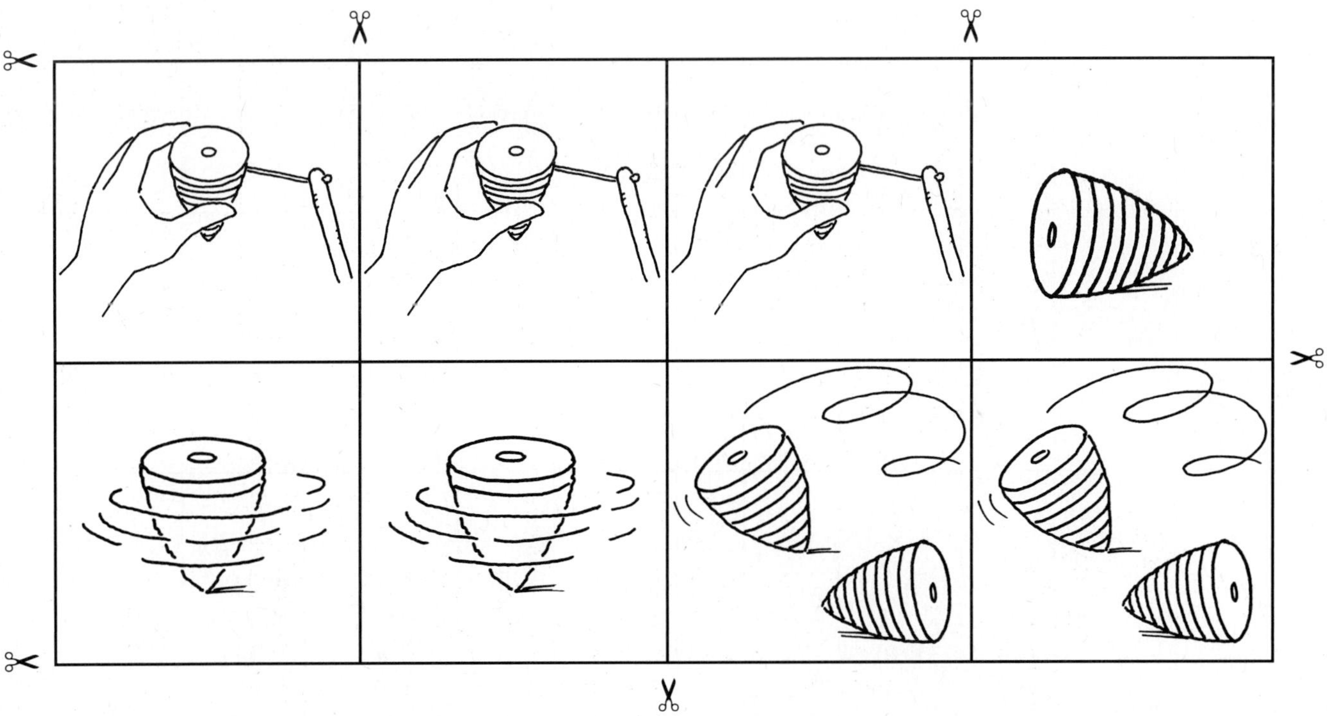

Übersicht über die Lerninhalte

Kapitel/Seite	Musik machen und Musik erfinden		Musik umsetzen und gestalten			Musik hören und begegnen
	mit der Stimme	mit Instrumenten	gestalten	bewegen	darstellen	
Anders als du Seite 12	• Lied: Anders als du • Neue Strophen erfinden	• Liedbegleitung auf Rhythmusinstrumenten und Stabspielen		• Singen und bewegen		• Grundschlag und Pause erfahren
Musik-Detektive Seite 16			• Musik-Tag-Musical • Musik-Erlebnis-Plakat			• Musik im Alltag entdecken • Musikalische Vorlieben erkunden
Schulerkundung Seite 20	• Lied: Hurra, ich bin ein Schulkind • Das Lied umdichten					• Geräusche wahrnehmen und erkennen • Geräusche-Spiel
Nacht und Stille Seite 24	• Warm-up: Sterne vom Himmel holen • Lied: Wer hat die schönsten Schäfchen?	• Klangspiel mit Schlaginstrumenten • Musik erfinden				• Begriffe „lang-kurz" • Tonlängenmessgerät
Lieder singen und gestalten Seite 28	• Singen und bewegen • Stimmbildung • Sprechvers			• Zum Singen bewegen		
Sprech-Stücke Seite 32	• Sprech-Stücke gestalten • Tierkonzert	• Tierkonzert		• Tiergeschichte und -konzert	• Tiergeschichte und -konzert	
Waldgeräusche – Waldmusik Seite 36		• Einen Waldspaziergang vertonen (Klanggeschichte)	• Zu dem Stück „Waldweben" (Richard Wagner) eine Waldmusik malen			• Waldgeräusche erleben • Geräusche-Rätsel
Instrumente erkunden: Flöte und Geige Seite 42		• Klangspiele mit selbst gebauten Klangerzeugern	• Klangspiele mit selbst gebauten Klangerzeugern			• Klangeigenschaften, Aussehen und Bezeichnungen
Blätterpartitur und Holzmusik Seite 48	• Lied: Sieben kunterbunte Drachen	• Rhythmen erfinden • Spielen nach grafischen Noten • Liedbegleitung mit Holzstöcken	• Eine Partitur mit Blättern gestalten • Grafische Notation mit Blättern			• Grafische Notation mit Blättern
Wind und Wetter Seite 54	• Warm-up: Echo-Rufen • Lied: Hejo, spann den Wagen an	• Klangspiel: Der Nordwind und die Sonne	• Wetterspiel mit Körperinstrumenten		• Klangspiel: Der Nordwind und die Sonne	• Das Gewitter in Beethovens „Parstorale" • Instrumentenkunde: Das Horn
Chinesischer Stäbchentanz Seite 60			• Tanzen mit chinesischen Essstäbchen • Eine eigene Choreografie entwickeln	• Tanzen mit chinesischen Essstäbchen • Eine eigene Choreografie entwickeln		• Rondo-Form kennen lernen • Musik und Ess-Gewohnheiten aus anderem Kulturkreis kennen lernen

Kapitel/Seite	Musik machen und Musik erfinden		Musik umsetzen und gestalten			Musik hören und begegnen
	mit der Stimme	mit Instrumenten	gestalten	bewegen	darstellen	
Wos is heit für a Dog? **Seite 64**	• Ein Kettenlied singen und begleiten	• Bodypercussion mit Wortrhythmen • einfache Liedbegleitung		• Bodypercussion		
Das Fotoalbum vom Weihnachtsmann **Ein Mini-Musical** **Seite 66**	• Weihnachtliches Mini-Musical mit Weihnachtsliedern		• Szenisches Spiel • Improvisation mit Requisiten		• Szenisches Spiel • Improvisation mit Requisiten	
Das Klapperskelett **Seite 72**	• Lied: Das Klapperskelett	• Liedbegleitung mit einfachen Rhythmen	• Bilderrätsel mit Bastelei			• Richtungshören
Moorhexen und Knusperhexen **Seite 76**	• Lied: Die alte Moorhexe	• Klangspiel mit Schlaginstrumenten • Musik erfinden		• Tanz der Moorhexen (Bewegungsausdruck)	• Tanz der Moorhexen (Bewegungsausdruck)	• Die Hexe in der Oper „Hänsel und Gretel"
Alles im Lot auf'm Boot mit Käpt'n Blaubär **Seite 80**	• Lied: Alles im Lot auf'm Boot (Rap)	• Liedbegleitung mit Keyboard und Schlaginstrumenten	• Bastelarbeit mit Rhythmustraining			
Der Weihnachtsmann kommt **Seite 84**	• klangliche Umsetzung einer Adventsgeschichte	• Kokosnusshufe und Schneetrommel bauen				
Glocken und Glöckchen **Seite 88**	• Lied: Kling, Glöckchen	• Glockentöne auf Klangstäben (Glocken-Spiel)	• Ein Blumentopf-Glockenspiel bauen • kleine Glockenbastelei	• Warm-up: Glockenpantomime		• Glockenrätsel • Instrumentenkunde: Die Glocke • Begriffe „hoch - tief" • Grafische Notation
Der Winter ist da **Seite 92**	• Warm-up: Gleitende Töne • Lied: A, a, a, der Winter, der ist da	• Tonhöhenbewegungen gestalten und hören	• Tonhöhenbewegungen zeigen	• Tanzen mit chinesischen Essstäbchen • Eine eigene Choreografie entwickeln		• Grafische Notation • „schnell - langsam" • Leopold Mozart: aus der „Musikalischen Schlittenfahrt"
Trara, die Post ist da **Seite 96**	• Lied: Trara, die Post ist da	• Dreiklangs-Liedbegleitung	• Instrumentale Gestaltung einer Fahrt mit der Postkutsche	• Warm-up: Bei der Post		• Den Dreiklang kennen lernen (Posthorn) • Tonnamen kennen lernen
Das „Te Deum" von M. A. Charpentier als Mitspielstück **Seite 100**		• Drei elementare Rhythmen erarbeiten und in Gruppen zusammen spielen (zur CD-Aufnahme)				• Ablauf eines Barockstückes erfassen („Te Deum" von M. A. Charpentier) • Grafische Notation
Es klappert die Mühle **Seite 104**	• Lied: Es klappert die Mühle	• Die Kreisbewegung der Mühle mit Instrumenten umsetzen	• Papiermühle basteln	• Warm-up: Windmühlen • Bewegungsspiele/ Atemübungen (Mühlen im Wind)		• Beziehung zwischen Melodiegestalt und Bewegung herstellen

Kapitel/Seite	Musik machen und Musik erfinden		Musik umsetzen und gestalten			Musik hören und begegnen
	mit der Stimme	mit Instrumenten	gestalten	bewegen	darstellen	
Hansl, tanz mit mir Seite 108	• Liederarbeitung mit Bodypercussion • Singen und tanzen	• Instrumentalbegleitung zum Lied	• Bewegungsausdruck	• Bewegungsausdruck		
Move it Seite 110				• Bewegung und Schrittfolgen zu Popmusik einstudieren		
Mit Tüchern tanzen Seite 112			• Mit Tüchern zu Musik bewegen • Tüchertanz-Memory (eigene Choreografie entwickeln)	• Mit Tüchern zu Musik bewegen • Tüchertanz-Memory (eigene Choreografie entwickeln)		• Schulung der Körper- und Raumwahrnehmung • Grundschlag und Tempo
Improvisieren mit Instrumenten Seite 116		• Handtrommel und Klanghölzer erproben, Handhaltung der Instrumente üben • Improvisation nach vorgegebenen und eigenen Regeln • Instrumentales Zusammenspiel	• Mit Handzeichen und grafischen Elementen ein Stück „dirigieren" • Grafische Notation			• Grafische Notation
Stab-Spiele Seite 120		• Stabspiele erproben, Schlägelhaltung üben • Dreiklangsimprovisationen • Rhythmische Improvisationen	• Instrumentalspiel nach tanzenden Bändern	• Instrumentalspiel nach tanzenden Bändern		
Vogelmusik Seite 124	• Warm-up: Vogelgezwitscher • Lied: Die Vögel wollten Hochzeit halten	• Vogelrufe auf Stabspielen erfinden • Eine Waldszene klanglich umsetzen	• Musik in ein gemaltes Bild umsetzen			• Vogelstimmen unterscheiden • Vogelstimmen in der Musik von Olivier Messiaen hören
Der Frühlings-Instrumentenmensch Seite 128		• Orff-Instrumentarium spielerisch kennen lernen (Namen und Klänge)	• Einen Instrumentenmenschen basteln			• Instrumente hören und erkennen
Peter Watteschwanz Der Osterhase Seite 132	• Lied: Peter Watteschwanz	• elementare Begleitung auf Stabspielen	• Basteln einer Fingerpuppe			
Katzentatzen, Mäuseschritte Seite 134	• Lied: Miau, miau, hörst du mich schreien			• Zum Lied tanzen • Bewegungsimprovisation	• Bewegungsimprovisation	• Rhythmen unterscheiden • Noten lesen

Kapitel/Seite	Musik machen und Musik erfinden		Musik umsetzen und gestalten			Musik hören und begegnen
	mit der Stimme	mit Instrumenten	gestalten	bewegen	darstellen	
Der Tiger-Hit **Seite 138**	• Lied: Tiger-Hit • Liederarbeitung mit Bodypercussion und durch ein Rollenspiel	• Das Lied mit Instrumenten begleiten	• Das Lied mit Körper-Instrumenten begleiten			
Peter und der Wolf **Seite 140**	• Die Geschichte mit der Stimme und Körper-Instrumenten selbst vertonen	• Die Geschichte mit der Stimme und Körper-Instrumenten selbst vertonen	• Die Geschichte mit der Stimme und Körper-Instrumenten selbst vertonen		• Tiere pantomimisch darstellen	• „Peter und der Wolf" von Sergej Prokofjew • Instrumente hören und erkennen • Figuren und Instrumente zuordnen
Der Kolobok – Singspiel nach einem russischen Märchen **Seite 144**	• Kettenlied „Der Kolobok" erarbeiten	• Klangliche Umsetzung von Märchen-Elementen			• Ein russisches Märchen als Singspiel einstudieren	
Balonum – Das Lied vom Luftballon **Seite 150**	• Lied: Balonum • Warm-up: Luft auspusten und einströmen lassen • Stimmpflege		• Die Luftballonreise als Bild gestalten	• Luftballon-Körperspiel und Ballon-Tanz	• Eine Reise mit dem Luftballon: Spiel und Bewegung	• Ein Lied in mehreren Sprachen kennen lernen • Sprachenvergleich
Ten little Indians **Seite 154**	• Lied: Ten little Indians			• Singen und bewegen		• Ein englisches Lied singen • Mit Fingerspielen die englischen Zahlen kennen lernen (mit Bastelei)
Wassermusik **Seite 156**	• Lied: Regenlied			• Warm-up: Regen auf der Haut • Singen und bewegen • Bewegungsspiel (Tanz der Wasserpflanzen)	• Ein Wassergedicht vertonen	• Wassergeräusche-Rätsel • grafische Umsetzung von Klängen • Das „Aquarium" (Camille Saint Saëns)
„Der Kreisel" von Georges Bizet **Seite 160**		• Kreiselbewegung verklanglichen		• Zur Musik bewegen		• Musik hören und den Aufbau verstehen

Begleitmaterial:

2 CDs zu den Materialien 1/2	ISBN-10: 3-12-172915-2, ISBN-13: 978-3-12-172915-9

Zum Unterrichtswerk DUETT gehören außerdem:

Das Liederbuch	ISBN-10: 3-12-172950-0, ISBN-13: 978-3-12-172950-0
4 CDs zum Liederbuch	ISBN-10: 3-12-172958-6, ISBN-13: 978-3-12-172958-6
Schülerbuch 3/4	ISBN-10: 3-12-172930-6, ISBN-13: 978-3-12-172930-2
4 CDs zum Schülerbuch 3/4	ISBN-10: 3-12-172935-7, ISBN-13: 978-3-12-172935-7
Lehrerhandbuch 3/4	ISBN-10: 3-12-172939-X, ISBN-13: 978-3-12-172939-5

Die Autoren danken Meinhard Ansohn, Heinrich Herlyn, Frigga Schnelle, Theresa von Siebenthal und Zhonghua Zheng für Ideen und Anregungen. Die Beiträge „Der Weihnachtsmann kommt", „Peter Watteschwanz" und „Der Kreisel" wurden in leicht veränderter Form bereits in der Zeitschrift „Musik in der Grundschule", © Schott Musik International, abgedruckt.

Bild- und Textquellen:

Seite 77/79: „Die alte Moorhexe", T: Margarete Jehn, M: Wolfgang Jehn, aus: „Auf die Besen gehüpft", © 2004 by Autorenverlag Worpsweder Musikwerkstatt, Worpswede

Seite 130: „Der Frühling" von Giuseppe Arcimboldo, © Corbis, Archivo Iconografico, S. A./Corbis, Düsseldorf;

Seite 136: „Kater Murr" von A. Paul Weber, A. Paul Weber Museum, © VG Bild-Kunst, Bonn 2003;

Seite 159: Fredrik Vahle: Der Tropfen. Aus: Der Himmel fiel aus allen Wolken, © Weinheim und Basel: Beltz & Gelberg 1994, S. 107.

1. Auflage 1 5 4 3 2 1 / 2010 2009 2008 2007 2006

Alle Drucke dieser Auflage sind unverändert und können im Unterricht nebeneinander verwendet werden. Die letzten Zahlen bezeichnen jeweils die Auflage und das Jahr des Druckes.

Internetadresse: http://www.klett.de

Redaktion: Kathrin Massar

Layout: Astrid Wielsch, Leipzig
Illustration: Manfred Tophoven
Umschlag: Schröder Design, Karen Engelmann
unter Verwendung einer Illustration von Susanne Wechdorn
Herstellung: Arite Wald

Satz: Marion Rackwitz, Paulinenaue
Notensatz: Christoph Meyer-Janson / Studio Neumann, Glienicke
Reproduktion: Marion Rackwitz, Paulinenaue
Druck: Medien Druck Unterland, Weinberg
Printed in Germany
ISBN-13: 978-3-12-172910-4
ISBN-10: 3-12-172910-1

9 783121 729104